Langit II

Ug ang napulog-duha
ka mga ganghaan hinimog napulog-duha ka mga perlas,
ang matag-usa ka ganghaan hinimog
usa lamang ka buok perlas.
Ug ang kadalanan sa siyudad lunsayng bulawan,
matin-aw morag bildo.

(Ang Pinadayag 21:21)

Langit II

Napuno sa Himaya sa Dios

Dr. Jaerock Lee

Langit II ni Dr Jaerock Lee
Gimantala sa Urim Books (Tinugyanan: Seongnam Vin)
73, Yeouidaebang-ro 22-gil, Dongjak-gu, Seoul, Korea
www.urimbooks.com

Ang tanang kinamatarung gireserba. Ang kining libro o mga bahin ngari dili mahimong ipahuwad sa bisan unsang porma, taguan sa sistema nga retrieval, o ipadala sa bisan unsang porma o sa bisan unsang paagi, sa-kuryente, sa-makina, pagpaseroks, pagtala o kon dili, kung wala'y naunang pagtugot nga gisulat gikan sa nagmantala.

Katungod Pagpanag-iyag Sinulat © 2017 ni Dr. Jaerock Lee
ISBN: 979-11-263-0372-4 04230
ISBN: 979-11-263-0041-9 (set)

Ang Paghubad Katungod Pagpanag-iyag Sinulat © 2014 ni Dr. Esther K. Chung. Gigamit nga may pagtugot.

Gimantala og una sa Korean pinaagi sa Urim Books kaniadtong 2002

Naunang Gimantala Nobyembre 2017

Gihikay pagpatik ni Geumsun Vin
Gidibuho sa Editoryal nga Buhatan sa Urim Books
Giimprinta pinaagi sa Prione Printing
Para sa dugang nga kasayuran pagduol sa: urimbook@hotmail.com

Paunang Pamulong

Sa pag-ampo nga ikaw mahimong tinuod nga anak sa Dios ug makig-ambit sa tinuod nga gugma sa kahangtoran nga kalipay ug kasadya sa Bag-ong Herusalem, kon asa ang gugma sa Ginoo nag-abunda...

Akong gihatag ang tanang pagpasalamat ug himaya sa Amahang Dios, nga tin-aw nga gipadayag nako ang kinabuhi sa langit, ug gipakabulahan kita nga imantala ang *Langit I: Matinaw ug Maanyag morag Kristal,* ug karon ang *Langit II: Napuno sa Himaya sa Dios.*

Akong gipangandoy nga mahibaloan ang mahitungod sa langit sa detalye, ug gipadayon ang pag-ampo ug pagpuasa. Human ang pito katuig, sa katapusan gitubag ang akong mga pag-ampo ug sa karon, nagpadayag Siya sa mas halawom nga mga sekreto mahitungod sa espirituhanon nga kalibutan.

Sa nahaunang duha-ka-parte nga *Langi*t nga serye, akong gipaila sa kadali ang nagkalain-lain nga mga puy-anan sa langit, nga nagkategoriya nila sa Paraiso, ang UnangGingharian, ang IkaduhangGingharian, ang IkatulongGingharian, ug Bag-ong Herusalem. Ang ikaduha ipahibalag sa mas daku nga detalye ang mas maanyag ug mas mahimayaon nga puy-anan sa tanan sa sulod sa langit, ang Bag-ong Herusalem. Gipakita sa Dios sa gugma ang Bag-ong Herusalem sa apostol nga si Juan ug gitugotan siya nga itala kini sa Biblia. Karon, kay ang Pag-abot sa Ginoo nagkaduol na gayud, ang Dios nagbubo sa Espiritu Santo sa dili-maihap nga mga tawo ug nagpadayag sa langit sa daku nga detalye. Mao kini aron nga ang mga dili-tumuluo sa tibuok kalibutan magtoo sa kinabuhi human ang kamatayon kon asa adunay langit ug impiyerno, ug ang katong nagkompisal sa ilang pagtoo ni Kristo magapadulong sa madaugon nga mga kinabuhi uban Kaniya ug magpaningkamot nga ikatap ang Maayong Balita sa tibuok kalibutan.

Mao kini nganong ang apostol nga si Pablo, kon kinsa adunay katungdanan nga ikatap ang Maayong Balita sa mga Hentil, mibadlong sa iyang espirituhanon nga anak nga si Timoteo, nga nag-ingon, *"Apan sa imong bahin batoni kanunay ang pagkamalinawon sa hunahuna, antusa ang mga kasakitan, buhata ang imong katungdanan ingon nga ibanghilista, tumana ang imong mga bulohaton ingon nga ministro"* (2 Timoteo 4:5).

Paunang Pamulong

Matin-aw nga gipadayag sa Dios nako ang langit ug impiyerno aron nga akong makatap ang mataho nga kapanahonan nga magapaduol ngadto sa upat ka bahin sa kalibutan. Gusto sa Dios nga ang tanang tawo makadawat og kaluwasan; dili Niya gusto nga makita bisag usa ka kalag nga mahagbong ngadto sa impiyerno. Sa dugang pa niana, gusto sa Dios ang posibleng pinakadaghang tawo ang makasulod ug makapuyo sa kahangtoran sa Bag-ong Herusalem.

Busa, walay usa ang maghukom o magkondena niining mga gihatag-sa-Dios nga mga mensahe nga gipadayag paagi sa inspirasyon sa Espiritu Santo.

Sa *Langit II* makita nimo ang daghan kaayong mga sekreto mahitungod sa langit, ingon sa pagpakita sa Dios kon kinsa anaa na gikan pa sa wala pa magsugod ang panahon, ang trono sa Dios, ug sama pa niini. Nagtoo ko nga ang ingon niining mga detalye ug mga pagtaho maghatag katong mga tawo nga tininuod nga nangandoy sa langit og pagkadaku nga kalipay ug kasadya.

Ang Siyudad sa Bag-ong Herusalem, nga gitukod pinaagi sa dili-matakos nga gugma ug makahibulong nga gahom sa Dios, napuno sa Iyang himaya. Sa Bag-ong Herusalem anaa ang espirituhanon nga taluktok kon asa ang Dios nagporma sa Iyang kaugalingon sa Trinidad aron mabuhat ang pagpaugmad sa tawo, ug ang trono mismo sa Dios. Mahanduraw ba kaha nimo kon unsa ka mahimayaon, kaanyag, ug kasidlak ang tibuok nga dapit? Kini ingon sa usa ka dili-mahanduraw nga balaan nga dapit nga walay kaalam sa tawo ang posible nga makatungkad niini.

Busa, imong kinahanglang masabtan nga ang Bag-ong Herusalem dili mabalus ngadto sa tanang nakadawat og kaluwasan. Hinoon, gihatag lang kini sa mga anak sa Dios nga ang mga kasingkasing, human mapaugmad niining kalibutan sa taas nga panahon, nigawas nga lunsay ug matin-aw morag kristal.

Naghatag ko sa akong pasalamat kang Geumsun Vin, ang Direktor sa Editoryal nga Bureau ug ang iyang mga katabang, ug ang Taghubad nga Bureau niining mantalala.

Akong gipakabulahan sa ngalan sa Ginoo nga kon kinsa ang mobasa niining libro mahimong tinuod nga anak sa Dios ug makigbahin sa tinuod nga gugma sa kahangtoran nga kalipay ug kasadya sa Bag-ong Herusalem nga napuno sa himaya sa Dios!

Jaerock Lee

Introduksiyon

Naglaum ko nga unta ikaw mapanalanginan sa imong pagkahibalo sa pinakatin-aw nga detalye mahitungod sa Bag-ong Herusalem, ug mupuyo sa kahangtoran sa pinakaduol nga imong mahimo ngadto sa trono sa Dios sa langit...

Ang tanang pasalamat ug himaya gihatag kanako sa Dios, nga gipakabulahan namo sa pagmantala sa *Langit I: Matin-aw ug Maanyag morag Kristal* ug karon ang iyang apas-sumpay, ang *Langit II: Napuno sa Himaya sa Dios.*

Kining libro adunay siyam ka mga kapitulo, kon asa ang tanan naghatag og usa ka tin-aw nga pagsayasay sa pinakabalaan ug pinakamaanyag nga puy-anan sa langit, ang Bag-ong Herusalem, mahitungod sa kadakuon niini, ang katahom, ug ang kinabuhi sulod niini.

Kapitulo 1, "Ang Bag-ong Herusalem: Napuno sa Himaya sa Dios," naghatag og usa ka pagtan-aw sa Bag-ong Herusalem ug pagpatin-aw sa mga sekreto sama sa trono sa Dios ug ang taluktok sa espirituhanon nga kalibutan, kon asa giporma sa Dios ang Iyang Kaugalingon ngadto sa Trininad.

Kapitulo 2, "Mga Pangalan sa Napulog-duha ka mga Banay ug Napulog-duha ka mga Apostoles," nagpatin-aw sa gawasnon nga hitsura sa Siyudad nga Bag-ong Herusalem. Kini gilibotan sa taas ug dagku nga mga paril, ug ang mga pangalan sa Napulog-duha ka mga Banay sa Israel nakudlit sa napulog-duha ka mga ganghaan sa tanang upat ka mga kilid. Sa napulog-duha ka mga patukoranan sa Siyudad anaa ang mga pangalan sa Napulog-duha ka mga Apostoles, ug ang rason ug ang kamahingdunanon sa kada inskripsiyon ipatin-aw.

Sa Kapitulo 3, "Ang Kadakuon sa Bag-ong Herusalem," imong makit-an ang hitsura ug ang dimensiyon sa Bag-ong Herusalem. Nagpatin-aw kining kapitulo nganong gisukod sa Dios ang kadakuon sa Bag-ong Herusalem gamit ang bulawan nga tangbo ug aron makasulod ug makapuyo niniing Siyudad, ang usa kinahanglan nga makaangkon sa tanang pertinente nga mga espirituhanon nga katakos, nga sukdon pinaagi sa bulawan nga tangbo.

Kapitulo 4, "Gibuhat sa Lunsayng Bulawan ug Batong hamili sa Tanang mga Kolor," nagpahibalag sa detalye sa kada materyal kon asa ang Siyudad sa Bag-ong Herusalem gitukod. Ang tibuok nga Siyudad gidekorasyonan gamit ang lunsayng bulawan ug uban pang bilihon nga mga bato, ug ang kapitulo naghubit sa kaanyag sa ilang mga kolor, kidlap, ug mga kahayag.

Introduksiyon

Dugang pa, pinaagi sa pagpatin-aw sa rason nganong gidayan-dayanan sa Dios ang mga paril sa Siyudad gamit ang haspe ug ang tibuok nga Bag-ong Herusalem gamit ang lunsayng bulawan nga matin-aw morag bildo, ang kapitulo usab nagdiskusyon sa kamahinungdanon sa espirituhanon nga pagtoo.

Sa Kapitulo 5, "Ang Kamahinungdanon sa Napulog-duha ka mga Patukoranan," imong matun-an ang mahitungod sa mga paril sa Bag-ong Herusalem, nga gitukod sa napulog-duha ka mga patukoranan, ug ang kaanyag ug espirituhanon nga kamahinungdanon sa haspe, sapiro, kalsedonya; esmeralda, sardonika; kornalina, krisolito, berilo, topasyo, krisopaso, hasinto, ug amatista. Kon imong sumahon ang espirituhanon nga kamahinungdanon sa kada napulog-duha ka mga batong hamili, imong mamatikdan ang kasingkasing ni Hesukristo ug ang kasingkasing sa Dios. Ang kapitulo nagpadasig nimo aron matuman ang mga kasingkasing nga gisimbolo sa napulog-duha ka mga batong hamili aron nga ikaw makasulod ug sa kahangtoran makapuyo ngadto sa Siyudad sa Bag-ong Herusalem.

Kapitulo 6, "Ang Napulog-duha ka Perlas nga mga Ganghaan ug ang Bulawan nga Kadalanan," nagpatin-aw sa mga rason ug espirituhanon nga kamahinungdanon sa pagbuhat sa Dios sa napulog-duha ka mga ganghaan nga perlas, sama sa espirituhanon nga kahulogan sa bulawan nga kadalanan nga sama sa katin-aw sa bildo. Ingon sa usa ka kabhang nga nagprodukto sa usa ka bilihon nga perlas human niining pag-antos og daku nga kasakit, ang kapitulo nagpadasig nimo nga modagan ngadto sa Napulog-duha ka mga Ganghaan nga Perlas sa Bag-ong Herusalem pinaagi sa pagbuntog sa tanan klaseng mga kalisud ug mga pagsulay sa pagtoo ug uban ang paglaum.

Kapitulo 7, "Ang Mabihagon nga Talan-awon," dal-un ka ngadto sa sulod sa mga paril sa siyudad sa Bag-ong Herusalem nga kanunay nga mahayag nga gisug-an. Imong matun-an ang espirituhanon nga kamahinungdanon sa pulongan nga, "Ang Dios ug ang Kordero mao ang templo niini," ang kadakuon ug kaanyag sa kastilyo kon asa ang Ginoo nagpuyo, ug ang himaya sa mga tawo nga magasulod sa Bag-ong Herusalem aron ngadto magpabilin sa kahangtoran kauban ang Ginoo.

Kapitulo 8, "Akong Nakita ang Balaan nga Siyudad, ang Bag-ong Herusalem," nagpaila nimo sa balay sa usa ka indibiduwal, kauban ang daghang mga tawo nga nagpuyo niining yuta nga matinumanon ug gipabalaan ang mga kinabuhi, nga maoy magadawat og daku nga mga balus sa langit. Mahimo kang makasiplat og kadali sa malipayon nga mga inadlaw nga naghuwat ngadto sa Bag-ong Herusalem pinaagi sa pagbasa mahitungod sa nagkalain-lain nga mga kadakuon ug kanindot sa mga balay sa langit, daghang mga klase sa mga pasilidad, ug ang kinatibuk-ang kinabuhi sa langit.

Ang ikasiyam ug katapusan nga Kapitulo, "Ang Unang Piging sa Bag-ong Herusalem," dal-un ka ngadto sa eksena sa unang piging sa Bag-ong Herusalem human ang Paghukom sa Dakung Trono nga Maputi. Kauban ang introduksiyon sa pipila ka mga katigulangan sa pagtoo nga duol nga nagpuyo sa trono sa

Introduksiyon

Dios, ang *Langit II* nagtapos pinaagi sa pagpanalangin sa kada magbabasa nga mag-angkon og usa ka kasingkasing nga lunsay ug matin-aw morag kristal aron siya mahimong makapuyo og duol ngadto sa trono sa Dios sa Bag-ong Herusalem.

Sa pagkadaghan nimong pagtuon mahitungod sa langit, mas magkadaghan kini nga mahimong mas kahibudngan. Ang Bag-ong Herusalem, kon asa makonsiderar nga "nukleyo" sa langit, mao ang dapit kon asa makita nimo ang trono sa Dios. Kon imong mahibaloan ang mahitungod sa kaanyag ug himaya sa Bag-ong Herusalem, ikaw gayud ug tininuod nga maglaum alang sa langit ug matin-aw nga maghunahuna mahitungod sa imong kinabuhi kang Kristo.

Kay ang panahon sa pagbalik ni Hesus, kon asa mahuman na Niya og andam ang mga puy-anan sa langit kanato, mas nagduol na kaayo karon, kauban ang *Langit II: Napuno sa Himaya sa Dios* akong gilaum nga ikaw mag-andam sad alang sa kinabuhing dayon.

Nag-ampo ko sa ngalan ni Ginoong Hesukristo nga mahimo kang makapuyo og duol sa trono sa Dios pinaagi sa pagpakabalaan sa imong kaugalingon kauban ang madilaabon nga paglaum sa kinabuhi sa Bag-ong Herusalem ug magmatinumanon sa tanang gihatag-sa-Dios nga mga katungdanan.

Geumsun Vin,
Direktor sa Editoryal nga Bureau

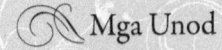

Mga Unod

Paunang Pamulong

Introduksiyon

Kapitulo 1 **Ang Bag-ong Herusalem: Napuno sa Himaya sa Dios • 1**
    1. Sa Bag-ong Herusalem anaa ang Trono sa Dios
    2. Ang Orihinal nga Trono sa Dios
    3. Ang Pangasaw-onon sa Kordero
    4. Sinaw morag Nagsidlak nga mga Batong hamili ug Tin-aw morag Kristal

Kapitulo 2 **Mga Pangalan sa Napulog-duha ka mga Banay ug Napulog-duha ka mga Apostoles • 19**
    1. Napulog-duha ka mga Anghel ang Nagbantay sa mga Ganghaan
    2. Mga Pangalan sa Napulog-duha ka mga Banay sa Israel nga Nakudlit sa Napulog-duha ka mga Ganghaan
    3. Mga Pangalan sa Napulog-duha ka mga Apostoles nga Nakudlit sa Napulog-duha ka mga Patukoranan

Kapitulo 3 **Ang Kadakuon sa Bag-ong Herusalem • 43**
    1. Gitakos pinaagi sa Bulawan nga Tangbo
    2. Usa ka Kubitos-nga-Korte nga Bag-ong Herusalem

Kapitulo 4 **Gibuhat sa Lunsayng Bulawan ug Batong hamili sa Tanang mga Kolor • 55**
    1. Gidayan-dayanan Gamit ang Lunsayng Bulawan ug Tanang mga Klase sa Batong Hamili
    2. Ang mga Paril sa Bag-ong Herusalem Gibuhat sa Haspe
    3. Gibuhat sa Lunsayng Bulawan, Matin-aw Morag Bildo

Kapitulo 5 **Ang Kamahinungdanon sa Napulog-duha ka mga Patukoranan • 69**

    1. Haspe: Espirituhanon nga Pagtoo
    2. Sapiro: Pagkamaligdong ug Integridad
    3. Kalsedonya: Pagka-inosente ug Pagsakripisyo nga Gugma
    4. Esmeralda: Pagkamatarung ug Kahinlo
    5. Sardonika: Espirituhanon nga Pagkamatinumanon
    6. Kornalina: Mabination nga Gugma
    7. Krisolito: Kalooy
    8. Berilo: Pagpailob
    9. Topasyo: Espirituhanon nga Kamaayo
    10. Krisopaso: Pagpugong-sa-Kaugalingon
    11. Hasinto: Pagkalunsay ug Pagkabalaan
    12. Amatista: Kaanyag ug Pagka-mapuangoron

Kapitulo 6 **Ang Napulog-duha ka Perlas nga mga Ganghaan ug ang Bulawan nga Kadalanan • 129**

    1. Ang Napulog-duha ka mga Ganghaan nga Gibuhat sa Perlas
    2. Mga Kalye nga Gibuhat sa Lunsayng Bulawan

Kapitulo 7 **Ang Mabihagon nga Talan-awon • 151**

    1. Walay Kinahanglan alang sa Sinadlaw o Bulanon
    2. Ang Kahimayaan sa Bag-ong Herusalem
    3. Sa Kahangtoran Magapuyo kauban ang Ginoo ang Atong Pamanhonon
    4. Ang Himaya sa mga Residente sa Bag-ong Herusalem

Kapitulo 8 **"Akong Nakita ang Balaan nga Siyudad, ang Bag-ong Herusalem" • 183**

    1. Langitnon nga mga Balay nga Dili-mahanduraw ang Kadakuon
    2. Usa ka Masilakon nga Kastilyo nga adunay Hingpit nga Pagkapribado
    3. Mga Dapit nga Masuroy-suroyan sa Langit

Kapitulo 9 **Ang Unang Piging sa Bag-ong Herusalem • 221**

    1. Ang Unang Piging sa Bag-ong Herusalem
    2. Mga Profeta sa Una-nga-ranggo nga Grupo sa Langit
    3. Maanyag nga mga Babaye sa Pagtan-aw sa Dios
    4. Si Maria Magdalena Nagpuyo og Duol sa Trono sa Dios

Kapitulo 1

Ang Bag-ong Herusalem: Napuno sa Himaya sa Dios

1. Sa Bag-ong Herusalem anaa ang Trono sa Dios
2. Ang Orihinal nga Trono sa Dios
3. Ang Pangasaw-onon sa Kordero
4. Sinaw morag Nagsidlak nga mga Batong hamili ug Tin-aw morag Kristal

> *"Ug diha sa Espiritu gidala niya ako
> ngadto sa usa ka daku ug hataas nga bukid,
> ug iyang gipakita kanako ang balaang siyudad,
> nga Herusalem,
> nga nanaug gikan sa langit gikan sa Dios,
> nga may himaya sa Dios.
> Kinsang kasidlak sama sa usa ka batong hamili
> nga talagsaon kaayo,
> sama sa batong haspe, matin-aw morag kristal."*
>
> - Ang Pinadayag 21:10-11 -

Ang langit usa ka dapit sa upat-ka-dimensiyon nga kalibutan, nga gidumala mismo sa Dios sa gugma ug katarong. Bisan pa kini dili makita sa imong mga mata, aduna gayud og langit. Unsa kadaghan kahang kalipay, kasadya, pagpasalamat, ug himaya ang nag-awas sa langit kay kini mao ang kinamaayohan nga gasa nga giandam sa Dios alang sa Iyang mga anak nga nidawat og kaluwasan?

Apan, adunay nagkalain-lain nga mga puy-anan sulod sa langit. Anaa ang Bag-ong Herusalem kon asa anaa ang trono sa Dios, ug anaa sad ang Paraiso kon asa ang mga tawo nga haloson naluwas ang magapuyo sa kahangtoran. Sama sa kinabuhi sa usa ka payag ug sa kinabuhi sa usa ka kastilyo sa usa ka hari nga mahinungdanon nga nagsahi bisan pa niining yuta, adunay daku nga kalahian sa himaya taliwala sa pagsulod sa Paraiso ug sa pagsulod sa Bag-ong Herusalem.

Bisan pa niana, ang ubang tumuluo naghunahuna nga ang "langit" ug ang "Bag-ong Herusalem" parehas ra, ug bisan pa ang uban nila wala nakahibalo nga adunay Bag-ong Herusalem. Unsa kini intawon kamakauulaw! Dili sayon nga makaangkon sa langit bisan pa nga nakahibalo ka mahitungod niini. Unsaon, man, sa usa nga makaabanse ngadto sa Bag-ong Herusalem nga wala nakahibalo mahitungod niini?

Busa, ang Dios nagpadayag sa Bag-ong Herusalem sa apostol nga si Juan ug gitugotan siya nga magsulat mahitungod niini sa detalye sa Biblia. Ang Pinadayag 21 nagpatin-aw og halawom sa Bag-ong Herusalem, ug si Juan nairog pinaagi lang sa pagtan-aw sa gawas nga bahin niini.

3

Siya nikompisal sa Ang Pinadayag nga 21:10-11, *"Ug diha sa Espiritu gidala niya ako ngadto sa usa ka daku ug hataas nga bukid, ug iyang gipakita kanako ang balaang siyudad nga Herusalem nga nanaug gikan sa langit gikan sa Dios, nga may himaya sa Dios. Kinsang kasidlak sama sa usa ka batong hamili nga talagsaon kaayo, sama sa batong haspe, matin-aw morag kristal."*

Ngano, man, nga ang Bag-ong Herusalem napuno sa himaya sa Dios?

1. Sa Bag-ong Herusalem anaa ang Trono sa Dios

Sa Bag-ong Herusalem anaa ang trono sa Dios. Unsa kaha kapuno sa himaya sa Dios ang Bag-ong Herusalem kay ang Dios mismo ang nagpuyo niini?

Mao kana nganong makita nimo nga ang mga tawo naghatag og himaya, pagpasalamat, ug pasidungog sa Dios adlaw ug gabii sa Ang Pinadayag 4:8: *"Ug ang upat ka mga buhing binuhat, nga matag-usa niini may unom ka pako, nalukop sa mga mata ang tibuok libut ug sulod nila; ug sa maadlaw ug sa magabii wala silay hunong sa pag-awit nga nagaingon, 'Balaan, balaan, balaan, ang Ginoong Dios nga Makagagahum sa Tanan, nga mao ang sa kagahapon, ang sa karon, ug ang sa umalabut!'"*

Ang Bag-ong Herusalem gitawag sad nga "Balaan nga Siyudad" kay kini gibuhat og bag-o pinaagi sa Pulong sa Dios, nga mao ang matud-anon, walay-kabasolan, ug ang kahayag mismo nga walay bisan unsang kangitngit nga makita diha Kaniya.

Ang Herusalem mao ang dapit kon asa si Hesus, niari sa unod aron maablihan ang dalan sa kaluwasan alang sa tanang mga katawohan, niwali sa Maayong Balita ug gituman ang Balaod kauban ang gugma. Busa, ang Dios nagtukod sa Bag-ong Herusalem alang sa tanang tumuluo nga nituman sa Balaod kauban ang gugma aron makapuyo.

Ang trono sa Dios sa tunga sa Bag-ong Herusalem

Unya, asa man sa Bag-ong Herusalem ang trono sa Dios? Ang tubag gipadayag kanato sa Ang Pinadayag 22:3-4:

> *Ug didto wala nay bisan unsang tinunglo; apan didto ang trono sa Dios ug sa Kordero, ug ang Iyang mga ulipon magasimba Kaniya; sila magasud-ong sa iyang nawong, ug ang iyang ngalan anha sa ilang mga agtang.*

Ang trono sa Dios anaa sa tunga sa Bag-ong Herusalem, ug ang kato lang nga nagtoo sa Pulong sa Dios sama sa usa ka masinugtanon nga ulipon ang makasulod ngadto ug magasud-ong sa nawong Sa Dios.

Kini tungod kay ang Dios nag-ingon nato sa Mga Hebreohanon 12:14, *"Panglimbasugi ang pagpakigdinaitay uban sa tanang tawo, ug ang pagkabinalaan nga kon wala kini walay bisan kinsa nga makakita sa Ginoo,"* ug sa Mateo 5:8, *"Bulahan ang mga maputli ug kasingkasing kay makakita sila sa Dios."* Busa, imong kinahanglan nga masabtan nga dili tanan ang makasulod sa Bag-ong Herusalem nga magbalay sa trono sa Dios.

Unsa man ang itsura sa trono sa Dios? Ang pipila mahimong maghunahuna nga kini morag usa ka daku nga lingkoranan, apan dili kini mao. Sa usa ka sip-ot nga pamati, kini nagpasabot sa usa ka bangko kon asa naglingkod ang Dios, apan sa usa ka halapad nga pamati, kini nagpasabot sa puy-anan sa Dios.

Busa, "ang trono sa Dios" nagpasabot sa puy-anan sa Dios, ug sa palibot sa Iyang trono sa tunga sa Bag-ong Herusalem, anaa ang mga bangaw ug mga trono sa kaluhaag-upat ka mga ansiyano.

Mga bangaw ug mga trono sa kaluhaag-upat ka mga ansiyano

Imong mabati ang kaanyag, kahamili, ug kadakuon sa trono sa Dios sa Ang Pinadayag 4:3-6:

Ug ang naglingkod niini may panagway nga morag perlas nga haspe ug kornalina; ug ang trono giliyukan sa usa ka balangaw nga morag bulok sa esmeralda. Ug ang trono gialirongan ug kaluhaag-upat ka mga trono; ug diha sa mga trono nanaglingkod ang kaluhaag-upat ka mga ansiyano nga sinul-obag mga maputi nga bisti, ug may mga korona nga bulawan diha sa ilang mga ulo. Gikan sa trono anaay nanggula nga mga pangidlap sa kilat ug mga tingog ug mga linipak sa dalogdog, ug sa atubangan sa trono anaay nagadilaab nga pito ka sulo sa kalayo, nga mao ang pito ka espiritu sa Dios;

ug sa atubangan sa trono anaay morag dagat nga bildo, morag kristal; ug sa tunga ug sa palibot sa trono, may upat ka buhing binuhat nga nalukop sa mga mata sa atubangan ug sa likod.

Daghang mga anghel ug langitnon nga mga panon ang nagsilbi sa Dios. Aduna sad og daghang espirituhanon nga mga binuhat sama sa kerubin ug upat ka buhing binuhat nga nagbantay Kaniya.

Usab, ang dagat nga bildo nalatag sa atubangan sa trono sa Dios. Ang kining talan-awon maanyag kaayo, nga adunay daghang mga klase sa kahayag nga naglibot sa trono sa Dios nga makita sa dagat nga bildo.

Unsaon man paglibot sa kaluhaag-upat nga mga ansiyano sa trono sa Dios? Ang napulog-duha kanila ang nabutang sa likod sa Ginoo, ang uban pang napulog-duha anaa sa likod sa Espiritu Santo. Kining kaluhaag-upat ka mga ansiyano mao ang gipabalaan nga mga indibiduwal ug adunay kinamatarung nga motestigo sa atubang sa Dios.

Ang trono sa Dios maanyag kaayo, nindot, ug daku kaayo lapas sa mahanduraw sa tawo.

2. Ang Orihinal nga Trono sa Dios

Ang Mga Buhat 7:55-56 nagtaho sa pagkakita ni Esteban sa trono sa Kordero sa natoo nga bahin sa trono sa Dios:

Apan si Esteban nga puno sa Espiritu Santo, mitutok

sa langit ug nakita niya ang himaya sa Dios ug si Hesus nga nagtindog sa too sa Dios; ug siya miingon, "Tan-awa, nakita ko ang mga langit nga naabli, ug ang Anak sa Tawo nga nagatindog sa too sa Dios."

Si Esteban nahimong usa ka martir pinaagi sa pagbato niya samtang maisog nga nagwali kang Hesukristo. Diha sa duol na ang kamatayon ni Esteban, ang iyang espirituhanon nga mga mata naabli ug iyang makita ang Ginoo nga nagtindog sa natoo nga bahin sa trono sa Dios. Ang Ginoo dili makapabilin nga maglingkod sa pagkahibalo nga si Esteban duol na lang nga mahimong martir sa mga Hudeo nga naminaw sa iyang mensahe. Busa ang Ginoo nitindog sa Iyang trono ug nihilak samtang nagtan-aw ni Esteban nga gibato hangtud mamatay, ug si Esteban nakakita niining eksena sa iyang naabli nga espirituhanon nga mga mata.

Sama niini, nakit-an sad ni Esteban ang trono sa Dios kon asa ang Ginoo nagpuyo, ug kinahanglan nimong masabtan nga kining trono lahi kaysa sa katong usa nga nakit-an sa apostol nga si Juan sa Bag-ong Herusalem. Ang trono sa Dios nga nakit-an ni Esteban mao ang orihinal nga trono sa Dios.

Sa naunang panahon, kon ang hari mobiya sa iyang palasyo aron magtan-aw sa palibot sa pungsod ug sa mga tawo, ang iyang mga kawani nitukod og usa ka dapit nga nag-anggid sa usa ka palasyo aron mapuy-an sa hari og temporaryo. Sa samang paagi, ang trono sa Dios sa Bag-ong Herusalem dili mao ang trono kon asa ang Dios kanunay nga nagpuyo, apan mao ang dapit kon asa Siya nagpuyo lang sa kadyot nga mga panahon.

Ang orihinal nga trono sa Dios sa sinugdanan

Ang Dios usahanon ra, nga naggakos sa tibuok kalibutan sa wala pa ang sinugdanan (Exodus 3:14; Juan 1:1; Ang Pinadayag 22:13). Ang kalibutan sadto dili pareho sa unsang makita sa atong mga mata karon, apan usa ka bugtong nga espasyo sa wala pa ang pagbahin ngadto sa espirituhanon ug pisikal nga mga kalibutan.

Dili lang siya usa ka kidlap nga kahayag, apan anaa ingon sa masinaw, maanyag nga mga kahayag nga morag niaagas nga tubig nga adunay mga kolor sa usa ka bangaw. Imong masabtan kini og mas maayo kon imong huna-hunaon ang mga Aurora nga makita palibot sa North Pole. Ang usa ka Aurora mao ang usa ka grupo sa nagkalain-lain nga mga kolor sa suga nga gilatag nga morag kurtina, ug kini giingon nga ang panan-awon maanyag kaayo nga kon kinsa man ang makakita niini og kausa dili makalimtan ang kaanyag niini.

Unya, unsa kaha kaanyag ang mga kahayag sa Dios–kon kinsa mao ang Kahayag mismo, ug unsaon nato paglitok sa kanindot sa daghan kaayong maanyag nga mga kahayag nga gisagol?

Mao kana nganong nagsulti kini sa 1 Juan 1:5, *"Ang gipahibalo nga among nadungog gikan Kaniya ug karon among ginamantala kaninyo mao kini: nga ang Dios Kahayag ug diha Kaniya wala gayuy kangitngit."* Ang rason nga giingon nga "Ang Dios ang Kahayag" dili lang aron malitok ang espirituhanon nga kahulogan nga ang Dios wala gayuy kangitngit, apan aron sad ihubit ang itsura sa Dios nga anaa na isip nga usa ka kahayag sa wala pa ang sinugdan.

Kining mismo nga Dios, kon kinsa anaa na sa wala pa ang

sinugdan isip nga usa ka kahayag sa kalibutan, napuno sa tingog. Ang Dios anaa na isip nga usa ka kahayag nga napuno sa tingog, ug kining tingog mao "Ang Pulong" kon asa giingon sa John 1:1 sa: *"Sa sinugdan mao na ang Pulong, ug ang Pulong uban sa Dios, ug Dios ang Pulong."*

Sa espasyo kon asa ang Dios anaa isip nga kahayag nga adunay nagbagting nga tingog, adunay himulag nga mga espasyo alang sa Amahan, sa Anak, ug sa Espiritu Santo aron mopuyo ug mopahulay ang kada usa. Sa lugar kon asa anaa ang orihinal nga trono sa Dios sa espasyo sa sinugdan, adunay usa ka espasyo alang sa pagpahulay, mga kuwarto aron makighinabi, ug mga kadalanan sad aron masuroy-suroyan.

Ang mga espesyal lang kaayo nga mga anghel ug katong ang mga kasingkasing nag-anggid sa kasingkasing sa Dios ang tugotan niining dapit. Himulag kining dapit, misteryoso, ug luwas. Dugang pa, kining dapit nga nagbalay sa trono sa Dios ang Trinidad nabutang sa espasyo kon asa ang Dios nag-inusara sa sinugdan, ug kini anaa sa ikaupat nga langit, himulag gikan sa Bag-ong Herusalem sa ikatulong langit.

3. Ang Pangasaw-onon sa Kordero

Ang Dios gusto nga mag-anggid ang tanang tawo sa Iyang kasingkasing ug makasulod sa Bag-ong Herusalem. Bisan pa niana, gipakita sa gihapon Kaniya ang Iyang kaluoy sa katong wala makatuman niining lebel sa pagpakabalaan pinaagi sa pagpaugmad sa tawo. Iyang gibahin ang gingharian sa langit sa daghang mga puy-anan gikan sa Paraiso ngadto sa Una, Ikaduha, ug Ikatulong mga Gingharian sa Langit ug nagbalus sa Iyang mga anak sumala sa ilang binuhatan.

Ang Dios naghatag sa Bag-ong Herusalem sa Iyang tinuod nga mga anak nga hingpit nga napabalaan ug nagmatinumanon sa tanang balay Kaniya. Iyang gitukod ang Bag-ong Herusalem ingon nga handomanan sa Herusalem, ang patukoranan sa Maayong Balita, ug isip nga usa ka bag-ong sudlanan aron magaunod sa tanang butang tungod kay ilang nakumpleto ang balaod kauban ang gugma.

Atong mabasa gikan sa Ang Pinadayag 21:2 nga giandam sa Dios ang Bag-ong Herusalem nga maanyag kaayo nga ang Siyudad nagpahinumdom ni Juan sa usa ka pangasaw-onon nga matahom kaayong gidayan-dayanan alang sa iyang palamanhonon:

Ug nakita ko ang balaang siyudad, ang bag-ong Herusalem, nga nanaug gikan sa langit gikan sa Dios, gitagana maingon sa usa ka pangasaw-onon nga gidayan-dayanan alang sa iyang pamanhonon.

Ang Bag-ong Herusalem sama sa usa ka pangasawonon nga maanyag nga gidayan-dayanan

Nag-andam ang Dios og matahom nga mga puy-anan sa langit alang sa mga pangasaw-onon sa Ginoo kon kinsa maanyag nga nag-andam sa ilang mga kaugalingon aron dawaton ang espirituhanon nga pamanhonon ang Ginoong Hesus pinaagi sa pagsirkunsisyon sa ilang mga kasingkasing. Ang pinakamaanyag nga dapit niining mga puy-anan sa kahangtoran mao ang

Siyudad sa Bag-ong Herusalem.

Mao kana nganong naghisgot sa Ang Pinadayag 21:9 nga ang Siyudad sa Bag-ong Herusalem, ang pinakamaanyag nga gidekorasyonan alang sa mga pangasaw-onon sa Ginoo, isip nga *"Ang pangasaw-onon, ang asawa sa Kordero."*

Unsa kaha kamahimayaon ang Bag-ong Herusalem kay kini mao ang pinakamaayong gasa alang sa mga pangasaw-onon sa Ginoo nga giandam mismo sa Dios sa gugma? Ang mga tawo mairog og pag-ayo sa ilang pagsulod sa ilang kaugalingong mga balay, nga gitukod og gi-atiman sa Dios sa gugma ug mabantayanon ug detalyado nga konsiderasyon. Kini tungod nga ang Dios hingpit nga nagbuhat sa matag-usa nga balay nga husto sa pamati sa tag-iya.

Ang usa ka pangasaw-onon mosilbi sa iyang bana ug mohatag kaniya og usa ka dapit nga pahulayan. Sama niining hunahuna, ang mga balay sa Bag-ong Herusalem mosilbi ug mogakos sa mga pangasaw-onon sa Ginoo. Ang dapit ayahay kaayo ug luwas nga ang mga tawo napuno sa kalipay ug kasadya.

Niining kalibutan, bisan unsa kaayo mosilbi ang asawa sa iyang bana, dili siya makahatag sa hingpit nga pagdait ug kasadya. Apan, ang mga balay sa Bag-ong Herusalem makahatag sa pagdait ug kasadya nga dili masinatian sa mga tawo niining kalibutan kay ang katong mga balay gibuhat aron hingpit nga makatagbaw sa pamati sa tag-iya. Maanyag ug anindot nga gitukod ang mga balay suma sa mga pamati sa tag-iya kay kini sila alang sa mga tawo kon kinsa ang mga kasingkasing nag-anggid sa kasingkasing sa Dios. Unsa kaha ka makahibulong ug kasidlak kini sila kay ang Ginoo mao ang nangamot sa pagtukod?

Ang Bag-ong Herusalem: Napuno sa Himaya sa Dios

Kon tinuod ka nga nagtoo sa langit, malipay ka sa paghunahuna lang sa daghan kaayong mga anghel nga nagtukod og langitnon nga mga balay gamit ang bulawan ug mga batong hamili nga nagsunod sa balaod sa Dios nga magabalus sa matag-usa nga indibiduwal sumala sa unsang ilang gibuhat.

Imo bang mahanduraw kon unsa kaha ka mas malipayon ug unsa ka mas kasadya ang kinabuhi sa Bag-ong Herusalem, kon hain nagsilbi nimo sama sa usa ka asawa?

Langitnon nga mga balay gidekorasyonan sumala sa mga buhat sa usa

Ang langitnon nga mga balay gisugdan og tukod sukad nga ang atong Ginoo nabanhaw ug nisaka ngadto sa langit, ug sila gitukod bisan pa karon sumala sa atong mga buhat. Busa, ang mga pagtukod sa mga balay sa katong kon kinsang ang mga kinabuhi niining yuta hingpit nga nahuman na; ang mga patukoranan gibutang na ug ang mga haligi gipatindog na alang sa pipila ka mga balay; ug ang mga trabaho sa pipila ka mga balay hapit na makumpleto.

Inig kumpleto na sa langitnon nga mga balay sa mga tumuluo, ang Ginoo magabalik sa yuta apan niining panahona sa kahanginan:

Sa balay sa Akong Amahan anaay daghang puyanan; kon dili pa, moingon ba unta Ako kaninyo nga moadto Ako aron sa pag-andam ug luna lang kaninyo? Ug sa mahiadto na Ako ug makaandam na Akog luna alang kaninyo, moanhi Ako pag-usab ug pagadawaton ko kamo nganhi uban Kanako, aron nga diin gani ako atua usab kamo (Juan 14:2-3).

Ang kahangtoran nga mga puy-anan sa mga naluwas nga mga tawo pagadesisyonan sa Paghukom sa Puting Trono. Inig sulod sa tag-iya sa iyang balay human ang puy-anan ug ang mga balus nadesisyonan na sumala sa gidak-on sa pagtoo sa matag-usa, ang balay unya hingpit nga magasidlak. Kini tungod nga ang tag-iya ug ang balay naghimo nga usa ka hingpit nga pares inig kasulod sa tag-iya sa iyang balay sama sa usa ka bana ug asawa nga nahimong usa ka unod.

Unsa kaha kapuno sa himaya sa Dios ang Bag-ong Herusalem kay kini nagabalay sa trono sa Dios, ug daghang mga balay ang gitukod alang sa tinuod nga mga anak sa Dios nga mahimong makigbahin sa tinuod nga gugma kauban Kaniya sa kahangtoran?

4. Sinaw morag Nagsidlak nga mga Batong hamili ug Tin-aw morag Kristal

Sa katong gidala siya sa Espiritu Santo, ang apostol nga si Juan nahibulong sa iyang pagkakita sa Balaan nga Siyudad nga Bag-ong Herusalem, ug siya makakompisal lang sa mga masunod:

Ug diha sa Espiritu gidala niya ako ngadto sa usa ka daku ug hataas nga bukid, ug iyang gipakita kanako ang balaang siyudad nga Jerusalem nga nanaug gikan sa langit gikan sa Dios, nga may himaya sa Dios. Kinsang kasidlak sama sa usa ka batong hamili nga talagsaon kaayo, sama sa batong haspe, matin-aw morag kristal (Revelation 21:10-11).

Si Juan nihatag og himaya sa Dios sa iyang pagtan-aw sa makahibulong nga Bag-ong Herusalem gikan sa hataas nga bukid, sa dihang gidala siya ngadto sa Espirtu Santo.

Bag-ong Herusalem, nagsidlak sa himaya sa Dios

Unsa man ang buot ipasabot sa pagsulti nga ang kasidlak sa Bag-ong Herusalem nga nagsinaw sa himaya sa Dios "sama sa usa ka batong hamili nga talagsaon kaayo, sama sa batong haspe, matin-aw morag kristal"? Adunay daghan klaseng mga batong hamili og sila dunay nagkalain-lain nga mga pangalan sumala sa ilang mga sakot ug mga kolor. Aron ilhon nga bilihon, ang matag-usa nga bato kinahanglan mohatag og usa ka maanyag kaayo nga kolor. Busa, ang pagpahayag nga "sama sa usa ka batong hamili" nagpasabot nga kini mao ang hingpit nga kaanyag. Ang apostol nga si Juan nagtandi sa kahayag sa Bag-ong Herusalem sa bilihon nga mga bato nga giila sa mga tawo nga malahalon kaayo ug maanyag.

Dugang pa, ang Bag-ong Herusalem adunay dagku ug grandioso nga mga balay, ug kini gidekorasyonan gamit ang langitnon nga mga batong hamili nga nagsidlak sa makalilipay nga mga kahayag, ug imong maingon nga ang mga kahayag nagkidlap ug maanyag bisan pa kon ikaw nagtan-aw sa Siyudad gikan sa malayo. Asulon, puti nga mga kahayag nga masilakon kauban ang daghang mga kolor nga morag naggakos sa Bag-ong Herusalem. Unsa kaha ka impresibo ug kamaya kini nga talan-awon?

Nagsulti kanato sa Ang Pinadayag 21:18 nga ang paril sa Bag-ong Herusalem gibuhat sa haspe. Dili-sama sa lagomon nga haspe niining yuta, ang haspe sa langit adunay usa ka asulon nga kolor ug maanyag kaayo ug matin-aw nga kon imo kining tanawon, ang pamati nimo nagtan-aw ka sa matin-aw nga tubig. Kini halos imposible nga ipahayag ang kaanyag sa kolor niini sa mga butang niining kalibutan. Tingali kini mahimong matandi sa usa ka masinaw, asul nga kahayag nga makita sa matin-aw nga mga balod. Dugang pa, ato lang mapahayag ang kolor niini isip nga matin-aw, asulon, ug puti. Ang haspe nagsimbolo sa pagkaelegante ug kahinlo sa Dios, ug ang "pagkamatarung" nga walay-lama, matin-aw ug maligdong.

Adunay daghang mga klase sa kristal, ug sa langitnon nga mga termino kini nagpasabot sa usa ka walay-kolor, masihag, ug gahi nga bato nga sama sa kahinlo ug katin-aw sa lunsay nga tubig. Ang hinlo ug matin-aw nga mga kristal kadaghanan nga gigamit alang sa dekorasyon gikan sa unang panahon kay sila dili lang matin-aw ug masihag, apan maanyag sad nga nagpakita sa mga kahayag.

Ang kristal, bisan di kaayo mahal, nindot nga nagpakita sa mga kahayag aron tan-awon sila nga morag mga bangaw. Dugang pa, gibutang sa Dios ang kasilaw sa himaya sa langitnon nga mga kristal kauban ang Iyang gahom, aron dili kini gani matandi sa katong makita niining yuta. Ang apostol nga si Juan nagsulay aron ipahayag ang kaanyag, kahinlo, ug kahimayaon sa Bag-ong Herusalem gamit ang kristal.

Ang Balaan nga Siyudad sa Bag-ong Herusalem napuno sa

makahibulong nga himaya sa Dios. Unsa kaha kanindot, kaanyag ug kasinaw ang Bag-ong Herusalem kay kini nagbalay sa trono sa Dios ug ang taluktok kon asa ang Dios nihulma sa Iyang kaugalingon ngadto sa Trinidad?

Kapitulo 2

Mga Pangalan sa Napulog-duha ka mga Banay ug Napulog-duha ka mga Apostoles

1. Napulog-duha ka mga Anghel ang Nagbantay sa mga Ganghaan
2. Mga Pangalan sa Napulog-duha ka mga Banay sa Israel nga Nakudlit sa Napulog-duha ka mga Ganghaan
3. Mga Pangalan sa Napulog-duha ka mga Apostoles nga Nakudlit sa Napulog-duha ka mga Patukoranan

"Kini adunay daku ug mahabog nga paril nga may napulog-duha ka mga ganghaan, ug sa sa mga ganghaan anaay napulog-duha ka mga anghel: ug diha sa mga ganghaan nasulat ang mga pangalan sa napulog-duha ka mga banay sa kaliwatan ni Israel. Sa sidlakan may tulo ka mga ganghaan, sa amihanan may tulo ka mga ganghaan, sa habagatan may tulo ka mga ganghaan, ug sa kasadpan may tulo ka mga ganghaan. Ug ang paril sa siyudad may napulog-duha ka mga patukoranan nga mga bato, ug kanila diha ang mga ngalan sa napulog-duha ka mga apostoles sa Kordero."

- Ang Pinadayag 21:12-14 -

Ang Bag-ong Herusalem gilibotan sa mga paril nga nagsinaw sa kasidlak ug nagkidlap nga mga kahayag. Ang mga suwang sa tanan mangatagak sa salog sa kadakuon, kanindot, kaanyag, ug kahimayaon niining mga paril.

Ang hulma sa Siyudad morag kubitos ug adunay tulo ka mga ganghaan sa matag-kilid: sa sidlakan, kasadpan, amihan ug habagatan. Aduna kini og kinatibuk-an nga napulog-duha ka mga ganghaan ug dili-mahanduraw ang pagkadaku. Usa ka maligdong ug halangdon nga anghel ang nagbantay sa matag ganghaan ug ang mga pangalan sa napulog-duha ka mga banay gikudlit niining mga ganghaan.

Usab sa palibot sa mga paril sa Bag-ong Herusalem adunay napulog-duha ka mga patukoranan kon asa adunay napulog-duha nga nagtindog nga mga haligi ug diha ang mga pangalan sa napulog-duha ka mga apostoles gitala. Ang tanang butang sa Bag-ong Herusalem gibuhat gamit ang numero 12, ang numero sa kahayag, isip nga mao ang basehanan. Kini aron tabangan ang tanan nga sayon ra masabtan nga ang Bag-ong Herusalem mao ang dapit alang sa katong mga anak sa kahayag kon kinsa ang mga kasingkasing nag-anggid sa kasingkasing sa Dios, kon kinsa sa Iyang kaugalingon mao ang kahayag.

Ato karong tan-awon ang mga rason nganong adunay napulog-duha ka mga anghel nga nagbantay sa nagpulog-duha ka mga ganghaan sa Bag-ong Herusalem ug ang pangalan sa napulog-duha ka mga apostoles gitala sa tibuok Siyudad.

Langit II

1. Napulog-duha ka mga Anghel ang Nagbantay sa mga Ganghaan

Sa unang mga inadlaw, daghang mga sundalo o manogbantay ang padayon nga nagbantay sa mga ganghaan sa mga kastilyo kon asa ang mga hari o mga matag-as nga mga opisyal nagpuyo. Kinahanglan kining buhaton aron mapanalipdan ang mga dakbalay gikan sa mga kaaway ug mga nisugok. Apan, napulog-duha ka mga anghel ang nagbantay sa mga ganghaan sa Bag-ong Herusalem bisan pa nga walay makasulod o makadasdas sa iyang gusto kay ang Siyudad nagbalay sa trono sa Dios. Unsa man, unya, ang rason?

Aron ilitok ang kabahandi, gahom, ug himaya

Ang Siyudad sa Bag-ong Herusalem daku kaayo ug grandiyoso lapas sa atong imahinasyon. Ang daku nga Gidilian nga Siyudad sa Tsina kon asa ang mga emperador nagpuyo sa una sama sa kadakuon sa balay sa usa ka indibiduwal sa Bag-ong Herusalem. Bisan pa ang kadakuon sa Great Wall sa China, usa sa Pito ka mga Kahibudngan sa Karaang-Panahon sa Kalibutan, dili matandi sa Siyudad sa Bag-ong Herusalem.

Ang unang rason nganong adunay napulog-duha ka mga anghel nga nagbantay sa mga ganghaan mao aron itimaan ang kabahandi ug pasidungog, gahom, ug himaya. Bisan pa karon, ang gamhanan o ang mga dato adunay ilang mga pribado nga mga manogbantay sa sulod ug sa gawas sa ilang mga balay, ug kini nagpakita sa kabahandi ug pasidungog sa mga residente.

Busa, dayag kini nga ang mga anghel nga tag-as ang mga

posisyon nagbantay sa Siyudad sa Bag-ong Herusalem nga nagbalay sa trono sa Dios. Mabati sa usa ka tawo ang gahom sa Dios ug Bag-ong Herusalem nga mga residente sa usa lang kasiplat sa pagtan-aw lang sa mga anghel, kon kinsa ang presensya nila nagdungag sa kaanyag ug himaya sa Bag-ong Herusalem.

Aron panalipdan ang giila nga mga anak sa Dios

Unsa man, unya, ang ikaduhang rason nga ang napulog-duha ka mga anghel nagbantay sa mga ganghaan sa Bag-ong Herusalem? Nangutana sa Mga Hebreohanon 1:14 nga, *"Dili ba silang tanan mga espiritu man lamang nga sulogoon, nga gipadala aron sa pag-alagad, alang kanila nga maoy magapanunod sa kaluwasan?"* Ang Dios nagpanalipod sa Iyang mga anak nga nagpuyo niining yuta gamit ang Iyang nagdilaab nga mga mata ug sa mga anghel nga Iyang gipadala. Busa, ang katong nabuhi sumala sa Pulong sa Dios dili madaot ni Satanas apan mapanalipdan gikan sa mga pagtilaw, mga kasamok, mga natural ug gibuhat-sa-tawo nga mga katalagman, mga sakit, ug mga aksidente.

Usab, adunay dili-maihap nga mga anghel sa langit nga nagbuhat sa ilang mga katungdanan sumala sa mando sa Dios. Kauban nila ang mga anghel nga nagbantay, nagtala, ug nagtaho sa Dios sa kada buhat sa matag-usa ka tawo bisan pa kining tawhana tumuluo o dili. Sa Adlaw sa Paghukom, ang Dios maghinumdum bisan pa sa kada pulong nga gilitok sa matag-usa ka indibiduwal, ug magabalos sumala sa iyang gibuhat.

Sama niini, ang tanang anghel mga espiritu kon asa ang Dios adunay kontrol, ug dayag kini nga sila nagpanalipod ug nagatiman sa mga anak sa Dios bisan pa sa langit. Lagi, walay bisan unsang aksidente o mga peligro sa langit kay walay kangitngit nga gipanag-iyahan ang kaaway nga diablo, apan natural kini nila nga katungdanan nga silbihan ang ilang mga agalon. Kining katungdanan wala gipuwersa kang bisan kinsa apan gibuhat nga boluntaryo sumala sa mando ug panagduyog sa espirituhanon nga kalibutan; kini mao ang natural nga katungdanan nga gihatag sa mga anghel.

Aron ipabilin ang kadait sa Bag-ong Herusalem

Unsa man, unya, ang ikatulong rason nga ang napulog-duha ka mga anghel nagbantay sa mga ganghaan sa Bag-ong Herusalem?

Ang langit usa ka hingpit nga espirituhanon nga kalibutan nga walay bisag unsa nga sayop, ug kini gipadagan sa hingpit nga kahan-ayan. Walay kadumot, mga away, o mga mando apan gipadagan ug gipabilin lang pinaagi sa kahan-ayan sa Dios.

Ang usa ka balay nga nabahin batok sa iyang kaugalingon maguba. Sa samang paagi, bisan pa ang kalibutan ni Satanas dili magbarug batok sa iyang kaugalingon apan nagtrabaho sumala sa usa ka tino nga han-ay (Marcos 3:22-26). Unsa kaha kadaku ang katul-id, unya, nga matukod ang gingharian sa Dios ug mapadagan sa kahan-ay?

Pananglitan, ang mga piging nga gibuhat sa Bag-ong Herusalem magpadayon sumala sa kahan-ay. Ang naluwas nga mga kalag sa Ikatulo, Ikaduha, ug Unang Gingharian ug Paraiso musulod sa Bag-ong Herusalem sa usa ka imbitasyon-lang nga basehan, usab sumala sa espirituhanon nga kahan-ay. Ngadto, sila magapahimuot sa Dios ug makig-ambit sa kasadya kauban ang mga residente sa Bag-ong Herusalem.

Kon ang naluwas nga mga kalag sa Paraiso, sa Una, Ikaduha, Ikatulo nga Gingharian libre nga makasulod sa Bag-ong Herusalem kon kanus-a nila gusto, unsa man ang mahitabo? Sama sa bili sa bisag pinakamaayo ug pinakamalahalon nga mga butang magakunhod kon dili kini atimanon sa paglipas sa panahon ug paggamit, kon ang kahan-ay sa Bag-ong Herusalem maguba, ang kaanyag niini dili tarong nga mapabilin.

Busa, alang sa pagkamadaiton nga kahan-ay sa Bag-ong Herusalem, kinahanglan ang napulog-duha ka mga ganghaan ug mga anghel nga magbantay sa matag-usa nga ganghaan. Lagi, ang katong mga tumuluo nga anaa sa Ikatulong Gingharian sa Langit ug sa ilalom dili libre nga makasulod sa Bag-ong Herusalem bisan pa'g walay anghel nga magbantay sa ganghaan tungod sa kalahian sa himaya. Seguraduhon sa mga anghel nga ang kahan-ay mapabilin nga mas tarong.

2. Mga Pangalan sa Napulog-duha ka mga Banay sa Israel nga Nakudlit sa Napulog-duha ka mga Ganghaan

Unsa man, unya, ang rason alang sa pagsulat sa mga pangalan sa napulog-duha ka mga banay sa Israel sa mga ganghaan sa Bag-ong Herusalem? Ang pangalan sa napulog-duha ka mga banay sa Israel nagtimaan sa katinuoran nga ang napulog-duha ka mga ganghaan sa Bag-ong Herusalem nagsugod kauban ang napulog-duha ka mga banay sa Israel.

Ang luyo alang sa napulog-duha ka mga ganghaan

Si Adan ug Eba, nga gipagula gikan sa Hardin sa Eden tungod sa ilang sala sa pagkamasupilon sa gibanabana 6,000 ka libo nga niagi, nanganak og daghan samtang nagpuyo niining yuta. Sa pagkapuno sa kalibutan sa mga sala, ang kada usa luwas lang ni Noe ug ang iyang pamilya, usa ka matarung nga tawo sa tanang tawo sa iyang panahon, gisilotan ug gihanaw pinaagi sa tubig.

Unya gibanabana 4,000 ka tuig nga niagi si Abraham natawo, ug sa pag-abot sa panahon, gibuhat siya sa Dios isip nga unang amahan sa pagtoo ug dagaya siya nga gipanalanginan. Nisaad ang Dios kang Abarham sa Genesis 22:17-18 nga.

Sa pagpanalangin, ikaw pagapanalanginan Ko, ug sa pagpadaghan, pagapadaghanon Ko ang imong kaliwatan ingon sa mga bitoon sa langit ug ingon sa balas nga atua sa baybayon sa dagat; ug ang imong kaliwatan manag-iya sa mga ganghaan sa iyang mga kaaway. Ug diha sa imong kaliwat mapanalanginan ang tanan nga mga kanasuran sa yuta, kay gituman mo ang Akong tingog.

Gibutang sa masaligan nga Dios si Jacob, ang apo ni Abraham, isip nga magtutukod sa Israel, ug gibuhat ang patukoranan aron maporma ang usa ka pungsod kauban ang iyang napulog-duha ka mga anak nga lalaki. Unya sa gibanabana 2,000 ka tuig nga niagi, gipadala sa Dios si Hesus isip nga usa ka kaliwat gikan sa banay sa Judah ug giablihan ang dalan sa kaluwasan alang sa tanang katawohan.

Niining paagi, giporma sa Dios ang mga tawo sa Israel kauban ang napulog-duha ka mga banay aron tumanon ang panalangin nga Iyang gihatag ni Abraham. Dugang pa, aron makatimaan ug mamarkahan kining katinuoran, gibuhat sa Dios ang napulog-duha ka mga ganghaan sa Bag-ong Herusalem ug gikudlit ang mga pangalan niining napulog-duha ka mga banay sa Israel.

Karon, atong tan-awon og duol si Jacob, ang unang amahan sa Israel, ug ang napulog-duha ka mga banay.

Si Jacob nga unang-amahan sa Israel ug ang iyang napulog-duha ka mga anak nga lalaki

Si Jacob, ang apo ni Abraham ug anak ni Isaac, nagkuha sa iyang katunyag gikan sa iyang magulang nga igsoon nga si Esau sa usa ka malimbongon nga paagi ug kinahanglan nga modagan gikan sa iyang igsoon ngadto sa iyang uyoan nga si Laban. Sa sulod sa kaluhaan ka tuig nga pagpuyo sa balay ni Laban, gibag-o sa Dios si Jacob hangtud nga siya mahimong unang amahan sa Israel.

Ang Genesis 29:21 ug sa padayon nagpatin-aw sa detalye sa mga pagpangasawa ni Jacob ug ang pagkatawo sa iyang napulog-duha ka mga anak nga lalaki. Gihigugma ni Jacob si Raquel ug gipromisa nga silbihan si Laban sa pito katuig aron iyang mapangasawa siya, apan siya gilimbongan sa iyang uyoan ug napangasawa si Lea, ang iyang igosoon. Kinahanglan niyang promisahan si Laban og pito ka tuig usab aron mapangasawa niya. Sa katapusan napangasawa ni Jacob si Raquel ug mas gihigugma si Raquel kaysa ni Lea.

Gikaluy-an sa Dios si Lea, nga wala gihigugma sa iyang

bana, ug giablihan ang iyang tagoangkan. Gipanganak ni Lea si Ruben, Simeon, Levi, ug Juda. Si Raquel gihigugma ni Jacob, apan dili makapanganak og mga lalaki alang sa taas nga panahon. Nanibugho siya sa iyang igsoon nga si Lea ug gihatag niya ang iyang ulipon nga si Bilha sa iyang bana isip nga usa ka asawa. Gipanganak ni Bilha si Dan ug si Neptali. Pag-abot sa panahon nga dili na makapanganak si Lea, iyang gihatag ang iyang ulipon nga si Silpa isip nga asawa, ug si Silpa nanganak ni Gad ug Aser.

Unya, gidawat ni Lea ang kasabotan gikan ni Raquel sa pagdulog ni Jacob baylo sa mga mandragora sa unang anak nga si Ruben. Iyang gipanganak si Isakar ug Sabulon, ug usa ka anak nga babaye si Dina. Unya, nahinumduman sa Dios si Raquel nga dili manganak ug giablihan ang iyang tagoangkan, ug niining panahona iyang gipanganak si Jose. Human sa pagpanganak ni Jose, gidawat ni Jacob ang mando sa Dios nga tabukon ang Suba nga Jabbok ug mobalik sa iyang gitawhan nga lungsod kauban ang duha niya ka asawa, duha ka ulipon, ug napulog-usa ka mga anak nga lalaki.

Niagi og mga pagtilaw si Jacob sa balay sa iyang uyoan nga si Laban alang sa duha ka dekada. Human ana iyang gipaubos ang iyang kaugalingon ug nag-ampo hangtud nga malubag ang iyang bat-ang sa Suba sa Jabbok sa dalan padulong sa iyang gitawhan nga lungsod. Unya iyang gidawat ang bag-ong pangalan nga "Israel" (Genesis 32:28). Si Israel usab nakig-uli sa iyang igosoon nga si Esau ug nipuyo sa yuta sa Canaan. Iyang gidawat ang panalangin nga nahimong unang amahan sa Israel ug nakuha ang ulahi niyang anak, si Benjamin, pinaagi ni Raquel.

Ang Napulog-duha ka mga banay sa Israel, gipili nga mga tawo sa Dios

Si Jose, kon kinsa mao ang pinakahinigugma sa iyang amahan sa napulog-duha ka mga anak, gibaligya sa Ehipto sa edad nga napulog-pito sa iyang mga igsoon nga gilukoban sa panibugho. Tungod sa pagkabugana sa Dios, bisan pa niana, sa edad nga katloan si Jose nahimong primo ministro sa Egipto. Sa pagkahibalo nga adunay mahitabo nga mapig-ot nga gutom sa yuta sa Canaaan, gipadala sa Dios si Jose og una sa Ehipto, ug gitugotan ang iyang tibuok pamilya nga mubalhin ngadto aron sila magkadaghan pa igo nga makaporma og usa ka pungsod.

Sa Genesis 49:3-28, si Israel nagpanalangin sa iyang napulog-duha ka mga anak diha sa iyang ulahing pagginhawa, ug kini sila mao ang napulog-duha ka mga banay sa Israel:

"Ruben, ikaw mao ang akong panganay;
 ang akong kalig-on ug ang sinugdan
 sa akong kusog (b. 3)...
Si Simeon ug Levi mga magsoon;
Mga hinagiban sa linugsanay nga dagku
ang ilang mga espada (b. 5)...
Juda, pagadayegon ka sa imong mga igsoong lalake (b. 8)...
Si Sabulon magapuyo sa mga dunggoanan
sa dagat (b. 13)...
Si Issachar, asno nga kusganon,
nga nagalubog sa taliwala sa duha ka toril (b. 14)...
Si Dan magahukom sa iyang katawohan,
ingon nga usa sa mga banay ni Israel (b. 16)...

Kang Gad, ang kasundalohan
nga langyaw magadusmog kaniya,
Apan siya magadusmog sa ilang tikod (b. 19)...
Gikan kang Aser ang iyang tinapay nga matambok (b. 20)...
Si Nephtali maong lagsaw nga baye nga binuhian,
nga magahatag ug mga pulong nga matahum. (b. 21)...
Si Jose mao ang sanga nga mabungaon,
Sanga nga mabungaon tupad sa usa ka tuburan (b. 22)...
Si Benjamin mao ang lobo nga mangangagaw (b. 27)..."

Kining tanan mao ang napulog-duha ka mga banay ni Israel, ug mao kini ang giingon sa ilang amahan sa iyang pagpanalangin kanila, nga gihatag ang panalangin sa matag-usa nga nakaangay kanila. Ang panalangin nagkalainlain kay ang matag-usa ka anak (banay) lahi sa iyang ilhanan, personalidad, buhat, ug kinaiya.

Pinaagi kang Moses, gihatag sa Dios ang Kasugoan sa napulog-duha ka mga banay sa Israel nga nigula gikan sa Ehipto, ug nisugod og dala kanila ngadto sa yuta sa Canaan, nga nag-awas sa gatas ug dugos.. Sa Deuteronomio 33:5-25, atong makita si Moses nga nagpanalangin sa mga tawo sa Israel diha sa iyang kamatayon.

Himoa nga mabuhi unta si Ruben ug dili mamatay,
Ug dili unta magkadiyut ang iyang mga lalaki (b. 6) ...
Patalinghugi, oh GINOO, ang tingog ni Juda,
Ug dad-on mo siya sa iyang katawohan (b. 7) ...
Ug mahitungod kang Levi miingon siya,
"Ang imong Thummim ug ang imong Urim uban
sa imong balaanon" (b. 8) ...

Mahitungod kang Benjamin miingon siya,
 "Ang hinigugma sa GINOO magapuyo
 nga walay kabilinggan sa haduol niya" (b. 12) ...
Ug mahitungod kang Jose miingon siya,
 "Pagabulahanon sa GINOO ang iyang yuta,
 Tungod sa mga butang nga mahal sa mga langit,
 tungod sa yamog, Ug tungod sa kahiladman
 nga sa ilalum nagapahulay" (b. 13) ...
Ug kini sila mao ang napulo ka libo ni Ephraim,
Ug kini sila mao ang mga linibo ni Manases (b. 17) ...
Ug mahitungod kang Sabulon miingon siya,
 "Maglipay ka, Sabulon, sa imong paggula,
 Ug ikaw Issachar, sa imong mga balong-balong." (b. 18) ...
Ug mahitungod kang Gad miingon siya,
 "Bulahan ang nagapadaku kang Gad" (b. 20) ...
Ug mahitungod kang Dan miingon siya,
 "Si Dan, anak sa leon,
 Nga magalukso sukad sa Basan." (b. 22) ...
Ug mahitungod kang Nephtali miingon siya,
 "Oh Nephtali, nabusog sa pagpalangga,
 Ug puno sa panalangin sa GINOO," (b. 23) ...
Pagabulahanon si Aser sa mga;
 Himoa nga kahimut-an siya sa iyang mga igsoon (b. 24) ...

Si Levi, nga apil sa napulog-duha ka mga anak ni Israel, gilain gikan sa napulog-duha ka mga banay aron mahimong sacerdote ug panag-iyahan sa Dios. Hinonoa, giporma sa duha ka anak ni Jose nga si Manases ug Ephraim ang duha ka banay aron ipuli sa Mga Levihanon.

Mga pangalan sa napulog-duha ka mga banay nakudlit sa napulog-duha ka mga ganghaan

Unya, unsaon man nato nga wala niini sa mga miyembro sa napulog-duha ka mga banay sa Israel ni direkta nga mga kaliwat ni Abraham, maluwas ug makalahos ngadto sa napulog-duha ka mga ganghaan kon asa ang mga pangalan sa napulog-duha ka mga banay gisulat? Atong makita ang tubag nianang pangutana sa Libro sa Ang Pinadayag 7:4-8:

> *Ug nadungog ko ang gidaghanon sa tinimrihan, usa ka gatus ug kap-atan ug upat ka libo ka mga tinimrihan, gikan sa matag-banay sa mga anak ni Israel: Napulog-duha ka libo ang tinimrihan sa banay ni Juda, napulog-duha ka libo sa banay ni Ruben, napulog-duha ka libo sa banay ni Gad, napulog-duha ka libo sa banay ni Aser, napulog-duha ka libo sa banay ni Neftali, napulog-duha ka libo sa banay ni Manases napulog-duha ka libo sa banay ni Simeon, napulog-duha ka libo sa banay ni Levi, napulog-duha ka libo sa banay ni Issachar, napulog-duha ka libo sa banay ni Sabulon, napulog-duha ka libo sa banay ni Jose, napulog-duha ka libo sa banay ni Benjamin ang tinimrihan.*

Niining mga bersikulo, ang pangalan sa banay ni Juda nauna ug ang pangalan sa banay ni Ruben nagsunod sa Mga Libro sa Genesis ug Deuteronomio. Ug ang pangalan sa banay ni Dan gipanas ug ang pangalan sa banay ni Manases ang gidungag.

Kini nagtala sa seryoso nga sala sa banay ni Dan sa 1 Mga

Hari 12:28-31.

> Tungod niini ang hari nakigsabutsabut, ug naghimo sa duha ka nating vaca nga bulawan, ug siya miingon kanila, "Halayo ra kaninyo ang pagtungas ngadto sa Herusalem; tan-awa, ang inyong mga dios, Oh Israel nga nagdala kaninyo gikan sa yuta sa Ehipto."
> Ug iyang gibutang ang usa didto sa Beth-el, ug ang lain iyang gibutang didto sa Dan. Ug kining butanga nahimong usa ka sala, kay ang katawohan mingadto aron sa pagsimba sa atubangan sa usa, bisan pa ngadto sa Dan. Ug siya naghimo sa mga balay sa hatag-as nga dapit, ug naghimo sa mga sacerdote gikan sa tanang katawohan nga dili sa mga anak nga lalaki ni Levi.

Si Jeroboam, nga nahimong unang hari sa Amihanan nga Gingharian sa Israel, naghunahuna nga kon ang mga tawo musaka aron muhatag og mga halad sa templo sa GINOO sa Herusalem, sila usab muhatag sa ilang pag-unong sa ilang ginoo, si Rehoboam nga hari sa Juda. Ang hari naghimo sa duha ka nating vaca, ug iyang gibutang ang usa didto sa Beth-el, ug ang lain iyang gibutang didto sa Dan. Iyang gidili sa mga katawohan nga musaka ngadto sa Herusalem aron maghatag og mga halad sa Dios ug gihaylo sila nga musilbi sa Beth-el ug sa Dan.

Ang banay ni Dan naghimog sala sa pagsimba og diosdios ug gibuhat ang mga komon nga mga katawohan nga mga sacerdote bisan pa nga wala nila luwas lang sa banay ni Levi ang mahimong mga sacerdote. Ug nagbutang sila'g usa ka pista sa ika-napulog-lima nga adlaw sa ika-walo nga bulan, sama sa pista nga gibuhat sa Juda. Kining tanan nga mga sala dili mapasaylo sa Dios ug sila gipasibayaan Kaniya.

Busa, ang pangalan sa banay ni Dan gipanas ug gibaylohan sa pangalan sa banay ni Manases. Ang katinuoran nga ang pangalan gipropesiya na sa Genesis 48:5. Miingon si Jacob sa iyang anak nga si Jose:

> *Ug karon ang imong duha ka anak nga lalaki, si Ephraim ug si Manases, nga nangatawo kanimo sa yuta sa Ehipto sa wala pa ako mahianhi kanimo dinhi sa Ehipto, mga ako sila; ingon nga si Ruben ug si Simeon mamaako sila.*

Si Jacob, ang amahan sa Israel, gitimrihan na si Manases ug Ephraim ingon nga iyaha. Busa, sa Libro nga Ang Pinadayag sa Bag-ong Kasabotan, makita kini nga ang pangalan sa banay ni Manases gitala imbes nga sa kang Dan.

Ang katinuoran nga ang pangalan sa banay ni Manases gitala kauban sa napulog-duha ka mga banay sa Israel niining paagi bisan pa nga dili siya usa sa napulog-duha ka mga pangulo sa Israel nagpaila nga ang mga Hentil magkuha sa lugar sa mga Israelinhon ug maluwas.

Gibutang sa Dios ang patukoranan sa usa ka pungsod paagi sa napulog-duha ka mga banay sa Israel. Sa gibanabana duha ka libo nga tuig nga niagi, Iyang giablihan ang ganghaan sa paghugas sa atong mga sala paagi sa malahalon nga dugo ni Hesukristo nga gipatulo sa krus ug gitugotan ang tanan nga makadawat og kaluwasan kauban ang pagtoo.

Gipili sa Dios ang mga katawohan sa Israel nga gikan sa napulog-duha ka mga banay ug gitawag sila nga "Akong Katawohan," apan kay sila sa katapusan wala makaabot sa pagsunod sa kabubut-on sa Dios, ang Maayong Balita nagpadulong sa mga Hentil.

Ang mga Hentil, ang salingsing sa olibo nga ihalas nga gisumpay, gipulihan ang gipili nga katawohan sa Dios sa Israel nga mao ang salingsing nga olibo. Mao kana nganong ang apostol nga si Pablo miingon sa Mga Taga-Roma 2:28-29 nga, *"Kay ang usa ka tawo dili tinuod nga Hudio kon ang iyang pagka-Hudio anaa ra sa dayag nga panagway, ug ang tinuod nga sirkunsisyon dili ang anaa ra sa dayag diha sa lawas. Kay ang tinuod nga Hudio mao kadtong tawo nga Hudio diha sa kinasuloran sa iyang pagkatawo; ug ang tinuod nga sirkunsisyon maoy usa ka butang nga iya sa kasingkasing, espirituhanon ug dili sumala sa mga letra sa kasugoan; siya magadawat sa pagdalayeg nga dili gikan sa tawo kondili gikan sa Dios."*

Sa makadiyot, ang mga Hentil nahimong mapulihan ang katawohan sa Israel sa pagtuman sa kabubut-on sa Dios sama sa banay ni Dan nga gipanas ug ang banay ni Manases ang gidungag. Busa, bisan pa ang mga Hentil makasulod sa Bag-ong Herusalem paagi sa napulog-duha ka mga ganghaan basta sila nag-angkon sa tarung nga mga katakos sa pagtoo.

Busa, dili lang ang katong nahiapil sa napulog-duha ka mga banay sa Israel, apan usab katong nahimong mga kaliwat ni Abraham sa pagtoo ang makadawat og kaluwasan. Sa katong nagtoo na ang mga Hentil, wala na sila gihunahuna sa Dios nga "mga Hentil" apan ingon sa mga miyembro sa napulog-duha ka mga banay. Ang tanang pungsod maluwas paagi sa napulog-duha ka mga ganghaan, ug kini mao ang pagkamatarung sa Dios.

Lagi, ang "napulog-duha ka mga banay" sa Israel espirituhanon nga nagpasabot sa tanang mga anak sa Dios nga naluwas pinaagi sa pagtoo, ug gisulat sa Dios ang mga pangalan sa napulog-duha ka mga banay sa napulog-duha ka mga ganghaan sa Bag-ong Herusalem aron matimaanan kining katinuoran.

Bisan pa niana, kay ang nagkalainlain nga mga kanasuran ug dapit adunay nagkalainlain nga mga ilhanan, ang himaya sa matag-usa nga banay sa napulog-duha ka mga banay ug sa napulog-duha ka mga ganghaan nagkalahi sad sa langit.

3. Mga Pangalan sa Napulog-duha ka mga Apostoles nga Nakudlit sa Napulog-duha ka mga Patukoranan

Unsa man, unya, ang rason nganong ang mga pangalan sa napulog-duha ka mga apostoles gisulat sa napulog-duha ka mga patukoranan sa Bag-ong Herusalem?

Aron matukod ang usa ka dakbalay, kinahanglan adunay mga patukoranan aron mabutang ang mga haligi. Sayon ra banabanaon ang kadakuon sa konstruksyon kon imong tanawon ang gilawmon sa kalot. Importante kaayo kining mga patukoranan kay kinahanglan nilang suportahan ang kabug-at sa tibuok nga istruktura.

Sa samang paagi, ang napulog-duha ka mga patukoranan gibutang aron matukod ang mga paril sa Bag-ong Herusalem ug ang napulog-duha ka mga haligi, taliwala niini ang napulog-duha ka mga ganghaan ang gibuhat. Unya ang napulog-duha ka mga ganghaan ang gibuhat. Ang kadakuon sa napulog-duha ka mga patukoranan ug ang napulog-duha ka mga haligi daku kaayo lapas sa atong panabot, ug atong utingkayon kini sa masunod nga kapitulo.

Napulog-duha ka mga patukoranan, mas importante kaysa napulog-duha ka mga ganghaan

Ang matag-usa nga landong adunay iyang esensya nga ipagula. Sama niining paagi, ang Daang Kasabotan mao ang landong sa Bag-ong Kasabotan kay ang Daang Kasabotan nitestigo ni Hesus kon kinsa moari niining kalibutan isip nga Manluluwas, ug ang Bag-ong Testamento gitala sa ministro ni Hesus nga niari niining kalibutan, gituman ang tanang propesiya, ug gihuman ang dalan sa kaluwasan (Sa Mga Hebreohanon 10:1).

Ang Dios, kon kinsa mao ang nagbutang sa patukoranan sa usa ka pungsod pinaagi sa napulog-duha ka mga banay sa Israel ug giproklamar ang Kasugoan pinaagi ni Moses, gitudluan ang napulog-duha ka mga apostoles pinaagi ni Hesus kon kinsa mao ang nituman sa Kasugoan kauban ang gugma ug gibuhat silang mga saksi sa Ginoo hangtud sa kinatumyan sa yuta. Niining paagi, ang napulog-duha ka mga apostoles mao ang mga bayani nga gibuhat kini nga posible aron matuman ang Kasugoan sa Daang Kasabotan ug itukod ang Siyudad sa Bag-ong Herusalem, nga naglihok dili ingon sa usa ka landong apan ingon sa usa ka esensya.

Busa, ang napulog-duha ka mga patukoranan sa Bag-ong Herusalem mas importante kaysa napulog-duha ka mga ganghaan, ug ang papel sa napulog-usa ka mga apostoles mas importante kaysa napulog-duha ka mga banay.

Si Hesus ug ang Iyang napulog-duha ka mga tinun-an

Si Hesus nga mao ang Anak sa Dios, kon kinsa niari niining kalibutan sa unod, nagsugod sa Iyang ministro sa edad nga katloan, gitawag ang Iyang mga tinun-an, ug gitudluan sila. Inig kaabot sa panahon, gitagaag gahom ni Hesus ang Iyang mga apostoles aron mapagula ang mga yawa ug ayohon ang may sakit. Ang Mateo 10:2-4 naghisgot sa napulog-duha ka mga apostoles nga:

> *Ang mga ngalan sa napulog-duha ka mga apostoles mao kini: nahauna, si Simon nga ginganlan si Pedro, ug si Andres nga igsoon ni Simon; si Santiago nga anak ni Zebedeo, ug si Juan nga igsoon niya ni Santiago; si Felipe ug si Bartolome; si Tomas ug si Mateo nga maniningil sa buhis; si Santiago nga anak ni Alfeo, ug si Tadeo; si Simon nga Kananeyo, ug si Hudas Iscariote, nga mao ang nagbudhi Kaniya.*

Sa gihangyo ni Hesus, ilang giwali ang Maayong Balita ug gibuhat ang mga buhat sa gahom sa Dios. Ilang gisaksihan ang buhi nga Dios ug gidala ang daghang mga kalag ngadto sa dalan sa kaluwasan. Tanan sila luwas lang ni Hudas Iscariote, kon kinsa gigalgal ni Satanas ug gibaligya si Hesus sa ulahi, nakasaksi sa pagkabanhaw ug pagsaka sa Ginoo, ug nasinatian ang Espiritu Santo pinaagi sa madilaab nga mga pag-ampo.

Unya, sa pagkomisyon sa Ginoo kanila, ilang gidawat ang Espiritu Santo ug ang gahom ug nahimong mga saksi sa Ginoo sa

Herusalem, sa tibuok Judea ug Samaria, ug hangtud sa kinatumyan sa yuta.

Si Matias ang gipuli ni Hudas Iscariote

Gisaysay sa Mga Buhat 1:15-26 ang proseso sa pag-ilis ni Hudas Iscariote sa napulog-duha ka mga apostoles. Nag-ampo sila sa Dios ug nagparipa. Kini gibuhat kay gusto kini sa mga apostoles buhaton sumala sa kabubut-on sa Dios, nga walay pagbabag sa bisag unsang hunahuna sa tawo. Sa katapusan nakapili silay og usa ka indibidwal nga apil sa katong gitudluan ni Hesus, usa ka tawo nga gihinganlan og Matias.

Ang rason nganong gipili gihapon ni Hesus si Hudas Iscariote bisan nahibaloan nga magbudhi siya og pamakak dinhi. Ang katinuoran nga si Matias bag-ohay lang gipili nagpasabot nga bisan pa ang mga Hentil mahimong makadawat og kaluwasan. Kini nagpasabot sad nga ang pinili nga mga alagad sa Dios karon nahiapil sa dapit ni Matias. Sukad sa pagkabanhaw ug sa pagsaka sa Ginoo, adunay daghang mga alagad sa Dios ang gipili sa Dios mismo sa iyang kaugalingon, ug bisan kinsa nga mahiusa sa Ginoo mahimong pilion ingon sa usa sa mga apostoles sa Ginoo, sa paagi nga si Matias nahimong Iyang apostol.

Ang mga alagad sa Dios nga gipili mismo sa Dios sa Iyang kaugalingon, nagsugot sa kabubut-on sa ilang Agalon kauban lang ang "Oo." Kon ang mga alagad sa Dios dili musugot sa Iyang kabubut-on, sila mahimo ug dili angay nga tawagon nga mga "alagad sa Dios" o "mga gipili nga mga alagad sa Dios."

Ang napulog-duha ka mga apostoles apil si Matias nag-anggid sa Ginoo, gituman ang pagkabalaan, nisugot sa mga panudlo sa

Ginoo ug tibuok nga gituman ang kabubut-on sa Dios. Nahimo silang mga patukoranan sa pangkalibutan nga misyon pinaagi sa pagtuman sa ilang mga katungdanan hangtud sa sila nahimong mga martir.

Mga Pangalan sa napulog-duha ka mga apostoles

Ang katong naluwas pinaagi sa pagtoo, bisag wala sila mapabalaan ni nagmatinumanon sa tanang balay sa Dios, mahimong makabisita sa Bag-ong Herusalem pinaagi sa ang usa ka imbitasyon, apan dili sila mahimong makapuyo ngadto sa kahangtoran. Busa, ang rason nganong ang napulog-duha ka mga ngalan sa mga apostoles gisulat sa napulog-duha ka mga patukoranan mao nga ipahinumdom nato nga kato lang ang gipabalaan ug ang nagmatinumanon sa tanang balay sa Dios niining kinabuhi ang mahimong makasulod ngadto sa Bag-ong Herusalem.

Ang napulog-duha ka mga banay sa Israel nagpasabot sa tanang mga anak sa Dios nga naluwas pinaagi sa pagtoo. Ang katong gipabalaan ug nagmatinumanon sa tanan nilang kinabuhi mao ang sarang nga makasulod sa Bag-ong Herusalem. Alang niining mga rason, ang napulog-duha ka mga patukoranan ang mas importante, ug mao kini nganong ang mga pangalan sa napulog-duha ka mga apostoles wala gisulat sa napulog-duha ka mga ganghaan apan sa napulog-duha ka mga patukoranan.

Ngano man, unya, nga napulog-duha lang ka mga apostoles ang gipili ni Hesus? Sa Iyang hingpit nga kaalam, ang Dios nagtuman sa Iyang kabubut-on kon asa Iyang gidisenyo sa wala pa ang sinugdanan ug nan humanon ang tanang butang. Busa, nakahibalo ta nga ang pagpili ni Hesus sa napulog-duha ka mga apostoles nabuhat na usab sumala sa plano sa Dios.

Ang Dios, kon kinsa giporma ang napulog-duha ka mga banay sa Daang Kasabotan, gipili ang napulog-duha ka mga apostoles, gamit ang numero 12 nga ang buot ipasabot mao ang "kahayag" ug "kahingpit" sa Bag-ong Kasabotan usab, ug ang landong sa Daang Kasabotan ug ang esensya sa Bag-ong Kasabotan nahimong usa ka pares.

Ang Dios dili magbaylo sa Iyang hunahuna ug plano kon asa sa kausa Iyang gidisenyo, ug tumanon ang Iyang Pulong. Busa, kinahanglan natong magtoo sa tanang Pulong sa Dios sa Biblia, i-andam ang atong kaugalingon ingon sa palangasaw-onon sa Ginoo aron dawaton Siya, ug kab-oton ug kuhaon ang mga katakos nga kinahanglan aron makasulod sa Bag-ong Herusalem sama sa napulog-duha ka mga apostoles.

Giingon ni Hesus nato sa Ang Pinadayag 22:12, *"Tanawa, moabut Ako sa dili madugay, nga magadala sa Akong ipamalus, sa pagbayad ngadto sa matag-usa sumala sa iyang binuhatan."*

Unsang klase sa kinabuhi sa Kristiyano ang imong kinahanglan nga dal-on kon ikaw tinuod nga nagtoo nga ang Ginoo madali na lang mobalik? Dili lang ka matagbaw sa pag-angkon sa kaluwasan pinaagi sa pagtoo ni Hesukristo, apan kinahanglan sad nga suwayan nga isalikway ang imong mga sala pahilayo ug magmatinumanon sa tanan nimong mga katungdanan.

Langit II

Nag-ampo ko sa pangalan sa Ginoong Hesukristo nga makuha nimo ang kahangtoran nga himaya ug mga panalangin sa Bag-ong Herusalem sama sa mga katigulangan sa pagtoo kon kinsa ang mga pangalan gikudlit sa napulog-duha ka mga ganghaan ug sa napulog-duha ka mga patukoranan!

Kapitulo 3

Ang Kadakuon sa Bag-ong Herusalem

1. Gitakos pinaagi sa Bulawan nga Tangbo
2. Usa ka Kubitos-nga-Korte nga Bag-ong Herusalem

"Ug ang nakigsulti kanako may barahan nga bulawan aron isukod sa siyudad, ug sa mga ganghaan ug mga paril niini. Ang siyudad nahimutang nga kuwadrado, ang iyang gitason sama sa iyang gilapdon; ug pinaagi sa iyang barahan, iyang gisukod ang siyudad, ug kini mga lima ka gatus ka milya; parihas ang iyang gitason ug ang gilapdon ug ang kahabugon. Gisukod usab niya ang paril niini, nga may mga kapitoagduha ka mga yarda, sumala sa sinukdan sa tawo, nga maoy pagsukod niini sa anghel."

- Ang Pinadayag 21:15-17 -

Ang ubang tumuluo naghunahuna nga ang tanang naluwas makasulod sa Bag-ong Herusalem kon asa nagbalay sa trono sa Dios, o nasaypan nga ang Bag-ong Herusalem mao ang langit sa kinatibuk-an. Apan, ang Bag-ong Herusalem dili ang tibuok nga langit, hinoon usa lang ka bahin sa walay katapusan nga langit. Ang tinuod lang nga mga anak sa Dios nga balaan ug gipabalaan ang makasulod. Unsa kaha kalapad, imong katingalahan, ang kadakuon sa Bag-ong Herusalem, kon asa giandam sa Dios alang sa Iyang tinuod nga mga anak?

Atong utingkayon ang kadakuon ug korte sa Bag-ong Herusalem, ug ang espirituhanon nga mga kahulogan nga gitago dinha nila.

1. Gisukod pinaagi sa Bulawan nga Tangbo

Natural lang alang sa katong adunay tinuod nga pagtoo ug nagdilaab nga paglaum alang sa Bagong Herusalem nga katingalahan ang korte ug kadakuon sa Siyudad. Kay kini mao ang dapit alang sa mga anak sa Dios nga gipabalaan ug tibuok nga nag-anggid sa Ginoo, giandam sa Dios ang Bag-ong Herusalem nga maanyag ug anindot kaayo.

Sa Ang Pinadayag 21:15, imong mabasa ang mahitungod sa usa ka anghel nga nagbarog nga adunay bulawan nga tangbo aron sukdon ang kadakuon sa mga ganghaan ug mga paril sa Bag-ong Herusalem. Unsa man, unya, ang rason nganong gipasukod sa Dios ang Bag-ong Herusalem pinaagi sa bulawan nga tangbo?

Ang bulawan nga tangbo usa ka klase sa tuy-od nga ngilit nga gigamit aron sukdon ang distansya sa langit. Kon nakahibalo ka sa buot ipasabot sa bulawan ug sa tangbo, imong masabtan ang rason nganong gisukod sa Dios ang mga dimensiyon sa Bag-ong Herusalem gamit ang bulawan nga tangbo.

Ang bulawan nagpasabot sa "pagtoo" kay kini dili magbaylo sa paglabay sa panahon. Ang bulawan sa bulawan nga tangbo nagtimaan sa katinuoran nga ang pagsukod sa Dios tukma ug dili magbaylo, ug ang tanan Niyang mga saad pagatumanon.

Ang mga timaan sa tangbo nga nagsukod sa pagtoo

Ang tangbo taas ug ang ngilit niini humok. Kini molabyog ra dayon sa huyop sa hangin apan dili mabugto; kini nag-angkon og pareho nga kahumok ug kalig-on. Ang tangbo adunay mga balighot, ug kini nagpasabot nga ang Dios magabalus sumala sa unsay gibuhat sa usa.

Busa, ang rason nganong gisukod sa Dios ang Siyudad sa Bag-ong Herusalem gamit ang bulawan nga tangbo mao aron tukma nga sukdon ang matag-usa nga pagtoo ug igabalus ang unsay sumala sa iyang gibuhat.

Karon, atong tan-awon ang mga timaan ug espirituhanon nga kahulogan sa tangbo aron masabtan nganong gisukod sa Dios ang mga dimensiyon sa Bag-ong Herusalem gamit ang bulawan nga tangbo.

Una sa tanan, ang mga tangbo adunay halawom kaayo, baskog nga mga gamot. Kini sila 1-3 ka metro, gibanabana 3-10 ka tapak, ang kataason, ug tingob nga nagpuyo sa mga balas sa mga sanapan o linaw. Kini sila tan-awon nga morag mahuyang ang mga gamot, apan dili kini sila nato maibot og dali.

Sa samang paagi, ang mga anak sa Dios kinahanglan nga maligon nga migamot sa pagtoo ug magbarog sa bato sa kamatuoran.

Kon ikaw aduna lang og dili magbaylo nga pagtoo nga dili mairog bisan sa unsang sirkumstansya, nga mahimo kang makasulod sa Bag-ong Herusalem kon asa ang mga dimensiyon niini gisukod pinaagi sa bulawan nga tangbo. Mao kining rason nga ang apostol nga si Pablo nag-ampo alang sa mga tumuluo sa Efeso, *"ug aron si Kristo magapuyo diha sa inyong mga kasingkasing pinaagi sa pagtoo; aron kamo, ingon nga mga pinagamut ug pinasukad diha sa gugma"* (Mga Taga-Efeso 3:17).

Ikaduha, ang mga tangbo adunay mahumok kaayo nga mga ngilit. Kay si Hesus adunay usa ka humok ug maaghop nga kasingkasing, nga nagpahinumdum sa mga tangbo, wala gayud siya nakig-away o nisinggit. Bisan pa nga gibatikos ug gilutos Siya sa uban, si Hesus dili makigdebate hinoon mulakaw palayo.

Busa, ang katong naglaum alang sa Bag-ong Herusalem kinahanglan adunay maaghop nga mga kasingkasing sama sa kang Hesus. Kon mobati ka og kahigwaos sa dihang itudlo sa uban ang imong mga sayop o badlongon ka, kini nagpasabot nga aduna ka pa sa gihapon og mapahahitas-on nga kasingkasing. Kon aduna kay humok og maaghop nga kasingkasing sama sa gapas, imong madawat katong mga butanga kauban ang kalipay nga walay bisag unsay pagbati og pagbasol o walay-katagbaw.

Ikatulo, ang mga tangbo sayon lang labyogon sa hangin apan dili sayon balion. Human ang usa ka baskog nga bagyo, ang dako nga mga kahoy usahay maibot, apan ang mga tangbo dili kasagaran mabali bisan pa sa mabaskog nga hangin kay tungod sila mahumok. Ang mga tawo niining kalibutan usahay itandi ang mga hunahuna ug mga kasingkasing sa mga babaye sa mga tangbo aron ilitok kini sa dili maayo nga paagi, apan ang pagtandi sa Dios mao ang katugbang. Ang mga tangbo mahumok og morag mahuyang kaayo kon tan-awon, apan aduna sila'y kalig-on nga dili maputol bisan pa sa mabaskog nga hangin, ug aduna silay kaanyag sa ilang ka elegante, puti nga mga bulak.

Kay ang mga tangbo adunay tanan nga mga aspeto sa mga butang sama sa kahumok, kalig-on, ug kaanyag, makatimaan sila sa katarong sa tino nga mga paghukom. Kini mga timaan sa mga tangbo mahimo sad magahin sa estado sa Israel. Ang Israel adunay usa ka gamay nga teritoryo ug populasyon, ug gilibotan sa mga mabatokon nga mga silingan. Ang Israel morag mahuyang nga pungsod kon tan-awon, apan kini dili "mabali" bisan pa sa unsang mga sirkumstansya. Kini tungod aduna silay baskog nga pagtoo sa Dios, pagtoo nga migamot sa mga katigulangan apil si Abraham. Bisan pa nga morag silag pisikal nga mabungkag dihadiha dayon kon imong tan-awon, ang pagtoo sa mga Israelinhon sa Dios nagtugot kanila nga malig-on nga magbarog.

Sama niini, aron makasulod sa Bag-ong Herusalem, kinahanglan aduna kitay pagtoo nga dili magkumakuma sa bisan unsang mga sirkumstansya, nga magkuha og gamot ni Hesukristo kon kinsa mao ang bato, sama sa mga tangbo nga adunay baskog nga mga gamot.

Ikaupat, ang mga punoan sa tangbo tul-id ug hamis mao kana nga kanunay silang gigamit nga buhaton og mga atop, mga pana, o tumoy sa mga igsusulat. Ang tul-id nga punoan nagpasabot sad og paglihok nga pagpadulong. Ang pagtoo giingon nga "buhi" lang kon kini magpadayon sa pagsulong. Ang katong nagpauswag ug nagpalambo sa ilang mga kaugalingon magatubo sa ilang pagtoo sa adlaw adlaw, ug magpadayon sa pagsulong padulong sa langit. Ang Dios nagpili niining maayong mga sudlanan nga magabante padulong sa langit, maghinlo ug himuon silag hingpit aron kining mga katawohan mahimong makasulod sa Bag-ong Herusalem. Busa, kinahanglan natong magsulong padulong sa langit sama sa mga dahon nga nagturok gikan sa tumoy sa usa ka tul-id nga punoan.

Ikalima, isip sa kadaghan nga mga magbabalak ang nisulat mahitungod sa mga bulak sa tangbo aron mahulagway ang madaiton nga talan-awon, ang hitsura sa mga tangbo mahumok kaayo ug maanyag, ug ang ilang mga dahon maambong ug elegante. Sumala sa 2 Mga Taga-Corinto 2:15 nga nag-ingon, *"Kay kita mao ang kaamyon ni Kristo ngadto sa Dios sa taliwala kanila nga mga ginaluwas ug kanila nga mga nagakalaglag,"* ang katong nagbarog sa bato sa pagtoo naghatag sa kahumot ni Kristo. Ang katong nag-angkon niining klase sa kasingkasing adunay maambong ug kaharuhay nga mga nawong, ug ang mga katawohan makasinati sa langit pinaagi nila. Busa, aron makasulod sa Bag-ong Herusalem, kinahanglan natong ipagula ang maanyag nga kahumot ni Kristo nga sama sa mahumok nga mga bulak ug elegante nga mga dahon sa tangbo.

Ikaunom, ang mga dahon sa tangbo manipis ug ang mga ngilit niini mahait nga makasamad sa panit bisag mobag-id lang ini. Sa samang paagi, ang katong adunay pagtoo kinahanglan dili mokompromiso sa mga sala apan mahimong mga silab pinaagi sa pagtagbong pahilayo sa dautan.

Si Daniel, kon kinsa usa ka ministro sa daku nga Persia ug

gihigugma sa hari, nangatubang sa usa ka pagsulay kon hain gisentensiyahan nga ibutang sa langub sa mga leon sa mga dautan nga mga lalaki nga nanibugho niya. Apan, wala siya gayud nikompromiso, apan nigunit og hugot sa iyang pagtoo. Isip nga salangpotan, gipadala sa Dios ang Iyang anghel aron isira ang mga baba sa mga leon, ug mitugot ni Daniel nga himayaon ang Dios og daku sa atubang sa hari ug sa mga katawohan.

Ang Dios nahimuot niining klase sa pagtoo nga aduna si Daniel, ang klase nga wala nagkompromiso sa kalibutan. Nagpanalipod Siya sa katong aduna niining klase sa pagtoo gikan sa tanan klaseng mga kalisud ug mga pagsulay, ug nagtugot nila nga himayaon Siya sa katapusan. Usab, nagpanalangin Siya nila ug gibuhat silang, *"mga ulo, dili ang ikog"* bisag asa sila mupadulong (Deuteronomio 28:1-14).

Dugang pa, sa giingon nato sa Mga Proberio 8:13, *"Ang pagkahadlok sa GINOO maoy pagdumot sa dautan,"* kon aduna ka'y dautan diha sa imong kasingkasing, kinahanglan nimong itambog kini pahilayo pinaagi sa madilaabon nga mga pag-ampo ug pagpuasa. Sa dili lang pagkompromiso sa mga sala apan ang pagdumot sa dautan, mahimo kang mapabalaan ug magangkon sa mga katakos aron makasulod sa Bag-ong Herusalem.

Atong giila ang rason sa Dios nganong gisukod ang Siyudad sa Bag-ong Herusalem sa bulawan nga mga tangbo pinaagi sa pagtan-aw sa unom nga mga ilhanan sa mga tangbo. Ang paggamit sa bulawan nga tangbo nagtugot nato aron mailhan ang Dios tukma nga nagsukod sa atong pagtoo ug magabalos nato nga tangkod sa atong gibuhat niining kinabuhi, ug nga Siya magatuman sa Iyang mga saad.

2. Usa ka Kubitos-nga-Korte nga Bag-ong Herusalem

Piho nga gitala sa Dios ang kadakuon ug ang korte sa Bag-ong Herusalem sa Biblia. Ang Pinadayag 21:16 nag-ingon nato nga ang Siyudad adunay usa ka kubitos-nga-korte nga napulog-lima ka gatos ka mga milya (12,000 ka stadia o 2,400 ka kilometro) ang gitas-on, gilapdon, ug kahabugon. Niini ang pipila mahimong mahibulong, 'Dili ba nato bation nga morag gitrangkahan kita?' Apan, gibuhat sa Dios ang Bag-ong Herusalem nga ayahay ug anindot kaayo. Usab, ang usa ka tawo dili makakita lahos sa Siyudad sa Bag-ong Herusalem gikan sa gawas, apan ang mga katawohan sa sulod sa mga paril mahimong makakita sa gawas. Sa laing sinultihan, walay rason aron mobati og kahigwaos o gibalhog sulod sa mga paril.

Sama sa gilapdon, gitas-on, ug kahabugon

Unsa man, unya, ang rason nganong gibuhat sa Dios ang Bag-ong Herusalem sa usa ka kubitos nga korte? Ang sama nga gilay-on ug gilapdon nagrepresentar og kahan-ay, katukma, katarong, ug pagkamatarong sa Siyudad sa Bag-ong Herusalem. Ang Dios nagdumala sa tanang mga butang sa kahan-ay aron ang dili-maihap nga mga bituon, ang bulan, ang Adlaw, ang sistema nga solar, ug uban pang bahin sa kalibutan tangkod ug tukma nga naglihok nga walay bisag unsang sayop. Sama niini, gibuhat sa Dios ang Siyudad sa Bag-ong Herusalem sa usa ka kuwadrado nga korte aron ilitok nga Siya nagdumala sa tanang mga butang ug ang kaagi sa kahan-ay, ug takdo nga magtuman sa tanang butang hangtud sa katapusan.

Ang Bag-ong Herusalem adunay parehas nga gilapdon ug gitas-on, ug napulog-duha ka mga ganghaan ug napulog-duha ka mga patukoranan, tulo sa matag kilid. Kini nagtimaan nga bisag asa pa nagpuyo ang usa ka tawo niining yuta, ang mando patas nga pagatumanon sa katong adunay mga katakos nga makasulod sa Bag-ong Herusalem. Ang katong, mga katawohan nga takos pinaagi sa pagsukod sa bulawan nga tangbo ang magasulod sa Bag-ong Herusalem yam-angan sa ilang kinatawo, edad, o kaliwat.

Kini mao tungod kay ang Dios, kauban ang Iyang tarong ug patas nga kinaiya, maghukom kauban ang katarong ug magsukod sa katakos aron tukma nga makasulod sa Bag-ong Herusalem. Dugang pa, ang usa ka kuwadrado nagrepresentar sa amihanan, habagatan, sidlakan, ug kasadpan. Gibuhat sa Dios ang Bag-ong Herusalem, ug nagtawag sa Iyang hingpit nga mga anak nga naluwas kauban ang pagtoo sa tanang mga pungsod gikan sa upat ka mga direksiyon.

Mabasa sa Ang Pinadayag 21:16 nga, *"Ang siyudad nahimutang nga kuwadrado, ang iyang gitas-on sama sa iyang gilapdon; ug pinaagi sa iyang barahan, iyang gisukod ang siyudad, ug kini mga lima ka gatus ka milya; parihas ang iyang gitas-on ug ang gilapdon ug ang kahabugon."* 'Lima ka gatus ka milya' mabalhin sa 'Napulog-duha ka libo (12,000) nga stadia' kauban ang usa ka Griyego nga pangsukod-sa-distansiya nga yunit, kon kini ibalhin og usab sa mga 2,400 ka kilometro. Busa, ang kubitos-nga-korte nga Bag-ong Herusalem nagsukod sa 2,400 km sa gilapdon, gitas-on ug kahabugon.

Usab, mabasa sa Ang Pinadayag 21:17 nga, *"Gisukod usab niya ang paril niini, nga may kapitoag-duha nga mga yarda, sumala sa sinukdan sa tawo, nga maoy pagsukod niini sa manolunda."* Ang mga paril sa Siyudad sa Bag-ong Herusalem kapitoag-duha ka mga yarda ang kabaga. 'Kapitoag-duha ka mga yarda' mabalhin sa mga '144 ka mga kubito' o 65 ka metro, o 213 ka tapak. Kay ang Siyudad sa Bag-ong Herusalem sa pagkadaku, ang mga paril sad ini dili-matandi ang kabaga.

Kapitulo 4

Gibuhat sa Lunsayng Bulawan ug Batong hamili sa Tanang mga Kolor

1. Gidayan-dayanan Gamit ang Lunsayng Bulawan ug Tanang mga Klase sa Batong Hamili
2. Ang mga Paril sa Bag-ong Herusalem Gibuhat sa Haspe
3. Gibuhat sa Lunsayng Bulawan, Matin-aw Morag Bildo

> *"Ang paril hinimog batong haspe;
> samtang ang siyudad lunsayng bulawan
> nga matin-aw morag bildo."*
>
> - Ang Pinadayag 21:18 -

Pananglitan aduna ka'y tanan nga kabahandi ug awtoridad aron makapatindog og usa ka balay kon hain ikaw ug ang imong hinigugma mopuyo sa kahangtoran. Unsa man ang desinyo nga gusto nimo niini? Bisag unsa ang bili, ang gitas-on sa panahon, ang kadaghan sa tawong gamiton aron kini matindog, gusto gihapon nimo kining itukod sa pinakamaanyag ug mabihagon nga paagi.

Sa samang paagi, dili ba gayud gusto sa atong Amahang Dios nga itukod ug dayan-dayanan ang Bag-ong Herusalem sa kaanyag kauban ang pinakamaayong mga materyal sa langit aron makapuyo ngadto kauban ang Iyang mga anak sa kahangtoran? Dugang pa, ang kada materyal sa Bag-ong Herusalem adunay lahi nga kahulogan aron mailhan ang mga panahon nga atong giantos kauban ang pagtoo ug gugma niining yuta, ug ang tanang butang ngadto masilakon.

Natural lang sa katong nangandoy alang sa Bag-ong Herusalem diha lalom sa ilang mga kasingkasing nga gustong makahibalo og mas daghan mahitungod sa Bag-ong Herusalem.

Ang Dios nakahibalo sa mga kasingkasing niining mga katawohan ug naghatag nato og nagkalain-lain nga mga piraso sa impormasyon sa Bag-ong Herusalem, apil and kadakuon, korte, ug bisan pa ang kabaga sa paril niini, sa detalye sa Biblia.

Sa unsa man, unya, gibuhat ang Siyudad sa Bag-ong Herusalem?

1. Gidayan-dayanan Gamit ang Lunsayng Bulawan ug Tanang mga Klase sa Batong Hamili

Ang Bag-ong Herusalem, kon hain giandam sa Dios alang sa Iyang mga anak, gibuhat sa lunsayng bulawan nga dili gayud magbaylo ug gidekorasyonan sa uban pang mga batong hamili. Sa langit walay materyal, sama sa yuta niining kalibutan, kon hain magbaylo sa paglakat sa panahon. Ang mga kadalanan sa Bag-ong Herusalem gibuhat sa lunsayng bulawan ug ang mga patukoranan gibuhat sa mga batong hamili. Kon ang mga balas sa tukoran sa suba sa tubig sa kinabuhi mao ang bulawan ug pilak, unsa kaha ka mas kahingangha ang mga materyal alang sa uban pang mga dakbalay?

Ang Bag-ong Herusalem: Ang obra-maestra sa Dios

Sa tanang bantog-sa-kalibutan nga mga dakbalay, ang ilang kidlap, bili, ka-elegante, ug kadingding nagkalahi gikan sa usa ka estraktura padulong sa uban nga nagdepende sa mga materyal nga gigamit aron ipatukod kini sila. Ang mga marmol mas masinaw, mas elegante ug maanyag kaysa sa balas, kahoy, o semento.

Imo bang mahanduraw kon unsa kaha ka maanyag ug kanindot kon ikaw mutokod sa usa ka dakbalay nga adunay malahalon nga bulawan ug mga batong hamili? Dugang pa, unsa kaha ka mas maanyag ug ka kapritsuhon ang mga dakbalay sa langit nga gibuhat sa maanyag nga mga materyales!

Ang bulawan ug batong hamili sa langit nga gibuhat pinaagi sa gahom sa Dios mas daku ang kalahi sa ilang kalidad, kolor, ug pagkadalisay gikan sa katong anaa niining kalibutan. Ang ilang kaulay ug ang kahayag nga nagsidlak sa kaanyag dili igo nga malitok sa mga pulong.

Bisan pa niining kalibutan, daghang klase sa mga sudlanan ang mahimo gikan sa samang kulonan. Mahimo kini silang malahalon nga mga china o barato nga kulon depende sa klase sa kulonan ug ang lebel sa kabatid sa usa ka magkukulon. Mikuha kini ug linibo ka mga tinuig aron matukod sa Dios ang Bag-ong Herusalem, ang Iyang obra-maestra, kon hain napuno sa masilakon, bilihon, ug hingpit nga himaya sa Arkitekto sa Siyudad.

Ang lunsayng bulawan nagpasabot alang sa pagtoo ug kinabuhing dayon

Ang lunsayng bulawan usa ka siyento porsento nga bulawan nga walay bisag unsang kahugaw, ug mao lang ang butang nga dili magbaylo niining kalibutan. Tungod niining kinaiya, daghang mga pungsod ang migamit niini isip nga sukdanan sa ilang kuwarta ug pagbaylo nga bili, ug kini gigamit sad sa mga dekorasyon ug mga industriyal nga mga katuyoan. Ang lunsayng bulawan gipangita ug gihigugma sa daghang mga tawo.

Ang rason nganong gihatagan kita og bulawan sa Dios niining kalibutan aron tugotan kita nga maka-amgo nga adunay mga butang nga dili magbaylo, ug kanang adunay usa ka kalibutan sa kahangtoran. Ang mga butang niining kalibutan mobayat ra ug magbaylo sa pag-agi sa panahon. Kon kita aduna lang niining mga butanga, lisud kini para nato nga maka-amgo nga adunay usa ka langit sa kahangtoran sa atong limitado nga kahibalo.

Mao kini nganong ang Dios nagtugot kanato nga mahibaloan

Langit II

nga adunay mga butang sa kahangtoran pinaagi niining bulawan nga dili gayud magbaylo. Anaa kini para kanato nga masabtan nga adunay usa ka butang nga dili gayud magbaylo ug mag-angkon og paglaum alang sa langit sa kahangtoran. Busa, kon ikaw maalam, imong sulayan nga mag-agom og pagtoo nga sama sa walay-pagbag-o nga lunsayng bulawan.

Adunay daghang mga butang nga gibuhat sa lunsayng bulawan sa langit. Handurawa kon unsa kaha kita ka mapasalamaton nga makantan-aw sa langit nga gibuhat sa lunsayng bulawan, kon hain atong giila nga pinakabilihon niining kinabuhi niining kalibutan!

Apan, ang katong mga buang-buang nawili lang sa bulawan isip nga usa ka pamaagi aron mapadaghan o ipasundayag ang ilang bahandi. Sumala niini, sila nagpalayo gikan sa Dios ug wala naghigugma Kaniya, ug sila sa ulahi mahagbong ngadto sa linaw o nasunog nga asupri sa impiyerno, ug magpunay og basol, nga moingon, "Dili unta ko mag-antos sa impiyerno kon ako lang giila ang pagtoo nga bilihon isip nga akong giila ang bulawang nga bilihon kaayo."

Busa, naglaum ko nga ikaw magmaalam ug mag-angkon sa langit pinaagi sa pagsulay nga makuha ang walay-pagbaylo nga pagtoo, dili ang bulawan niining kalibutan nga imong biyaan sa panahon nga ang imong kinabuhi niining yuta maabot na sa iyang katapusan.

Ang mga Batong hamili nagpasabot sa himaya sa Dios ug gugma

Ang mga batong hamili magahi ug adunay taas nga lab-a sa

pagbaliko. Sila nagpagula og maanyag nga mga kolor ug kahayag. Tungod dili daghan kaayo kanila ang mabuhat, sila gihigugma sa daghang mga tawo ug giila nga bilihon. Sa langit, ang Dios mobisti sa katong naka-angkon sa langit uban ang pagtoo sa pino nga linen ug dekorasyonan sila sa daghang mga batong hamili aron ipakita ang Iyang gugma.

Ang mga tawo nahigugma sa mga batong hamili ug nagsulay nga buhaton ang ilang kaugalingon nga tan-awong mas maanyag pinaagi sa pagdekorar gamit ang nagkalainlain nga mga adorno. Unsa kanindot kaha kini kon ang Dios mohatag nimo og daghang mga masilakon nga mga batong hamili sa langit?

Ang usa ka tawo mahimong mangutana, "Nganong kinahanglan man nato ang mga batong hamili sa langit?" Ang mga batong hamili sa langit nagpasabot sa himaya sa Dios, ug ang gidaghanon sa mga batong hamili nga igabalus sa usa ka tawo nagpasabot sa gidak-on sa gugma sa Dios alang anang tawhana.

Adunay dili-maihap nga mga klase sa mga batong hamili sa langit. Ang sapiro nga adunay usa ka bantaw nga sulop nga asul nga kolor; and Esmeralda nga adunay bantaw nga berde, ang rubi nga adunay sulop nga pula; ug krisoloto nga adunay bantaw nga dalag-dalag nga berde. Ang berilo nga adunay asulon nga berde nga nagpahanumdom nato sa tin-aw nga tubig sa dagat, ug ang topasyo nga adunay usa ka mabugnaw nga kahil nga kolor. Ang krisopaso adunay bantaw-batawon nga sulop nga berde, ug ang amatista nga adunay usa ka hagkap nga ubi ug sulop nga purpura nga kolor.

Walay labot sa mga niini, adunay daghan pang mga batong hamili nga aduna og nagpagula og maanyag nga mga kolor sama sa haspe, kalsedonya, sardonika, ug hasinto. Ang kining tanan nga mga batong hamili adunay nagkalainlain nga mga pangalan ug kamahinungdanon sama sa mga hamiling bato niining kalibutan. Ang mga kolor ug mga pangalan sa matag batong hamili gikombinar aron ipakita ang dignidad, garbo, balor ug ang himaya.

Sama nga naghatag og nagkalain-lain nga mga kolor ug mga kahayag ang mga batong hamili niining kalibutan sa lahi nga mga angulo, ang mga batong hamili sa langit adunay nagkalain-lain nga mga kahayag ug mga kolor, ug ang mga batong hamili sa Bag-ong Herusalem hilabihan nga nagsidlak ug nagsihag og duha-ka-pilo o tulo-ka-pilo nga mga kahayag.

Dayag gayud, nga ang katong mga batong hamili mas maanyag lapas sa pagtandi kaysa katong makita niining kalibutan kay tungod ang Dios mismo sa Iyang kaugalingon ang nagpahamis sa mga oro nga gamit ang gahom sa pagbuhat. Mao kana nganong ang apostol nga si Juan nag-ingon nga ang kaanyag sa Bag-ong Herusalem pareho sa pinakabilihon nga mga bato.

Usab, ang mga batong hamili sa Bag-ong Herusalem nagpagula og mas maanyag nga mga kahayag kaysa katong tua sa ubang mga puy-anan tungod kay ang mga anak sa Dios nga magasulod sa Bag-ong Herusalem nakakumpleto sa pagtuman sa kasingkasing sa Dios ug nakahatag og himaya Kaniya. Busa, ang pareho sa sulod ug sa gawas sa Bag-ong Herusalem gidayan-dayanan gamit ang daghang mga klase sa maanyag nga mga batong hamili wala gihatag sa tanan, apan gibalus sumala sa binuhatan sa pagtoo sa kada usa niining kalibutan.

2. Ang mga Paril sa Bag-ong Herusalem Gibuhat sa Haspe

Ang Pinadayag 21:18 nagsugid kanato nga ang mga paril sa Bag-ong Herusalem "gibuhat sa haspe." Mahanduraw ba nimo og unsa ka daku sa mga paril sa Bag-ong Herusalem nga gibuhat sa haspe sa tanang palibot?

Ang Haspe nagpasabot alang sa espirituhanon nga pagtoo

Ang haspe nga makita niining kalibutan sa kasagaran usa ka magahi ug lagomon nga bato. Ang kolor niini magbag-o-bag-o, nga mohanay gikan sa berde, pula, ngadto sa dalag-dalag nga berde. Ang pipila sa mga kolor niini nagsagol o ang pipila niini adunay mga batok. Ang pagkagahi nagkalahi, depende sa kolor. Ang haspe barato ra kaayo ug pipila kanila dali lang mabuak, apan ang langitnon nga haspe nga gibuhat sa Dios dili magbaylo o mabuak. Ang langitnon nga haspe adunay asulon nga puti nga kolor ug kini sihag aron nga kini mabati nga mora ka'g nagtan-aw sa usa ka tin-aw nga tubigan. Apan kini dili matandi sa bisan usang butang niining kalibutan, kini sama sa usa ka masilakon, asulon nga mga kahayag sa Adlaw nga nagsilaw sa mga balod sa dagat.

Kining haspe nagpasabot alang sa espirituhanon nga pagtoo. Ang pagtoo mao ang pinakahinungdanon ug pundamental nga elemento sa pagpadulong sa usa ka Kristohanon nga kinabuhi. Kon walay pagtoo dili ka makadawat og kaluwasan ni mapahimuot ang Dios. Sa dugang pa, kon wala ang pagtoo nga makapahimuot sa Dios, dili ka makasulod sa Bag-ong Herusalem.

Busa, ang Siyudad sa Bag-ong Herusalem gitukod kauban ang pagtoo, ug ang batong hamili nga makapahayag sa kolor niining pagtoo mao ang haspe. Mao kana nganong ang mga paril sa Bag-ong Herusalem gibuhat sa haspe.

Kon ang Biblia nagsugid kanato nga "Ang mga paril sa Bag-ong Herusalem gibuhat kauban ang pagtoo," ang mga tawo kaha makasabot sa ingon niining pagpahayag? Dili gayud kini masabtan sa tawhanong panghuna-huna ug kini lisud kaayo alang sa mga tawo bisan sa pagsulay nga handurawon kon unsa kamaanyag gidekorasyonan ang Bag-ong Herusalem.

Ang mga paril nga gibuhat sa haspe tin-aw nga nagsidlak kauban ang kahayag sa himaya sa Dios ug gidekorasyonan sa daghang mga sundanan ug mga desinyo.

Ang Siyudad sa Bag-ong Herusalem mao ang obra-maestra sa Dios nga Mamumugna ug ang dapit sa pahulayan sa kahangtoran alang sa pinakamaayo nga bunga gikan sa 6,000 ka tuig sa pagpaugmad sa tawo. Unsa ka ka mahimayaon, kamaanyag, ug kamasilakon kining Siyudad?

Atong kinahanglan nga masabtan nga ang Bag-ong Herusalem gibuhat sa pinakamaayong teknolohiya ug aparato kon asa ang mga mekanismo dili gani nato matugkad.

Bisan pa nga ang mga paril sihag, dili makita ang sulod gikan sa gawas. Apan, kini wala nagpasabot nga ang mga tawo sa sulod sa Siyudad mobati nga mora sila'g gibalhog sa sulod sa mga paril sa siyudad. Ang mga residente sa Bag-ong Herusalem makakita sa gawas sa Siyudad gikan sa sulod ug kini mabati nga morag walay mga paril. Unsa kaha ka mahikabulong kini!

3. Gibuhat sa Lunsayng Bulawan, Matin-aw Morag Bildo

Ang naulahi nga bain sa Ang Pinadayag 21:18 mabasa nga, *"Ang siyudad lunsayng bulawan, matin-aw morag bildo."* Ato karong tan-awon ang mga ilhanan sa bulawan aron matabangan kita nga mahunduraw ang Bag-ong Herusalem ug hakgom ang kaanyag niini.

Ang lunsayng bulawan walay pagbaylo nga balor

Ang bulawan dili masagulan og oksihena (oxygen) sa hangin o tubig. Dili kini magbaylo sa pag-agi sa panahon ug dili molantad og reaksyon nga kemikal pinaagi sa ubang mga substansya. Ang bulawan mopabilin sa iyang kaanyag nga kasilakon. Ang bulawan niining kalibutan mahumok ra kaayo, busa magbuhat kita og usa ka subong; sa langit, ang bulawan dili kaayo mahumok. Usab, ang bulawan o uban pang mga batong hamili sa langit nagpagula og nagkalain-lain nga mga kolor ug adunay lahi nga kagahion kaysa katong makita sa ibabaw sa kalibutan, kay sila nagdawat sa kahayag sa himaya sa Dios.

Bisan pa niining ibabaw sa kalibutan, ang pagka-elegante ug balor sa mga batong hamili nagkalahi sumala sa kabatid ug mga teknikalidad sa artesano. Unsa kaha ka bilihon ug kamaanyag ang mga batong hamili sa Bag-ong Herusalem kay sila gitandog ug gililok sa Dios sa Iyang kaugalingon?

Walay kahakog ug kaibog alang sa maanyag ug maayong mga butang sa langit. Sa ibabaw sa kalibutan ang mga tawo nagkahilig sa paghigugma sa mga batong hamili alang sa ilang kaluhoan ug bakante nga kabantog, apan sa langit ilang espirituhanon nga gihigugma ang mga batong hamili kay sila nakahibalo sa espirituhanon nga kamahinungdanon sa matag usa ug sila nakasabot sa gugma sa Dios nga nag-andam ug nagdekorasyon sa langit gamit ang maanyag nga mga batong hamili.

Gibuhat sa Dios ang Bag-ong Herusalem gamit ang lunsayng bulawan

Ngano man, unya, nga gibuhat sa Dios ang Siyudad sa Bag-ong Herusalem gamit ang lunsayng bulawan nga matin-aw morag bildo? Isip sa gipasabot sa una, ang lunsayng bulawan espirutuhanon nga nagpasabot alang sa pagtoo, paglaum nga natawo pinaagi sa pagtoo, kabahandi, kadungganan ug awtoridad. Ang "Paglaum nga natawo pinaagi sa pagkatawo" nagpasabot nga ikaw makadawat og kaluwasan, paglaum alang sa Bag-ong Herusalem, itambog pahilayo ang imong mga sala, paninguha aron mapabalaan ang imong kaugalingon, ug magpaabot sa mga balus kauban ang paglaum kay ikaw adunay pagtoo.

Busa, gibuhat sa Dios kining Siyudad gamit ang lunsayng bulawan aron ang katong mosulod niini kauban ang mabination nga paglaum sa kahangtoran mapuno sa pagpasalamat ug kalipay.

Ang Pinadayag 21:18 nagsugid kanato nga ang Bag-ong Herusalem "matin-aw morag bildo." Kini aron mapahayag kon unsa ka tin-aw ug kapino ang talan-awon sa Bag-ong Herusalem. Ang bulawan sa langit matin-aw ug lunsayan morag bildo dili pareho sa lagumon nga bulawan nga makita sa ibabaw niining kalibutan.

Ang Bag-ong Herusalem matin-aw ug pino ug walay bisan unsang lama kay kini gibuhat sa lunsayng bulawan. Mao kana nganong naobserbahan sa apostol nga si Juan ang Siyudad nga sama sa *"lunsayng bulawan, matin-aw morag bildo."*

Sulayi nga mahanduraw ang Siyudad sa Bag-ong Herusalem nga gibuhat gamit ang lunsayan, pino nga bulawan ug daghang mga klase sa maanyag nga mga batong hamili nga adunay daghang mga kolor.

Humang dawaton ang Ginoo, akong giila ang bulawan o mga batong hamili nga sama sa ordinary nga mga bato ug wala gayud nagtinguha nga maangkon kini. Napuno ko sa paglaum alang sa langit, ug wala nahigugma sa mga butang niining kalibutan. Apan, ako nangampo aron matun-an ang mahitungod sa langit, ang Ginoo miingon nako, *"Sa langit ang tanang butang gibuhat sa maanyag nga mga batong hamili ug bulawan; kini imong higugmaon."* Wala Niya gipasabot nga magsugod ko og kolekta sa bulawan ug mga hamiling bato. Hinoon, akong kinahanglan nga masabtan nga ang kabubut-on sa Dios ug ang espirituhanon nga kamahinungdanon sa mga batong hamili ug higugmaon sila sa paagi nga nakita sa Dios nga angay.

Ako kamong awhagon nga espirituhanon nga higugmaon ang bulawan ug mga batong hamili. Kon makakita ka og bulawan, makahinumdom ka, "kinahanglan nako ang pagtoo nga sama sa lunsayng bulawan." Kon makakita ka sa ubang nagkalain-lain nga mga batong hamili, maglaum ka alang sa langit, nga nag-ingon,

Langit II

"Unsa kaha kamaanyag ang akong balay sa langit?"

Nag-ampo ko sa pangalan ni Ginoong Hesukristo nga mahimo nimong maangkon ang usa ka langitnon nga balay nga gibuhat sa wala-nagbaylo nga bulawan ug mahimayaon nga mga batong hamili pinaagi sa pag-angkon sa pagtoo nga morag lunsayng bulawan ug nagdagan padulong sa langit.

Kapitulo 5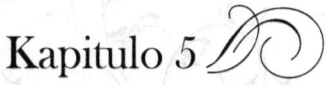

Ang Kamahinungdanon sa Napulog-duha ka mga Patukoranan

1. Haspe: Espirituhanon nga Pagtoo
2. Sapiro: Pagkamaligdong ug Integridad
3. Kalsedonya: Pagka-inosente ug Pagsakripisyo nga Gugma
4. Esmeralda: Pagkamatarung ug Kahinlo
5. Sardonika: Espirituhanon nga Pagkamatinumanon
6. Kornalina: Mabination nga Gugma
7. Krisolito: Kalooy
8. Berilo: Pagpailob
9. Topasyo: Espirituhanon nga Kamaayo
10. Krisopaso: Pagpugong-sa-Kaugalingon
11. Hasinto: Pagkalunsay ug Pagkabalaan
12. Amatista: Kaanyag ug Pagka-mapuangoron

"Ang mga patukuranan sa paril sa siyudad gidayan-dayanan sa tanang matang sa mga batong hamili. Ang nahauna haspe; ang ikaduha sapiro; ang ikatulo kalsidonya; ang ikaupat esmeralda; ang ikalima sardonika; ang ikaunom kornalina; ang ikapito krisolito; ang ikawalo birilo; ang ikasiyam topasyo; ang ikanapulo krisopraso; ang ikanapulog-usa hasinto; ang ikanapulog-duha amatista."

- Ang Pinadayag 21:19-20 -

Ang apostol nga si Juan nisulat mahitungod sa napulog-duha ka mga patukoranan sa detalye. Ngano man nga gibuhat ni Juan ang ingon niining usa ka hingpit nga pagtaho sa Bag-ong Herusalem? Gusto sa Dios nga maka-angkon and Iyang mga anak og kinabuhing dayon ug tinuod nga pagtoo pinaagi sa pag-ila mahitungod sa espirituhanon nga mga kamahinungdanon sa napulog-duha ka mga patukoranan sa Bag-ong Herusalem.

Ngano man, unya, gibuhat sa Dios ang napulog-duha ka mga patukoranan gamit ang napulog-duha ka bilihon nga mga bato? Ang kombinasyon sa napulog-duha ka bilihon nga mga bato nagpasabot sa kasingkasing ni Hesukristo ug sa Dios, ang kahumanan sa gugma. Busa, kon imong nasabtan ang espirituhanon nga kamahinungdanon sa matag-usa ka napulog-duha ka bilihon nga mga butang, sayon ra para kanimo nga mailhan kon unsa kadaghan nag-anggid ang imong kasingkasing diha sa kang Hesukristo, ug unsa ka katakos nga musulod sa langit.

Ato karong susion ang napulog-duha ka bilihon nga mga bato ug ang ilang espirituhanon nga mga kamahinungdanon.

1. Haspe: Espirituhanon nga Pagtoo

Ang haspe, ang unang patukoranan sa mga paril sa Bag-ong Herusalem, nagpasabot alang sa espirituhanon nga pagtoo. Ang pagtoo sa kasagaran mahimong mabahin-bahin ngadto sa "espirituhanon nga pagtoo" ug "unodnon nga pagtoo." Samtang ang unodnon nga pagtoo mao lang ang pagtoo nga napuno sa kahibalo, ang espirituhanon nga pagtoo ang ang pagtoo nga giubanan og pagbuhat nga nagsumikad gikan sa gilawmon sa kasingkasing sa usa ka tawo. Unsa ang gusto sa Dios mao nga dili ang unodnon apan espirituhanon nga pagtoo. Kon wala ka'y espirituhanon nga pagtoo, ang imong "pagtoo" dili maubanan og pagbuhat, ug ikaw dili makapahimuot sa Dios ni makasulod sa Bag-ong Herusalem.

Ang espirituhanon nga pagtoo mao ang basehan sa Kristohanon nga kinabuhi

Ang "espirituhanon nga pagtoo" nagpasabot sa klase sa pagtoo kon asa ang usa mahimong magtoo sa tanang Pulong sa Dios sa ilalom sa iyang kasingkasing. Kon aduna ka'y kining klase nga pagtoo nga gisundan og mga binuhatan, sulayan nimo nga mapabalaan ug modagan ngadto sa Bag-ong Herusalem. Ang espirituhanon nga pagtoo mao ang pinaka-importante nga elemento sa pagpadulong sa usa ka Espirituhanon nga kinabuhi. Kon walay pagtoo, dili ka maluwas, makadawat og tubag sa imong mga pag-ampo, o maglaum alang sa langit.

Nagpahumdom nato ang Hebrews 11:6, *"Ug kon walay pagtoo dili gayud mahimo ang pagpahimuot Kaniya. Kay bisan kinsa nga magaduol sa Dios kinahanglan magatoo sa iyang pagkaanaa ug nga Siya magabalus ra sa mga magapangita Kaniya."* Kon aduna ka'y tinuod nga pagtoo, magatoo ka sa Dios nga magabalus nimo, ug unya magmatinumanon ka, makig-away batok sa mga sala aron matambog sila pahilayo ug maglakaw sa mapiot nga dalan. Ug mahimo nimong madilaabon nga magbuhat og maayo ug mosulod sa Bag-ong Herusalem nga nagasunod sa Espiritu Santo.

Busa, ang pagtoo mao ang basehan sa usa ka Kristohanon nga kinabuhi. Sama sa usa ka dakbalay dili luwas kon walay malig-on nga patukoranan, dili ka makapadulong sa usa ka angay nga Kristohanon nga kinabuhi nga walay malig-on nga pagtoo. Mao kana nganong ang Judas 1:20-21 nag-awhag nato nga, *"Apan kamo, mga hinigugma, kinahanglan managtubo diha sa inyong balaan uyamot nga tinoohan, pag-ampo kamo diha sa Espiritu Santo, bantayi ninyo ang inyong kaugalingon diha sa gugma sa Dios, paabuta ninyo ang kalooy sa atong Ginoong Hesukristo, alang sa kinabuhing dayon."*

Si Abraham, ang Amahan sa Pagtoo

Ang pinakamaayo nga biblikal nga pigura sa pagtoo sa Pulong sa Dios nga walay-pagbaylo ug nagpakita sa mga binuhatan nga pagkamasinugtanon og hingpit mao si Abraham. Siya gitawag nga "ang Amahan sa Pagtoo" kay gipakita kaniya ang hingpit nga mga binuhatan sa pagtoo nga walay-pagbaylo.

Siya nidawat sa usa daku nga panalangin sa pulong gikan sa Dios sa edad nga 75. Mao kato nga saad nga ang Dios magbuhat og usa ka daku nga kanasuran pinaagi ni Abaham ug si Abraham mao ang gikanan sa panalangin. Siya nitoo niining pulong ug nibiya sa dapit nga iyang natawhan, apan dili siya makapanganak og usa ka lalaki kon asa mao ang mahimong iyang eredero alang sa sobra sa 20 ka tuig.

Daghan kaayong panahon ang miagi nga si Abraham ug ang iyang asawa nga si Sara pareho nga nagtiguwang na kaayo para manganak. Bisan pa niining sitwasyon, nag-ingon sa Mga Taga-

Roma 4:19-20 nga, *"Wala siya maluya sa iyang pagtoo."* Baskog nga mitubo siya sa pagtoo, ug hingpit nga nitoo sa saad sa Dios, mao nga siya nakaangkon sa iyang anak nga lalaki nga si Isaac sa edad nga 100.

Apan aduna pa'y usa ka higayon kon asa ang pagtoo ni Abraham nagpagula sa mas masilakon nga kahayag. Mao kini sa katong gimandoan sa Dios si Abraham nga ihalad ang iyang bugtong nga anak nga lalaki, si Isaac, isip nga usa ka sakripisyo. Si Abraham wala nagduda sa Pulong sa Dios nga nag-ingon nga ang Dios magahatag kaniya og dili-maihap nga mga kaliwat pinaagi ni Isaac. Kay siya adunay malig-on nga pagtoo sa Pulong sa Dios, naghunahuna siya nga ang Dios magabuhi'g usab ni Isaac, bisan pa iya kining ihalad isip nga usa ka gisunog nga sakripisyo.

Mao kana nganong gituman dayon niya ang Pulong sa Dios. Pinaagi niini, si Abraham sobra kaayo nga takus aron mahimong amahan sa pagtoo. Usab, pinaagi sa mga kaliwat ni Abraham, giporma ang kanasuran nga Israel. Kini nagpasabot nga ang bunga sa iyang pagtoo dagaya sad nga nabutang diha sa iyang unod.

Kay tungod nga nitoo siya sa Dios ug ang Iyang Pulong, iya kining gituman sumala sa gisulti kaniya. Kini usa ka pananglitan sa espirituhanon nga pagtoo.

Si Pedro nidawat sa mga yawi sa gingharian sa langit

Atong susion ang usa ka indibidwal nga adunay ingon niini nga klase sa espirituhanon nga pagtoo. Unsa man ang klase sa pagtoo nga aduna si Pedro, aron nga ang iyang pangalan gikudlit sa usa sa mga patukoranan sa Bag-ong Herusalem? Bisan sa wala pa siya gitawag isip nga usa ka disipolo, nakahibalo kita nga nituman si Pedro ni Hesus; pananglitan, sa giingnan siya ni Hesus nga ipanaog ang mga pukot alang sa usa ka pagdakop, gisunod dayon niya kini (Lucas 5:3-6). Usab, sa katong giingnan siya ni Hesus nga magdala ug usa ka asna ug iyang nati, nituman siya uban ang pagtoo (Mateo 21:1-7). Nituman si Pedro sa katong giingnan siya ni Hesus nga muadto sa linaw, magdakop sa usa ka isda, ug kuhaon ang usa ka estatero gikan niini (Mateo 17:27). Sa dugang pa, siya nilakaw sa ibabaw sa tubig sama ni Hesus, bisan pa sa makadali lang kini. Makakuha kita og pipila ka mga ideya nga si Peter adunay pagkadaku nga pagtoo.

Isip nga usa ka resulta, gitan-aw ni Hesus ang pagtoo ni Peter nga matarung ug gihatag kaniya ang mga yawi a gingharian sa langit aron nga kon unsa man ang iyang gibugkos sa kalibutan didto sa langit pagailhon kini nga binugkos, ug bisan unsay iyang pagaluagan dinhi sa yuta, didto sa langit pagailhon kini nga linuagan (Mateo 16:19). Si Pedro nakaangkon sa usa ka mas hingpit nga pagtoo human kaniyang gidawat ang Espiritu Santo, nga maisog nga nitestigo kang Hesukristo, ug gihalad ang iyang kaugalingon alang sa gingharian sa Dios sa nahabilin niyang kinabuhi hangtud sa iyang pagkahimo og usa ka martir.

Kinahanglan natong moabanse ngadto sa langit sa paagi nga gibuhat ni Pedro, maghatag og himaya sa Dios, ug mag-angkon sa Bag-ong Herusalem uban ang pagtoo nga magpahimuot Kaniya.

2. Sapiro: Pagkamaligdong ug Integridad

Ang sapiro, ang ikaduha nga patukoranan sa mga paril sa

Bag-ong Herusalem, nagpagula og usa ka sihag, sulop nga kolor. Unsa man, unya ang espirituhanon nga buot ipasabot sa sapiro? Kini nagpasabot alang sa pagkamaligdong ug integridad sa kamatuoran mismo, kon hain nagbarog og malig-on batok sa bisan unsang pagtintal o mga bahad niining kalibutan. Ang sapiro usa ka bato nga nagpasabot alang sa kahayag sa kamatuoran nga mopadayon sa pag-adto og direkta nga walay pagbaylo ug ang "maligdong nga kasingkasing" nga tukma nga nagpakita sa tanang pagbuto sa Dios.

Si Daniel ug ang iyang tulo ka mga abyan

Usa ka maayo nga pananglitan sa espirituhanon nga pagkamaligdong ug integridad sa Biblia makita kang Daniel ug sa iyang tulo ka mga abyan—Shadrach, Meshach and Abednego. Wala nagkompromiso si Daniel sa bisan unsang butang nga wala nag-uyon sa pagkamatarung sa Dios, bisan pa kana sugo gikan sa iyang hari. Si Daniel hugot nga nagkupot sa iyang pagkamatarung sa atubangan sa Dios hangtud nga siya gibutang ngadto sa lungga sa mga leon. Nahimuot og pag-ayo ang Dios sa integridad sa pagtoo ni Daniel nga Iyang gipanalipdan si Daniel pinaagi sa pagpadala sa Iyang anghel aron isira ang mga baba sa mga leon, ug gitugotan siya nga himayaon og daku ang Dios.

Mabasa sa Daniel 3:16-18 nga ang tulo ka mga abyan ni Daniel usab nikupot sa pagtoo kauban ang ilang matarung nga mga kasingkasing hangtud sila gilabay ngadto sa nagdilaab nga hudno. Aron dili mahimo ang sala sa pagsimbag mga idolo, sila maisugon nga nikompisal sa atubangan sa hari sa mga masunod:

Oh Nebuchadnezzar, kami dili kinahanglan nga motubag kanimo niining butanga. Kon mao kana, ang among Dios nga among ginaalagaran makahimo sa pagluwas kanamo gikan sa hudno nga nagadilaab sa kalayo; ug siya magaluwas kanamo gikan sa imong kamot, Oh hari. Apan kong dili ugaling, angay mo nga hisayran, Oh hari, nga kami dili gayud moalagad sa imong mga dios, ni mosimba kami sa larawan nga bulawan nga imong gipatindog.

Sa katapusan, bisan pa nga gibutang sila ngadto sa hudno nga pito ka beses nga mas mainit kaysa kinaandan, ang tulo ka mga abyan ni Daniel wala napaso bisan gamay lang kay ang Dios kuyog nila. Unsa ka kahibulongan kana nga walay bisan usa ka buhok sa ilang ulo ang nadabdab ug walay bisan usa ka baho sa kalayo diha kanila! Ang hari nga nasaksihan kining tanan nihatag og himaya sa Dios, ug gipasiugda ang tulo ka mga abyan ni Daniel.

Kinahanglan mangayo kita uban sa pagtoo, nga walay bisan unsang pagduhaduha

Nagsugid kanato ang Santiago sa 1:6-8 kon unsa kadaku ang pagdumot sa Dios sa mga kasingkasing nga dili matarung:

Hinoon kinahanglan nga mangayo siya uban sa pagtoo, sa walay pagduhaduha, kay siya nga nagaduhaduha sama sa balud sa dagat nga ginahandos ug ginakosokoso sa hangin. Ayaw ipadahum sa maong tawo nga siya adunay madawat gikan sa Ginoo siya nga maoy tawong tagurhag panghunahuna, nga mabalhinon sa tanan niyang mga paagi.

Kon wala kita'y matarung nga mga kasingkasing ug magduhaduha sa Dios bisan gamay lang, kita tagurhag panghunahuna. Ang katong nagduhaduha lagmit nga dali lang mauyog pinaagi sa mga pagtintal niining kalibutan kay tungod sila'y balingag ug marama. Sa dugang pa, ang katong mga "tagurhag panghunahuna" dili makakita sa himaya sa Dios kay dili nila mahimo nga mapadayag ang ilang pagtoo o magtuman. Mao kini nganong kita gipahanumdom kita sa Santiago 1:7 nga, *"Ayaw ipadahum sa maong tawo nga siya adunay madawat gikan sa Ginoo."*

Sa kadyot nga panahon pagkahuman nako og tukod sa akong iglesia, ang akong tulo ka anak nga babaye hapit mamatay gikan sa carbon monoxide nga paghilo. Apan, wala gayud ko magkabalaka ug walay paghunahuna nga dal-on sila sa ospital kay ako hingpit nga nagtoo sa makagagahom nga Dios. Simple lang ko nga nisaka sa altar ug nagluhod aron mag-ampo sa pagpasalamat. Human niana, nag-ampo ko uban ang pagtoo nga, "Akong gimando sa ngalan ni Hesukristo! Makahililo nga gas, pahilayo!" Unya ang akong mga anak nga babaye, kon asa nalipong na, nagtindog dayon pausa usa samtang ako nag-ampo sa kada usa. Pipila ka mga miyembro sa iglesia nga nakasaksi niini nahibulong og pag-ayo ug nangalipay, ug daku nga gihimaya ang Dios.

Kon aduna ta'y pagtoo nga dili gayud mokompromiso niining kalibutan ug matarung ang mga kasingkasing nga nagpahimuot sa

Dios, mahimo natong walay-katutoban nga himayaon ang Dios ug magpadulong sa napanalanginan nga mga kinabuhi kang Kristo.

3. Kalsedonya: Pagka-inosente ug Pagsakripisyo nga Gugma

Kalsedonya, ang ikatulo nga patukoranan sa mga paril sa Bagong Herusalem, espirituhanon nga nagsimbolo sa inosente ug pagsakripisyo nga gugma.

Ang pagka-inosente mao ang estado sa pagkahinlo ug walay-lama sa lihok ug ang kasingkasing nga walay sayop. Kon ang usa mahimo nga magsakripisyo sa iyang kaugalignon kauban ang pagkalunsay sa kasingkasing, mao kini ang kasingkasing sa espiritu nga anaa sa sulod sa kalsedonya.

Ang pagsakripisyo nga gugma mao ang klase sa gugma nga dili mangayo og bisan unsang pagbalik kon kini alang sa pagkamatarung ug sa gingharian sa Dios. Kon ang usa adunay pagsakripisyo nga gugma, siya matagbaw lang sa kamatuoran nga siya nahigugma sa uban sa bisan unsang klaseng mga sitwasyon ug dili mangita og bisan unsang pagbalik. Mao kini tungod kay ang espirituhanon nga gugma wala mangita sa iyang kaugalingong benepisyo apan ang kamaayohan lang sa tanan.

Ang unodnon nga gugma, bisan pa niana, ang usa mobati ug kahaw-ang, kasubo, ug konsomido kon siya dili higugmaon og balik sa uban tungod kay kining klase sa gugma sa hinungdan hakogon. Busa, ang usa ka tawo nga adunay unodnon nga gugma nga walay pagsakripisyo nga kasingkasing sa ulahi magdumot sa ubang tawo o mahimong kaaway sa katong sa una duol kaniya.

Busa, ato kinahanglan nga masabtan nga ang tinuod nga gugma mao ang gugma sa Ginoo, kon kinsa gihigugma ang tanang katawohan ug nahimong usa ka panghimayad nga saripisyo.

Pagsakripisyo nga gugma kon hain wala nagpangita og pagbalik

Ang atong Ginoong Hesus, kon kinsa mao ang Dios, gibuhat ang Iyang kaugalingon nga wala, ug gipaubos ang Iyang kaugalingon ug nianhi sa kalibutan sa unod aron maluwas ang tanang katawohan. Siya natawo sa usa ka kuwadra ug gipahigda sa usa ka pasongan aron maluwas ang mga tawo nga hisama sa mga mananap, ug nangabuhi sa usa ka pobre nga kinabuhi sa tanan niyang kinabuhi aron maluwas kita gikan sa kakabos. Si Hesus niaayo sa may sakit, gipalig-on ang maluya, gihatagan og paglaum ang walay puruhan ug gihigala ang gipasagdan. Gipakita lang niya ang kaamayohan ug gugma apan alang niana Siya gibugalbugal, gilatos, ug sa ulahi gilansang, nga nagsul-ot sa korona sa mga tunok sa Iyang ulo, sa mga dautan nga mga tawo nga wala masabtan nga Siya niari isip nga atong Manluluwas.

Si Hesus, bisan pa nga Siya nag-antos gikan sa kasakit sa paglansang, nag-ampo sa Dios Amahan sa gugma alang sa katong nagbugalbugal ug naglansang Kaniya. Siya walay-kabasolan ug walay-lama, apan gisakripisyo ang Iyang kaugalingon alang sa mga katawohon nga makakasala. Ang atong Ginoo nihatag niining pagsakripisyo nga gugma sa tanang katawohan ug gusto nga ang tanang tawo higugmaon ang usa og usa. Busa, kita, nga nakadawat niining klase sa gugma gikan sa Ginoo, kinahanglan dili maggusto o magdahom sa bisan unsang butang nga pagbalik kon kita tinuod nga naghigugma sa uban.

Si Ruth nga nagpakita og pagsakripisyo nga gugma

Si Ruth dili usa ka Israelinhon, apan usa ka Moabihanon nga babaye. Namana siya sa usa ka anak nga lalaki ni Naomi, nga niadto sa yuta sa Moab aron molingkawas sa gutom sa Israel. Si Naomi adunay duha ka anak nga lalaki, ug silang duha pareho nga nangasawa og Moabihanon nga mga babaye. Apan ang parehong duha ka anak nga lalaki niya namatay ngadto.

Sa ilalom niining nga kondisyon, sa pagkadungog ni Naomi nga wala na'y gutom sa Israel, gusto kaniya nga mobalik sa Israel. Gisugyot ni Naomi ang iyang mga umagad nga babaye nga mopabilin sila sa Moab, ang ilang kinatawhan nga yuta. Ang usa kanila nagbalibad sa una, apan sa ulahi nibalik sa iyang mga ginikanan. Apan si Ruth namugos nga mosunod sa iyang ugangan.

Kon si Ruth walay pagsakripisyo nga gugma, dili unta kini niya mabuhat. Kinahanglan ni Ruth nga suportahan ang iyang ugangan kay siya tigulang na. Sa dugang pa, siya magapuyo sa usa ka yuta nga hingpit nga langyaw kaniya. Walay balus para kaniya, bisan pa nga siya nagsilbi sa iyang ugangan og pag-ayo.

Gipakita ni Ruth ang pagsakripisyo nga gugma ngadto sa iyang ugangan kon asa siya'y walay relasyon sa dugo ug busa kini morag usa ka hingpit nga estranghero. Kini tungod nga si Ruth nagtoo sad sa Dios nga gituohan sa iyang ugangan. Kini nagpasabot nga ang pagsakripisyo nga gugma ni Ruth wala naggikan sa iyang pagbati og katungdanan. Kini espirituhanon nga gugma nga nigawas gikan sa pagtoo sa Dios.

Si Ruth nianha sa Israel kauban sa iyang ugangan ug malisud nga nagtrabaho og pag-ayo. Sa adlaw siya naghagdaw sa kaumahan aron makakuha og pagkaon ug silbihan ang iyang ugangan niini. Kining tinuod nga binuhatan sa pagkamaayo kinaiyanhon nga gibantog sa mga tawo ngadto. Sa katapusan, si Ruth nidawat og daghang mga panalangin pinaagi ni Boaz, kon kinsa mao ang haduol nga kauban-nga manunubos sa mga kaubanan sa iyang ugangan.

Daghang mga tawo naghunahuna nga, kon siya magpaubos ug isakripisyo ang ilang kaugalingon, ang ilang bili mapahanubo sad. Mao kana nganong dili niya masakripisyo o mapaubos ang ilang kaugalingon. Apan ang katong nagsakripisyo sa ilang kaugalingon nga walay bisan unsang kahakog nga mga motibo kauban ang lunsayng kasingkasing ipakita sa atubangan sa Dios ug sa mga tawo. Ang pagkamaayo ug ang gugma mosidlak alang sa uban isip nga espirituhanon nga mga kahayag. Ang Dios nag-anggid sa kahayag niining pagsakripsyo nga gugma sa kahayag sa kalsedonya, ang ikatulo nga patukoranan nga bato.

4. Esmeralda: Pagkamatarung ug Kahinlo

Esmeralda, ang ikaupat nga patukoranan sa mga paril sa Bag-ong Herusalem, berde ug nagsimbolo sa kaanyag ug kabugnaw nga berde sa naturalisa. Ang Esmeralda espirituhanon nga nagsimbolo sa pagkamatarung ug kahinlo ug nagpasabot alang sa bunga sa kahayag suma sa gitala sa Mga Taga-Efeso 5:9 nga mabasa, *"Kay ang bunga sa Kahayag makita diha sa tanang maayo ug matarung ug matuod."* Ang kolor nga adunay kabagayan sa 'tanang maayo ug matarung ug matuod' pareho sa espirituhanon nga kahayag sa esmeralda. Kon kita aduna lang sa tanang kamaayo, kamatarung ug kamatuod mao lang nga maangkon nato ang tinuod nga pagkamatarung sa mata sa Dios.

Dili lang kini nga kamaayo lang nga wala ang kamatarung o kamatarung lang nga wala ang kamaayo. Ug ang kamaayo ug pagkamatarung kinahanglan nga matinuod. Ang kamatuod usa ka butang nga dili magbaylo. Busa, kon kita adunay kamaayo ug pagkamatarung, kini walay kahulogan kon walay kamatuoran.

Ang "pagkamatarung" nga ilhon sa Dios mao ang pagtambog pahilayo sa mga sala, nga tibuok nga nagpabilin sa mga sugo nga makita sa Biblia, nga hinloan ang kaugalingon gikan sa tanang mga klase sa pagkamatarung ang hinungdan, ang pagkamatinumanon sa tibuok kinabuhi, ug sama niini. Usab, ang pagpangita sa gingharian sa Dios ug ang pagkamatarung human sa pagbuot sa Dios, direkta ug disiplinado nga mga paglihok, nga wala nagsaalag gikan sa kamatarung, pagbarog og maligon alang sa pagpabilin sa husto, ug ang uban pa nahiapil sa "pagkamatarung" nga giila sa Dios.

Bisan unsa kita kamaaghop ug kamaayo, dili nato makuha ang bunga sa kahayag kondili kita matarung. Panalingtan adunay usa ka tawo nga nidakop sa imong amahan sa liog ug nag-insulto kaniya bisan pa nga siya inosente. Kon ikaw mohilum lang ug tanawon ang imong amahan nga nag-antos, dili kini nato matawag nga tinuod nga pagkamatarung, dili maingon nga ikaw nagbuhat sa imong katungdanan isip nga usa ka anak ngadto sa imong amahan.

Busa, ang kamaayo nga walay pagkamatarung dili espirituhanon nga "kamaayo" sa mata sa Dios. Unsaon man pag-maayo sa usa ka hungoy ug mapanagan-on nga hunahuna? Sa ingon niini, dili ang kamatarung nga walay kamaayo ang mahimong "pagkamatarung" sa mata sa Dios apan sa kinaugalingong mata lang sa tawo.

Ang Pagkamatarung ug Kahinlo ni David

Si David mao ang ikaduhang hari sa Israel, pagkahuman lang ni Saul. Si Saul mao ang hari, sa katong ang Israel nakig-away batok sa mga Filistehanon Gipahimuot ni David ang Dios sa iyang pagtoo ug gipildi si Goliath. Pinaagi niini, ang Israel nidaug.

Ug sa katong ang mga tawo nahigugma ni David human niini, gisulayan ni Saul nga patyon si David tungod sa panibugho. Si Saul gipasagdan na sa Dios tungod sa iyang pagka-arogante ug pagkamasupilon. Gisaad sa Dios nga Iyang buhaton si David nga Hari sa baylo ni Saul.

Niining sitwasyon, gitagad ni David si Saul sa kamaayo, kamatarung, ug kamatuod. Kay inosente, si David nagpadayon og dalagan gikan kang Saul nga nagsulay nga patyon siya sa taas nga panahon. Sa usa ka bes, si David adunay usa ka daku nga higayon aron patyon si Saul. Ang mga bagani nga kuyog ni David nalipay ug gustong patyon si Saul, apan sila gipunggan ni David gikan sa pagpatay kaniya.

1 Samuel 24:6 says, *"Ug siya [David] miingon sa iyang mga tawo: 'Ang GINOO nagadili nga ako magbuhat niining butanga sa akong ginoo, ang dinihog sa GINOO, sa pagtuy-od*

sa akong kamot batok kaniya, sa nakita ko nga siya mao ang dinihog sa GINOO.'"

Bisan pa nga si Saul gipasagdan sa Dios, dili mahimo ni David nga sakiton si Saul, nga dinihog isip nga hari sa Dios. Kay ang awtoridad anaa sa Dios kon buhion o patyon si Saul, si David wala molapas sa iyang kagahom. Ang Dios miingon nga ang kasingkasing ni David matarung.

Ang iyang pagkamatarung gipakita kuyog ang nag-akob nga kamaayo. Gisulayan siya nga patyon ni Saul, apan gikam-ang ni David ang iyang kinabuhi. Kini usa ka daku nga kamaayo. Wala niya gibayaran ang dautan sa dautan, apan gibayaran kini sa maayo nga mga pulong ug mga buhat. Kining kamaayo ug pagkamatarung katinuoran, kon asa nagpasabot nga kini naggikan sa pagkamatuod mismo.

Sa pagkahibalo ni Saul nga gikam-ang ni David ang iyang kinabuhi, gi-akob siya anang kamaayo ug morag nagkabaylo ang iyang kasingkasing. Apan sa makadali ang iyang mga hunahuna nagbaylo og usab, ug iyang gisulayan nga patyon si David og usab. Sa kausaban, si David adunay higayon nga patyon si Saul, apan sama sa nahauna iyang gitugtan nga mabuhi si Saul. Gipakita ni David ang kamaayo ug pagkamatarung nga walay pagbaylo nga mahimong ilhon sa Dios.

Unya, kon gipatay ni David si Saul sa unang higayon, siya mahimo bang mas madali nga hari nga dili moagi sa pagkadagdan nga mga pag-antos? Lagi pwede kini niya buhaton. Bisan pa nga kita moagi og daghang mga pag-antos ug mga kalisud sa tinuod, kinahanglan nato nga mag-angkon og kasingkasing nga pilion ang pagkamatarung sa Dios. Ug sa higayon nga kita ilhon sa Dios nga matarung, ang lebel sa paggarantiya kanato sa Dios magkalahi na.

Wala gipatay ni David si Saul sa iyang kaugalingong kamot. Gipatay si Saul sa mga kamot sa mga Hentil. Ug sa gipanumpaan sa Dios kaniya, si David nahimong hari sa Israel. Dugang pa, human nahimong hari si David, mabuhat niya ang usa ka mabaskog nga nasud. Ang pinakamasukaron nga rason mao kay tungod nga ang Dios nahimuot og pag-ayo sa matarung ug lunsayng kasingkasing ni David.

Sa samang paagi, kinahanglan natong magbagay ug hingpit sa kamaayo, pagkamatarung, ug kamatuod aron makuha nato ang dagaya nga bunga sa kahayag—ang bunga sa Esmeralda, ang ikaupat nga patukoranan ug mapagula ang kahumot sa pagkamatarung kon asa ang Dios mahimuot.

5. Sardonika: Espirituhanon nga Pagkamatinumanon

Sardonika, ang ikalima ng patukoranan sa mga paril sa Bag-ong Herusalem, espirituhanon nga nagsimbol sa pagkamatinumanon. Kon ato lang buhaton ang kon unsang kinahanglan natong buhaton, dili nato masulti nga matinumanon kita. Atong masulti nga kita matinumanon kon mobuhat kita og sobra kaysa kon unsa ang kinahanglan natong buhaton. Aron mabuhat nato ang sobra kaysa gihatag natong mga katungdanan dili kita angay nga magtapolan. Kinahanglan natong magkugi ug magtrabaho'g pag-ayo sa tanang mga butang sa pagbuhat sa atong mga katungdanan ug unya kinahanglan natong magbuhat og sobra pa kaysa niaana.

Kunohay usa ka ka empleyado. Unya, kon buhaton nimo og maayo ang imong obra, masulti ba nato nga nagmatinumanon ka? Imo lang gibuhat ang unsang angay nimong buhaton, busa dili nato masulti nga ikaw nagtrabaho'g pag-ayo ug matinumanon. Kinahanglan nimong tumanon sa tanan nimong kasingkasing ug hunahuna dili lang ang trabaho nga gipiyal diha kanimo, apan sulayan sad nga magbuhat sa mga butang nga dili lintunganay nga gihatag diha kanimo. Mao lang nga makasulti ang usa ka tawo nga ikaw matinumanon.

Ang klase sa pagtrabaho'g pag-ayo nga giila sa Dios mao nga ang pagbuhat sa imong katungdanan sa tanan nimong kasingkasing, hunahuna, kalag, ug kinabuhi. Ug kining klase sa pagkamatinumanon kinahanglan nga mahinabo sa tanang aspeto: iglesia, lugar sa trabaho, ug pamilya. Unya, masulti kanato nga ikaw matinumanon sa tanang balay sa Dios.

Aron espirituhanon nga magmatinuhon

Aron maangkon ang espirituhanon nga pagkamatinumanon, kinahanglan natong angkonon ang usa ka matarung nga kasingkasing. Kinahanglan natong magtinguha alang sa pagpadaku sa gingharian sa Dios, aron ang iglesia mabanhaw ug mutubo, aron ang lugar sa trabaho magmauswagon, ug aron ang mga pamilya magmalipayon. Kon dili lang kita mangita sa atong kinaugalingon, apan magtinguha alang sa uban ug sa komunidad nga magmainuswagon, kini mao ang pag-angkon sa usa ka matarung nga kasingkasing.

Aron magmatinumanon, kuyog sa pag-angkon niining matarung nga kasingkasing, kinahanglan natong mag-angkon sa usa ka pagsakripisyo nga kasingkasing. Kon maghunahuna lang kita nga, "Ang pinakaimportante nga butang mao ang akong paguswag, walay sapayan kon ang iglesia mutubo ba o dili," lagmit nga dili kita magsakripisyo alang sa iglesia. Dili nato makita ang pagkamatinumanon gikan niining klase sa tawo. Usab, dili masulti sa Dios nga kining klase sa kasingkasing mao ang kasingkasing nga matarung.

Sa dugang pa niining pagkamatarung, kon aduna sad kita'y usa ka kasingkasing sa sakripisyo, kita matinumanon nga magtrabaho alang sa kaluwasan sa mga kalag ug sa iglesia. Bisan pa kon wala kita'y espesyal nga katungdanan, kugihan natong iwali ang Maayong Balita. Bisan pa nga walay nihangyo nimo nga buhaton kini, atong atimanon ang ubang mga kalag. Ato sad isakripisyo ang atong panahon sa kalingawan aron atimanon ang mga kalag. Ato sad gastohon ang atong kaugalingong kuwarta alang sa benepisyo sa ubang mga kalag ug ihatag kanila ang tanan natong gugma ug pagkamatinumanon.

Aron magmatinumanon sa tanang mga aspeto, kinahanglan sad nato nga mag-angkon og kamaayo nga kasingkasing. Ang katong maayo ang kasingkasing dili lang modapig sa usa ka bahin o sa pikas. Kon atong gipasagdan ang usa ka tukma nga punto, dili kita masulhay mahitungod niini kon kita'y aduna kamaayohan nga kasingkasing.

Kon aduna ka'y kamaayohan sa imong kasingkasing, ikaw magmatinumanon sa tanang nimong mga katungdanan nga aduna ka. Dili nimo pasagdan ang ubang grupo nga maghunahuna,

"Kay ako ang namuno niining grupo, ang mga miyembro sa ubang grupo makasabot nganong dili ko makatambong atong pagpulong-pulong." Imong mabati sa sulod sa imong kamaayohan nga dili nimo angay nga pasagdan ang ubang grupo. Busa, bisan pa nga dili ka makaanha sa pagpulong-pulong, magbuhat sad ka og usa ka butang ug atimanon ang ubang grupo.

Ang kadakuon niining klase sa pamatasan magkalahi sumala sa kadakuon sa kamaayohan nga aduna ka. Kon gamay lang ang imong kamaayohan, dili ka gani mobati og pag-ayo mahitungod sa ubang grupo. Apan kon aduna ka'y mas daku nga kamaayohan, dili lang nimo kini linguglingogan kon adunay usa ka butang nga makaingon og di-kasulhay diha sa imong kasingkasing. Nakahibalo ka kon unsang klase sa mga paglihok ang mga lihok sa kamaayo, ug kon ikaw wala nagtuman nianang kamaayo, lisud kini alang kanimo nga dal-on. Magka-aduna ka lang og pagdait kon ikaw magbuhat og mga paglihok sa kamaayo.

Ang katong maayo sa kasingkasing sa madali makaangkon og pipila ka di-kasulhay sa kasingkasing kon dili nila buhaton ang angay nilang buhaton sa bisan unsang mga sirkumstansya, sa lugar sa trabaho ba o sa balay. Dili gani sila maghatag og mga balibad nga ang sitwasyon wala nagtugot niini.

Pananglitan, kunohay adunay usa ka babaye nga miyembro nga adunay daghang mga titulo sa iglesia. Naggugol siya og daghang oras sa iglesia. Angot niini masulti unya nga, siya naggugol og kubos nga oras sa iyang bana ug mga anak kaysa iyang gibuhat sa una.

Kon siya tinuod nga maayo ang kasingkasing ug matinumanon sa tanang mga aspeto, kay ang gidaghanon sa oras nikubos, kinahanglan niyang hatagan ang iyang bana ug mga anak og mas daghang gugma ug mas daghang pag-atiman alang kanila. Kinahanglan niyang buhaton ang iyang pinakamaayo sa tanang aspeto ug sa tanang mga klase sa mga trabaho.

Unya, ang mga tawo sa palibot niya mabati ang tinuod nga kahumot sa iyang kasingkasing ug matagbaw. Kay tungod ilang mabati ang kamaayo ug tinuod nga gugma, ilang sulayan nga masabtan ug tabangan siya. Ang resulta, maangkon niya ang pagdait sa tanang tawo. Kini mao ang pagmatinumanon sa tanang balay sa Dios kauban ang maayo nga kasingkasing.

Sama ni Moises nga nagmatinumanon sa tanang balay sa Dios

Si Moises usa ka profeta nga giila sa Dios sa kataason nga ang Dios nisulti kaniya nawong sa nawong. Hingpit nga gibuhat ni Moises ang iyang tanang katungdanan aron matuman ang mga butang nga gimando sa Dios, nga wala naghunahuna og pagayo sa iyang kaugalingong mga kalisud. Ang mga tawo sa Israel nagpadayon sa pagreklamo ug pagsupil kon sila mangatubang og gamay nga mga kalisdanan bisan pa humang masaksihan ug masinatian ang mga kahibulongan ug mga ilhanan sa Dios, apan si Moises nagpadayon sa pagdala kanila sa pagtoo ug gugma. Bisan pa sa katong ang Dios nasuko sa mga tawo sa Israel tungod sa ilang mga sala, si Moises wala nagtalikod gikan nila. Siya nibalik sa GINOO, ug gisulti ang masunod:

Oh, kining katawohan nakasala ug usa ka dakung sala, ug nagbuhat sila ug mga dios nga bulawan.

Apan karon, kon pasayloon Mo ang ilang sala; ug dili ugaling, palaa ako, ginaampo ko kanimo, gikan sa imong libro nga gisulatan Mo! (Exodo 32:31-32)

Siya nagpuasa para sa mga tawo, gibutang sa peligro ang iyang kinabuhi, ug mas nagmatinumanon kaysa gidahom sa Dios kaniya. Mao kana nganong giila sa Dios ug giseguro kang Moises, nga naga-ingon, *"Siya matinumanon sa tibook ko nga balay"* (Numeros 12:7).

Dugang pa, ang pagkamatinumanon nga gisimbolo sa sardonika mao nga magmatinumanon bisan pa sa punto sa kamatayon sumala sa gisulat sa Ang Pinadayag 2:10. Kini posible lang kon ginahigugma nato og una ang Dios. Kini mao ang paghatag sa tanan natong oras ug kuwarta, ug bisan pa ang atong kinabuhi ug pagbuhat sa mas sobra pa kaysa kon unsa ang angay natong buhaton sa tanan natong mga kasingkasing ug mga hunahuna.

Sa unang panahon, adunay mga maunongon nga mga alagad nga nag-alalay sa hari ug matinumanon sa ilang nasud, bisan pa sa punto sa pagsakripisyo sa ilang mga kinabuhi. Kon ang hari usa ka manglulupig, sa tinuod ang mga maunongon nga mga alagad motambag sa hari nga sundon ang husto nga paagi, bisan pa nga kini sayon nga magresulta sa pagsakripisyo sa ilang kinabuhi. Mahimo silang ihiklin o patyon, apan sila nagmaunongon kay ilang gihigugma ang hari ug ang nasud bisan pa kon kanang gugmaha musukot sa ilang mga kinabuhi.

Kinahanglan natong higugmaon og una ang Dios aron makabuhat og sobra pa kaysa gipangayo nato, sama sa paagi sa maunongon nga mga alagad nga gihatag ang ilang mga kinabuhi alang sa nasud, ug sa paagi nga si Moises nagmatinumanon sa tanang balay sa Dios aron matuman ang gingharian sa Dios ug ang pagkamatarung. Busa, kinahanglan natong ipabalaan ang atong kaugalingon sa madali sa tanang mga aspeto sa atong mga kinabuhi aron kita makaangkon sa mga kwalipikasyon aron makasulod sa Bag-ong Herusalem.

6. Kornalina: Mabination nga Gugma

Ang kornalina adunay usa ka sihag, sulop nga pula nga kolor ug nagsimbolo sa nagdilaab nga Adlaw. Kini mao ang ikaunom nga patukoranan sa mga paril sa Bag-ong Herusalem ug espirituhanon nga nagsimbolo sa pagbati, kadasig, ug mabination nga gugma sa pagtuman sa gingharian sa Dios ug pagkamatarung. Kini mao nag kasingkasing aron matinumanon nga mabuhat ang gihatag nga mga bulohaton ug mga katungdanan sa tanan natong kusog.

Nagkalain-lain nga mga lebel sa mabination nga gugma

Adunay daghang mga lebel sa gugma ug sa kasagaran, kini mahimong mabahin ngadto sa espirituhanon nga gugma ug unodnon nga gugma. Ang espirituhanon nga gugma dili gayud magbaylo kay kini gihatag gikan sa Dios, apan ang unodnon nga gugma dali ra magbaylo labi na tungod kini hakogon.

Bisan unsa ka tinuod ang gugma sa mga kalibutanon nga mga tawo, kini dili gayud mahimong espirituhanon nga gugma, kon hain mao ang gugma sa Ginoo nga mahimo lang mahuptan sa kamatuoran. Dili nato maangkon ang espirituhanon nga gugma sa gilayon nga atong madawat ang Ginoo ug aron mahibaloan ang kamatuoran. Ato lang kining makuha human natong tumanon ang kasingkasing sa Ginoo.

Naa ba ka niining espirituhanon nga gugma? Imong masusi ang imong kaugalingon sa buot ipasabot sa espirituhanon nga gugma nga makita sa 1 Mga Taga-Corinto 13:4-7.

Ang gugma mapailubon, ang gugma mapuangoron ug dili masinahon; ang gugma dili tigpagawal ug gugma dili tigpaburot, dili bastos; dili maakopakopon, dili masuk-anon, dili maligotguton, wala magakalipay sa mga buhat nga dili matarung, hinonoa nagakalipay kini sa kamatuoran; mopailub sa tanang mga butang, motoo sa tanang mga butang, molaum sa tanang mga butang, moantus sa tanang mga butang.

Pananglitan, kon kita mapailubon apan hakogon, o dili masuknaon apan bastos, wala pa kita og espirituhanon nga gugma nga gisulat ni Pablo; dili nato angay nga magsipyat sa bisan usa ka butang aron maangkon ang tinuod nga espirituhanon nga gugma.

Sa usa ka bahin, kon aduna ka man gihapon og pamati nga kasubo o haw-ang bisan pa nga ikaw naghunahuna nga aduna ka'y espirituhanon nga gugma, kini tungod nga gusto kanimong makadawat og balik sa usa ka butang nga wala mahibaloan kini. Ang imong kasingkasing dili pa hingpit nga napuno sa kamatuoran sa espirituhanon nga gugma.

Sa pikas nga bahin, kon ikaw napuno sa espirituhanon nga gugma, dili ka gayud magbati og kamingaw o kahaw-ang, apan kanunay nga masadya, malipayon, ug mapasalamaton. Ang espirituhanon nga gugma nagakalipay sa paghatag: sa mas kadaghan kang maghatag, mas kadaghan kang masadya, mapasalamaton, ug malipayon.

Ang espirituhanon nga gugma nagakalipay sa paghatag sa iyang kaugalingon

Nagsugid kanato ang Mga Taga-Roma 5:8 nga, *"Apan ang Dios nagapadayag sa Iyang gugma alang kanato pinaagi niini, nga bisan sa mga makasasala pa kita si Kristo nagpakamatay alang kanato."*

Nagahigugma kanato si Hesus, ang Iyang bugtong nga Anak, og pag-ayo tungod Si Hesus mao ang kamatuoran mismo nga tukma nga nag-anggid sa Dios sa Iyang kaugalingon. Apan, Iya sa gihapon gihatag ang Iyang bugtong nga Anak isip nga usa ka panghimayad nga sakripisyo. Unsa ka daku ug ka bilihon ang Ginoo!

Ang Dios nagpakita sa Iyang gugma alang kanato pinaagi sa pagsakripisyo sa Iyang usa ug bugtong nga Anak. Mao kana nganong mabasa sa 1 Juan 4:16, *"Tungod niini kita nahibalo ug nagatoo sa gugma nga ginabatonan sa Dios alang kanato. Ang Dios gugma, ug ang nagapabilin sa gugma, nagapabilin sa Dios; ug ang Dios nagapabilin diha kaniya."*

Aron makasulod sa Bag-ong Herusalem, kinahanglan nato ang gugma sa Dios kon hain mahimo natong masakripisyo ang atong kaugalingon, ug hain nagpangalipay sa paghatag aron nga kita makapagula sa ebidensiya nga nagtestigo sa atong kinabuhi sa Dios.

Ang mabinaton nga gugma sa apostol nga si Pablo alang sa mga kalag

Ang takdo nga biblika nga pigura nga aduna niiing klase sa mabination nga kasingkasing sama sa kornalina sa paghalad sa iyang kaugalingon sa gingharian sa Dios mao ang apostol nga si Pablo. Gikan sa panahon nga iyang nailhan ang Ginoo hangtud sa panahon sa iyang kamatayon ang iyang mga binuhatan sa paghigugma sa Ginoo wala gayud nagbaylo. Isip nga apostol alang sa mga Hentil, giluwas niya ang daghang mga kalag ug gitukod ang daghang mga iglesia pinaagi sa tulo ka misyonaryo nga mga pagbiyahe. Hangtud sa siya gimartir sa Roma, siya kanunay nagtestigo kang Hesukristo.

Isip nga apostol sa mga Hentil, ang mga paagi ni Pablo lisud kaayo ug talagmanon. Daghan siya og mga peligro sa kinabuhi nga mga sitwasyon ug adunay mga nagpadayon nga pagpanglutos gikan sa mga Hudeo. Siya gikulata ug gipreso, ug siya katulo ka beses nga nasangad. Siya nakaagi nga walay tulog, makadaghan siyang nagutom og nauhaw og siya niantos sa parehong tugnaw ug mainit nga panahon. Sa panahon niining mga misyonaryo nga pagbiyahe, kanunay adunay daghang mga sitwasyon nga lisud para sa usa ka tawo nga antuson.

Bisan pa niana, wala gayud ni Pablo gihimayan ang iyang pagpili. Wala gayud siya og pagduhaduha nga mga hunahuna sama sa, "Lisud kini ug gusto nakong magpahulay bisan sa gamay lang nga panahon..." Walay gayud mitabyog ang iyang kasingkasing, ug wala gayud siya'y gikadhadlokan nga bisan unsang butang. Bisan pa nga niagi siya og daghan kaayong mga kasamok, ang iyang pangunang kabalaka para lang sa iglesia ug sa mga tumuluo.

Kini sama sa iyang gikompisal sa 2 Mga Taga-Corinto 11:28-29, *"Ug gawas sa uban pang mga butang, anaa ang adlaw-adlaw nga pagpiit kanako tungod sa akong kabalaka alang sa tanang mga iglesia. Kay kinsa bay nagmahuyang nga wala ko pakig-ambiti sa pagbati sa kahuyang? Kinsa bay gipahipangdol, ug wala ako masuko?"*

Hangtud sa katapusan gihatag gani niya bisan pa ang iyang kinabuhi, gipakita ni Pablo ang pagbati ug kamainiton samtang siya nag-antos alnag sa kaluwasan sa mga kalag. Atong makita kon unsa ka mabination ang iyang pagpaninguha alang sa kaluwasan sa mga kalag sa Mga Taga-Roma 9:3, kon hain mabasa nga, *"Kay arang ko pa gani matinguha ang akong pagkatinunglo, pagkasinalikway gikan kang Kristo alang sa kaayohan sa akong mga igsoon nga ako rang mga paryenti sa pagkatawo."*

Diri, ang "akong mga igsoon" dili lang ang iyang mga paryenti sa dugo. Gini nagpasabot sa tanang mga Israelinhon, apil ang mga Hudeo nga naglutos kaniya. Iyang gisulti nga makapili gani siya bisan sa pag-adto sa impiyerno kon sila makadawat lang og kaluwasan. Atong makita kon unsa ka daku ang iyang mabination nga gugma alang sa mga kalag ug unsa kadaku ang iyang pagkamainiton alang sa ilang kaluwasan.

Kining mabination nga gugma alang sa Ginoo, ang pagkamainiton alang sa kaluwasan sa ubang mga kalag girepresentar sa pula nga kolor sa kornalina.

7. Krisolito: Kalooy

Krisolito, ang ikapito nga patukoranan sa mga paril sa Bagong Herusalem, usa ka sihag o katunga-ang-kasihag nga bato nga nagpagula og usa ka dalag, berde, asul, ug rosas nga kolor o usahay morag hingpit nga sihag.

Unsa man ang espirituhanon nga simbolo sa krisoloto? Ang espirituhanon nga kahulogan sa kalooy mao ang aron masabtan sa kamatuoran ang usa ka tawo nga dili gayud masabtan ug aron mapasaylo sa kamatuoran ang usa ka tawo nga dili gayud mapasaylo. Aron makasabot ug makapasaylo "sa kamatuoran" mao ang aron makasabot ug makapasaylo uban ang gugma sa kamaayohan. Ang kalooy, kon hain imong magakos ang ubang tawo sa gugma, mao ang kalooy nga gisimbolo sa krisoloto.

Akong adunay kalooy walay bisan unsang pihig. Wala sila naghunahuna nga, 'Dili nako siya gusto tungod niini. Dili nako siya gusto tungod niana.' Wala sila pagkahinaway o pagkadumot sa bisan kang kinsa. Nan, wala sila og bisan unsang kaawayon.

Sila magtinguha lang nga tan-awon ang tanang butang sa usa ka maanyag nga paagi. Ila lang gakson ang tanan. Busa, bisan pa kon mangatubang sila og usa ka tawo nga nagbuhat og usa ka grabe nga sala, sila magpakita lang og kapuangod. Sila nagdumot sa sala, apan dili ang makakasala. Hinoon ilang sabton siya ug gakson siya. Kini mao ang kalooy.

Ang kasingkasing sa kalooy gipakita pinaagi kang Hesus ug kang Esteban

Gipakita ni Hesus ang iyang kalooy ni Judas Iscariote nga

mobaligya Kaniya. Nakahibalo si Hesus gikan pa sa sinugdanan nga moluib Kaniya si Judas Iscariote. Bisan pa niana, wala siya gisalikway ni Hesus o nagbutang og distansya gikan kaniya. Wala Niya siya gikaluodan o gikadumtan sa Iyang kasingkasing. Gihigugma siya ni Hesus og naghatag kaniya og mga higayon aron manumbalik. Kining kasingksing mao ang maluluy-on nga kasingkasing.

Bisan sa katong gilansang si Hesus sa krus, wala Siya nagreklamo batok o nagdumot sa bisan kang kinsa. Hinoon Siya nag-ampo sa pagpangaliya alang sa katong nagdapat kaniya og kasakit ug samad Kaniya, sumala sa gitala sa Lucas 23:34, kon hain mabasa nga, *"Amahan, pasayloa sila; kay wala sila makasabut sa ilang ginabuhat."*

Si Estaban aduna sad niining klase sa kalooy. Bisan pa nga si Esteban dili usa ka apostol, siya napuno sa grasya ug gahom. Ang mga dautan nga tawo nagkasina kaniya ug sa ulahi gibato siya hangtud mamatay. Apan bisan samtang gibato siya, siya hinoon nag-ampo siya alang sa katong nagpatay kaniya. Gitala kini sa Mga Buhat 7:60, *"Ug siya miluhod ug misinggit sa makusog nga tingog nga nag-ingon, 'Ginoo, dili mo unta sila pagsang-atan niining salaa!' Ug sa nakasulti na siya niini, siya namatay."*

Ang katinuoran nga si Esteban nag-ampo alang sa katong nagpatay kaniya nagpamatuod nga siya nagpatawad na kanila. Walay siya'g bisan unsang kasilag batok kanila. Nagpakita kini kanato nga siya'y adunay hingpit nga bunga sa kalooy aron makaangkon og kapuangod sa katong mga katawohan.

Kon adunay bisan kinsa nga imong gikasinaan o dili nimo

gusto gikan sa mga miyembro sa imong pamilya o mga igsoon sa pagtoo o mga kaabay sa trabaho, o adunay bisan kinsa nga sa imong hunahuna, 'Dili nako gusto ang iyang taras. Kanunay siya nga nagbatok kanako, ug dili nako siya gusto," o kon imo lang siyang kikalud-an ug nagpalayo gikan niining tawhana alang sa daghang mga rason, unsa kini kalayo gikan sa 'kalooy'?

Dili kita angay mga mag-angkon og bisan kinsa nga kaluadan o kasinaan. Angay natong masabtan, madawat, ug magpakita og kamaayo sa tanang tawo. Ang Dios Amahan nagpakita nato sa kaanyag sa kalooy gamit ang batong hamili, nga krisolito.

Usa ka maloloy-on nga kasingkasing nga naggakos sa tanang butang

Unsa man, unya, ang kalahian taliwala sa gugma ug kalooy?

Ang espirituhanon nga gugma mao ang pagsakripisyo sa kaugalingon nga wala nagpangita sa iyang kaugalingong mga interes o mga benepisyo, ug wala nag-angan og bisan unsang pagbalik, samtang ang kalooy nagbutang og daghang kabugat sa pagpasaylo ug pagkamainantoson. Sa ubang mga pulong, ang kalooy mao ang kasingkasing nga makasabot ug wala nagdumot bisan sa katong dili masabtan o mahigugma. Ang kalooy wala nagdumot o nagpanghimaraot bisan kang kinsa apan nagpabaskog ug nagpahupay sa ubang tawo. Kon aduna ka niining klase sa maikagon nga kasingkasing, dili kanimo itudlo ang mga sala ug sayop sa ubang tawo apan hinoon gakson sila aron nga makaangkon ka og maayong mga relasyon kanila.

Unsaon, unya, nato paglihok ngadto sa dautan nga mga tawo? Atong hinumdumon nga sa una kita tanan dautan, apan niadto sa Dios kay adunay usa ka tawo nga nagdala kanato sa kamatuoran sa gugma ug pagpasaylo.

Usab, kon kita makaduol sa mga bakakon, makadaghan natong malimtan nga kita, sad, sa una namakak sa pag-apas sa atong kaugalingong mga benepisyo sa wala pa kita mitoo sa Dios. Imbes nga likayan kining mga tawhana, kinahanglan natong ipakita ang atong kalooy aron sila mahimong motalikod gikan sa ilang madinaoton nga mga paagi. Sa ato lang pagkasabot ug pagdala kanila kauban ang pagkamainantoson ug gugma, hangtud nga makaamgo sila sa kamatuoran, mao lang ang pagbaylo nila ug muadto ngadto sa kamatuoran. Sama niini, ang kalooy nagtagad sa tanang tawo og pareho nga walay pihig, nga wala pakaulawi ang bisan kinsa, ug nagsulay sa pagsabot sa tanang butang sa maayo nga paagi bisan kini gusto kanimo o dili ba.

8. Berilo: Pagpailob

Berilo, ang ikawalo nga patukoranan sa mga paril sa Bagong Herusalem, adunay usa ka asul o sulop nga berde nga kolor ug nagpahanumdum nato sa asul nga dagat. Unsa man ang espirituhanon nga simbolo sa berilo? Kini nagsimbolo sa pagpailob sa tanang butang sa pagtuman sa gingharian sa Dios ug sa Iyang pagkamatarung. Ang berilo nagpasabot alang sa mapailobon nga gugma, bisan pa sa katong mga naglutos, nagpanunglo, ug nagdumot kanimo ug ang dili pagdumot, pagbangi o pag-away batok kanila og balik.

Ang Santiago 5:10 nag-awhag kanato sa masunod: *"Mga igsoon, ingon nga panig-ingnan sa pag-antos ug pagpailob,* palandunga ang mga profeta nga nanagsulti tungod sa ngalan sa Ginoo." Mahimo natong pabaylohon ang ubang tawo kon kita mapailobon kanila.

Pagpailob isip nga usa ka bunga sa Espiritu Santo ug sa espirituhanon nga gugma

Makabasa kita mahitungod sa pagpailob isip nga usa ka siyam nga mga bunga sa Espiritu Santo sa Mga Taga-Galacia 5, ug isip nga usa ka bunga sa gugma sa 1 Mga Taga-Corinto 13. Aduna ba'y kalahian taliwala sa pagpailob isip nga bunga sa Espiritu Santo ug pagpailob isip nga bunga sa gugma?

Sa usa ka bahin, ang pagpailob sa gugma nagpasabot sa pagpailob nga gikinahanglan sa pag-antos sa bisan unsang klase nga personal nga pakigbisog, ingon sa pagpailob sa katong nag-insulto nimo o daghang mga klase sa kalisud nga imong naatubang sa kinabuhi. Sa pikas nga bahin, ang pagpailob isip nga usa ka bunga sa Espiritu Santo nagpasabot sa pagpailob sa kamatuoran ug pagpailob sa atubang sa Dios sa tanang butang.

Busa, ang pagpailob isip nga bunga sa Espiritu Santo adunay mas halapad nga kahulogan, apil ang pagpailob mahitungod sa personal nga mga butang ug mga butang nga naglambigit sa gingharian sa Dios ug Iyang pagkamatarung.

Nagkalahi nga mga klase sa pagpailob sa kamatuoran

Ang pagpailob nga tulumanon sa gingharian ug pagkamatarung sa Dios mahimong makategorya ngadto sa tulo ka klase:

Una, adunay pagpailob taliwala sa Dios ug kanato. Kinahanglan natong magpailob hangtud nga ang saad sa Dios matuman. Ang Dios nga Amahan matinumanon; kon Iyang isulti ang usa ka butang, Iyang gayud nga buhaton kini nga walay pagbawi niini. Busa, kon kita nidawat og usa ka saad gikan sa Dios, kinahanglan natong magpailob hangtud nga kini matuman.

Usab, kon kita nangayo og usa ka butang sa Dios, kinahanglan natong magpailob hangtud sa kini matubag. Pipila ka mga tumuluo nagsulti sa masunod: "Nag-ampo ko sa tibuok gabii ug nagpuasa pa, ug sa gihapon walay tubag." Kini sama sa usa ka mag-uuma nga nagpugas sa binhi ug sa madali nagkalot sa yuta kay walay bunga dayon. Kon atong gipugas ang binhi, kinahanglan natong magpailob hangtud sa kini moturok, motubo, mamulak ug unya magbunga.

Ang usa ka mag-uuma molabnot sa mga sagbot ug panalipdan ang mga tanom gikan sa makadaot nga mga insekto. Nagbuhat siya og daghang trabaho kauban ang daghang singot aron makaangkon og maayo nga bunga. Sa samang paagi, aron madawat ang tubag sa kon unsa ang atong gi-ampo, aduna kita'y mga butang nga kinahanglan buhaton. Kinahanglan natong tumanon ang angay nga mga paagi sumala sa takos sa pito ka Espiritu—pagtoo, kalipay, pag-ampo, pagpasalamat, kugihang pagkamatinumanon, pagsunod sa mga kasugoan, ug gugma.

Motubag dayon nato ang Dios kon kita motuman lang sa gikinahanglan nga mga gidaghanon sumala sa gidak-on alang sa atong pagtoo. Kinahanglan natong masabtan nga ang panahon sa pagpailob kauban ang Dios mao nag panahon aron madawat ang mas hingpit nga tubag, ug mangalipay kita ug maghatag og mas daghang pagpasalamat.

Ikaduha, adunay pagpailob taliwala sa mga tawo. Ang pagpailob sa espirituhanon nga gugma nahiapil sa niining klase sa pagpailob. Aron higugmaon ang bisan kinsang tawo sa tanang klaseng mga relasyon sa tawo, kinahanglan nato ang pagpailob.

Kinahanglan nato ang pagpailob aron makatoo sa bisan unsang klase nga tawo, mag-antos kauban siya, ug maglaum nga siya magmainuswagon. Bisan pa nga siya magbuhat og usa ka butang nga kaatbang sa unsang atong gidahom, kinahanglan natong magpailob sa tanang butang. Kinahanglan natong masabtan, madawat, mapasaylo, matugyanan, ug magpailob.

Ang katong nagsulay nga magpasangyaw sa daghang mga tawo lagmit nga makasinati sa pipila ka pagpanunglo ug pagpanglutos. Apan kon sila mapailobon sa kasingkasing, ilang mabisita ang katong mga kalag usab kauban ang mga pagyuhom sa ilang mga nawong. Kauban ang gugma aron maluwas katong mga kalag, mangalipay ug magpasalamat, ug dili gayud mobiya. Kon ilang ipakita kining klase sa pagpailob kauban ang kamaayohan ug gugma alang sa usa ka tawo nga gisangyawan, ang kadulom mawala gikan kaniya tungod naanang kahayag ug ang tawo magaabli sa iyang kasingkasing, dawaton kini, ug dawaton ang kaluwasan.

Ikatulo, adunay pagpailob aron mabaylo ang kasingkasing.
Aron mabaylo ang atong kasingkasing mao nga labnoton ang katong mga kabakakan ug dautan gikan sa atong kasingkasing ug hinoon magtanom og kamatuoran ug kamaayo. Aron mabaylo ang atong kasingkasing sama kini sa paghawan sa usa ka uma.

Kinahanglan natong kuhaon ang mga bato ug labnoton ang mga sagbot. Usahay, kinahanglan natong bugwalon ang uma. Unya, kini mahimong usa ka maayo nga uma, ug unsa man ang atong ipugas, kini motubo ug magbunga.

Sama kini sa mga kasingkasing sa mga tawo. Sa aboton nga makita nato ang dautan sa atong kasingkasing ug itagbong kini, makaangkon kita og maayo nga mga uma sa kasingkasing. Unya, inig pugas sa Pulong sa Dios, kini manurok, motubo og maayo, ug mamunga. Ug sama nga kinahanglan natong maningot ug magtrabaho'g pag-ayo aron mahawan ang yuta, kinhanglan natong buhaton ang sama niini sa pagbaylo nato sa atong kasingkasing. Kinahanglan natong mosinggit og pag-ayo sa pag-ampo sa tanan natong kusog ug sa tanan natong kasingkasing. Unya makadawat kita sa gahom sa Espiritu Santo aron bugwalon ang unodnon nga kasingkasing sama sa pagpagawpaw nga yuta.

Kini dili sayon nga proseso sumala sa mahunahuna sa usa ka tawo. Mao kana nga pipila ka mga tawo mahimong mobati og kabug-at, mahilaw, o mahagbong ngadto sa langiob. Busa, kinahanglan nato og pagpailob. Bisan pa nga mora kini'g mahinay kaayo kita nga nagbaylo, kinahanglan dili kita gayud mapalaw o mobiya.

Kinahanglan natong hinumdumon ang gugma sa Ginoo nga namatay sa krus alang kanato, magdawat og bag-ong kabaskog, ug magpadayon sa pagpaugmad sa uma sa atong kasingkasing. Usab, kinahanglan natong tan-awon ang gugma ug mga panalangin sa Dios nga ihatag Kaniya kanato kon hingpit na natong mapaugmad ang atong mga kasingkasing. Kinahanglan sad kanato nga magpadayon sa pagtrabaho kauban ang mas daku nga pagpasalamat.

Kon wala kita'y dautan sa sulod kanato, ang termino nga "pagpailob" dili na kinahanglan. Sa samang paagi, kon kita aduna lang og gugma, pagpasaylo, ug pagsabot, wala na'y lugar para sa "pagpailob." Busa, gusto sa Dios kanato nga makaangkon niining klase sa pagpailob kon hain ang pulong nga "pagpailob" dii na kinahanglan. Sa katinuoran, ang Dios, kon kinsa mao ang kaamayo ug gugma, dili kinahanglan nga magpailob. Apan, nagsugid Siya kanato nga Siya "mapailobon" kanato aron tabangan kita sa pagsabot sa konsepto sa "pagpailob." Kinahanglan natong makaamgo nga sa mas kadaghan natong mga kinaiya nga magpailobon sa ilalom sa piho nga mga sirkumstanya, mas kadaghan nga dautan sa mata sa Dios nga aduna kita sa atong mga kasingkasing.

Kon wala kita'y kinahanglan nga pailoban human matuman ang hingpit nga bunga sa pagpailob, kita kanunay nga magmalipayon, dunggon lang ang maayo nga mga pulong gikan dinhi ug ngadto, ug mobati og kagaan kaayo sa atong mga kasingkasing ingon sa kita naglakaw sa panganod.

9. Topasyo: Espirituhanon nga Kamaayo

Topasyo, ang ikasiyam nga patukoranan sa mga paril sa Bagong Herusalem, mao ang usa ka bato nga sihag, sagol, ug pulahon nga kahil nga kolor. Ang espirituhanon nga kasingkasing nga gisimbolo sa topasyo mao ang espirituhanon nga kamaayo. Ang kamaayo mao ang kalidad sa pagkabuotan, kamatinabangon, ug kaligdong. Apan ang espirituhanon nga kahulogan sa kamaayo adunay mas halawom nga kahulogan.

Aduna sad og kamaayo sa siyam ka mga bunga sa Espiritu Santo, ug kini adunay pareho nga kahulogan sa kamaayo sa topasyo. Ang espirituhanon nga kahulogan sa kamaayo mao ang pagpangita sa kamaayo sa sulod sa Espiritu Santo.

Ang kada tawo adunay usa ka sukdanan aron magkuhom taliwala sa husto ug sala o taliwala sa maayo ug dautan. Kini gitawag nga "konsyensya." Ang konsepto sa konsyensya nagsahi sa lain-lain nga mga panahon, mga kanasuran, ug mga tawo.

Ang sukdanan aron masukod ang kadakuon sa espirituhanon nga kamaayo usa lang: ang Pulong sa Dios, kon hain mao ang kamatuoran. Busa, ang pagpangita og kamaayo gikan sa atong perspektibo dili espirituhanon nga kamaayo. Ang pagpangita sa kamaayo sa mata sa Dios mao ang espirituhanon nga kamaayo.

Nag-ingon sa Mateo 12:35 nga, *"Ang maayong tawo magapagulag maayo gikan sa iyang maayong bahandi."* Sama niini, ang katong adunay espirituhanon nga kamaayo diha kanila natural lang nga magpagula anang kamaayo. Bisan asa sila moadto ug bisan kinsa ang ilang maatubang, maayo nga mga pulong ug maayo nga mga buhat ang mogula gikan kanila.

Sama sa katong nagsalibo og pahumot makaangkon og lalim nga kahumot, ang kahumot sa kamaayo mogula gikan sa katong adunay kamaayo. Kanang, sila'y magpagula og kahumot sa kamaayo ni Kristo. Busa, sa pagpagpangita lang og kamaayo sa kasingkasing dili matawag nga kamaayo. Kon aduna kita'y kasingkasing nga nagpangita sa kamaayo, nan kita natural nga makapagula ug kahumot ni Kristo kauban ang maayong mga pulong ug mga buhat. Niining paagi, kinahanglan natong magpakita og moral nga kaligdong ug gugma sa mga tawo sa atong palibot. Kini mao ang kamaayo sa tinuod, espirituhanon nga pamati.

Ang sukdanan aron masukod ang espirituhanon nga kamaayo

Ang Dios sa Iyang kaugalingon maayo, ug ang kamaayo makita sa tibuok nga Biblia, ang Pulong sa Dios. Aduna sad mga bersikulo sa Biblia nga piho nga nagpagula sa mas daghang mga kolor sa topasyo, kanang mga kolor sa espirituhanon nga kamaayo.

Una sa tanan, makita kini sa Mga Taga-Filipos 2:1-4, kon hain mabasa nga, *"Busa kon aduna may pagkadinasig diha kang Kristo, kon aduna may pagkadinasig diha sa gugma, kon aduna may pakig-ambitay diha sa Espiritu, kon aduna may pagbinatiay sa kalomo ug pagkinaloy-anay, hingpita ninyo ang akong kalipay pinaagi sa inyong paggawi nga magkasinabtanay, nga managbaton sa samang pagbati sa paghigugma, sa samang panghunahuna ug katuyoan. Ayaw na kamo pagbuhat ug bisan unsa sa tuyo sa pagbahinbahin o sa kawang pagpagarbo sa kaugalingon, hinonoa uban sa pagpaubos isipa ang uban ingon nga labi pang maayo kay sa inyong kaugalingon; nga ang matag-usa kaninyo magatagad dili lamang sa iyang kaugalingong mga kahimtang, kondili sa mga kahimtang sa uban usab."*

Bisan pa nga adunay usa ka butang nga dili husto sumala sa

atong mga hunahuna ug atong mga kinaiya, kon kita mangita sa kamaayo diha sa Ginoo, kita makig-ambit sa ubang tawo ug mosugot sa ilang mga opinion. Dili kita makig-away sa bisan unsang butanga. Dili kita mag-angkon og bisan unsang pagtinguha nga ipagarbo ang atong kaugalingon o ipahitaas sa ubang mga tawo. Kauban ang mapainuboson nga mga kasingkasing, atong hunahunaon ang ubang tawo nga mas maayo kaysa kanato gikan sa kailadman sa atong mga kasingkasing. Matinumanon natong buhaton ang atong mga trabaho ug sa usa ka responsible nga paagi. Matabangan pa gani nato ang ubang tawo sa ilang trabaho.

Sayon ra natong makita og unsang klase sa tawo ang adunay kamaayo diha sa iyang kasingkasing gikan sa sambingay sa usa ka maayo nga Samarianhon nga makita sa Lucas 10:25-37:

> *"May usa ka tawo nga sa naglugsong siya gikan sa Herusalem paingon sa Jerico nahulog ngadto sa mga kamot sa mga tulisan, ug siya ilang gihuboan ug gibunalan, ug unya namahawa sila nga nagbiya kaniya nga himalatyon. Ug nahitabo nga niadtong dalana dihay naglugsong nga usa ka sacerdote, ug sa iyang pagkakita kaniya, siya didto moagi sa pikas. Ingon man usab, usa ka Levita, sa paghiabut niya sa maong dapit ug nakakita kaniya, didto siya moagi sa pikas. Apan usa ka Samarianhon, sa nagbaktas siya, nahiabut didto kaniya; ug sa iyang pagkakita kaniya siya giabut ug kaluoy, ug miduol kaniya ug iyang gibugkosan ang iyang mga samad sa napatuloan na*

kinig lanan ug bino; unya iyang gipasakay sa iyang kabayanan ug gidala siya sa balay nga abutanan, ug iyang giatiman siya. Ug sa pagkasunod nga adlaw siya mikuhag duha ka denario ug iyang gihatag kini sa tag-iya sa abutanan ug miingon kaniya, 'Atimana siya; ug kon makagasto ka pag labaw niini, bayran ko ra ikaw unya inigbalik ko dinhi.' Karon, sa imong paghunahuna, hain man niining tutolo ang nagpakita nga silingan sa tawo nga nahulog ngadto sa mga kamot sa mga tulisan?" (Lucas 10:30-36)

Sa ilang tulo ang sacerdote, ang Levita, ug ang Samarianhon, kinsa man, unya, ang tinuod nga silingan ug usa ka tawo sa gugma? Ang Samarianhon mahimo nga mao ang tinuod nga silingan sa tawo nga gitulis tungod siya adunay kamaayo sa iyang kasingkasing aron pilion ang husto nga paagi, bisan pa nga siya gihunahuna nga usa ka Hentil.

Kining Samarianhon mahimo nga wala nakaila sa Pulong sa Dios og maayo isip nga kahibalo. Apan atong makita nga siya adunay kasingkasing nga nagsunod sa kamaayo. Kini nagkahulogan nga siya adunay espirituhanon nga kamaayo nga nagsunod sa kamaayo sa panan-aw sa Dios. Bisan pa nga kita maggugol sa atong panahon ug kuwarta, kinahanglan natong pilion ang kamaayo sa panan-aw sa Dios. Kini mao ang espirituhanon nga kamaayo.

Ang kamaayo ni Hesus

Usa pa ka bersikulo sa Biblia nga naghatag nato ug mas

masilakon nga kahayag sa kamaayo mao ang Mateo 12:19-20. Kini mahitungod sa kamaayo ni Hesus. Mabasa kini nga:

> *Dili Siya magapakiglalis, ni magasinggit; ug walay makadungog sa Iyang tingog diha sa kadalanan. Dili gani Siya mobali bisan sa bagakay nga nabasag na, ni mopalong bisan sa pabilo nga nagakapid-ok na, hangtud padag-on na Niya ang hustisya.*

Ang pulongan nga "hangtud padag-on Niya ang hustisya" nagpaundak nga si Hesus naglihok lang kauban ang usa ka maayo nga kasingkasing sa tibuok nga proseso sa paglansang ug pagkabanhaw, nga naghatag nato og kadalag-an kauban ang Iyang grasya sa kaluwasan.

Kay si Hesus adunay espirituhanon nga kamaayo, wala gayud siya naghiubos o nakiglalis sa bisan kang kinsa. Iyang gidawat ang tanang butang kauban ang kinaadman sa espirituhanon nga kamaayo ug mga pulong sa kamatuoran bisan pa sa katong kanus-a Siya naka-engkwentro sa dahol ug morag dili madawat nga mga sitwasyon. Dugang pa, si Hesus wala gayud gikonpronta ang katong nagsulay nga patyon Siya ni gisulayan nga magpatinaw ug pamatud-an ang Iyang pagka-inosente. Iyang gitugyan ang tanang butang sa Dios ug gituman ang tanang butang kauban ang Iyang kinaadman ug kamatuoran sa espirituhanon nga kamaayo.

Ang espirituhanon nga kamaayo mao ang kasingkasing nga "dili gani mobali bisan sa bagakay nga nabasag na, ni mopalong bisan sa pabilo nga nagakapid-ok na." Kining pagpasabot naggunit sa representante nga reperensya nga punto sa kamaayo.

Ang katong adunay kamaayo dili magasinggit o makiglalis sa bisan kang kinsa. Usab, ilang ipakita ang ilang kamaayo sa ilang mga hitsura sad. Sumala sa gitala, "Ug walay makadungog sa Iyang tingog diha sa kadalanan," ang katong adunay kamaayo mopagula og kamaayo ug pagkamainuboson sa gawas. Unsa kaha ka walay-kabasolan ug kahingpit ang mga gawi ni Hesus sa Iyang pamaagi sa paglakaw, paglihok, ug panulti! Ang Mga Proberbio 22:11 nag-ingon nga, *"Kadtong mahagugma sa pagkaulay sa kasingkasing ug tungod sa grasya sa iyang ngabil, ang hari mahimong iyang higala."*

Una, ang "bagakay nga nabasag" nagrepresentar sa katong nag-antos sa daghang mga butang niining kalibutan ug nasakitan sa ilang kasingkasing. Bisan pa kon nangita sila sa Dios kauban ang kabus nga kasingkasing, ang Dios dili mosalikway kanila, apan dawaton sila. Kining kasingkasing sa Dios ug kining kasingkasing ni Hesus mao ang pinakahitaas sa kamaayo.

Sunod, sama kini sa kasingkasing nga dili mopalong bisan sa pabilo nga nagakapid-ok na. Kon ang pabilo nagakapid-ok, kini nagpasabot nga ang mapalong na ang kalayo, apan aduna pa sa gihapon ang dangilag nga nagpabilin. Niining hunahunaa, 'ang pabilo nga nagakapid-ok' mao ang usa ka tawo nga namansahan sa dautan nga ang iyang kahayag sa espiritu 'nagakapid-ok'. Bisan kining klase sa tawo, kon siya adunay bisan sa pinakagamay nga posibilidad nga dawaton ang kaluwasan, kinahanglan dili kita mobiya kaniya. Kini mao ang kamaayo.

Ang atong Ginoo dili mobiya bisan pa sa katong mga tawo nga nabuhi sa mga sala ug nagbatok sa Dios. Siya sa gihapon nagpanuktok sa ganghaan sa ilang mga kasingkasing aron matugotan sila nga maabot ang kaluwasan. Kini nga kasingkasing sa Ginoo mao ang kamaayo.

Adunay mga tawo nga sama sa mga bagakay nga nabasag ug mga pabilo nga nagakapid-ok sa pagtoo. Kon sila mahagbong sa mga pagpanulay tungod sa maluya nga pagtoo, ang ubang mga tawo walay kusog aron mobalik sa iglesia og usab pinaagi lang sa ilang kaugalingon. Tingali tungod sa pipila ka mga unodnon nga mga butang nga wala pa nila masalikway, sila mahimong nakaingon og kadaot sa ubang mga miyembro sa iglesisa. Kay tungod sila nagbasol ug naulaw mahitungod niini, sila nagbati nga dili na makabalik sa iglesia.

Busa kinahanglan natong una nga moadto kanila. Kinahanglan natong ilugway ang atong mga kamot ngadto kanila ug gunitan ang ilang mga kamot. Kini mao ang kamaayo. Usab, adunay mga tawo nga nanguna sa pagtoo, apan unya naulahi sa espiritu. Ang pipila kanila nahimong sama sa 'nagakapid-ok nga pabilo'.

Pipila kanila gustong higugmaon ug ilhon sa ubang tawo, apan kini dili mahinabo. Busa sila konsumido ug ang dautan diha kanila mogawas. Mahimo silang mangabugho sa ubang mga tawo nga nag-una sa espiritu, ug mahimo gani nilang daotn sila. Kini hisama sa nagakapid-ok nga pabilo nga nagpagula og aso ug kahungaw.

Kon kita adunay tinuod nga kamaayo, ato sad masabtan kining mga katawohan ug dawaton sila. Kon sulayan natong hisgotan ang unsang husto ug sayop ug pa-ampoon sila, kini dili kamaayo. Kinahanglan natong tagdon sila og maayo kauban ang pagkamatuod ug gugma, bisan pa ang katong nagpakita og dautan. Kinahanglan natong matunaw ug tandugon ang ilang mga kasingkasing. Kon kini atong buhaton kini paglihok sa kamaayo.

10. Krisopaso: Pagpugong-sa-Kaugalingon

Krisopaso, ang ikanapulo nga patukoranan sa mga paril sa Bagong Herusalem, mao ang pinakamahal sa tanang mga kalsedonya. Kini usa ka sihag-sihagon nga sulop nga berde nga kolor, ug usa sa mga bilihon nga mga bato nga gibilang sa mga Koryano nga mga babaye nga malahalon kaayo sa unang mga inadlaw. Sa kanila kini nagsimbolo sa kaulay ug kalunsay sa mga babaye.

Unsa man ang espirituhanon nga simbolo sa krisopaso? Kini nagpasabot sa pagpugong-sa-kaugalingon. Maayo kini nga makaangkon og kaabunda sa tanang butang sa Dios, apan kinahanglan adunay pagpugong-sa-kaugalingon aron mabuhat ang tanang butang nga maanyag. Ang pagpugong-sa-kaugalingon usa sad sa siyam nga mga bunga sa Espiritu Santo.

Pagpugong-sa-kaugalingon aron matuman ang kahingpit

Ang Kang Tito 1:7-9 nagsugid kanato mahitungod sa mga kondisyon sa usa ka piniyalan sa usa ka iglesia, ug ang usa sa mga kondisyon mao ng pagpugong-sa-kaugalingon. Kon ang usa ka tawo nagkulang sa pagpugong-sa-kaugalingon mahimong usa ka piniyalan, unsa man ang mahimo niyang matuman sa iyang walay-pinugngan nga kinabuhi?

Kon unsa man ang atong buhaton para ug diha sa Ginoo, kinahanglan natong masugid ang kinalain sa kamatuoran gikan sa kabakakan, ug magsunod sa kabubut-on sa Espiritu Santo kauban ang pagpugong-sa-kaugalingon. Kon mahimo natong madungog ang tingog sa Espiritu Santo, kita magmadinaugon sa tanang mga butang kay kita adunay pagpugong-sa-kaugalingon. Kon wala kita'y pagpugong-sa-kaugalingon, nan, ang mga butang mahimong moadto sa kasaypanan ug mahimo gani natong maka-engkwentro ug mga aksidente, sa pareho nga natural ug binuhatan-sa-tawo nga mga katalagman, mga balatian, ug sama nini.

Sama niini, ang bunga sa pagpugong-sa-kaugalingon importante sad kaayo, ug kini usa ka kinahanglanon sa pagtuman sa kahingpit. Sama nga atong dal-on ang bunga sa gugma, atong madala ang kalipay, kadait, pagpailob, kamaluloy-on, kamaayo, pagkamatinumanon, ug pagkaligdong, ug kining mga bunga makumpleto sa pagpugong-sa-kaugalingon.

Ang pagpugong-sa-kaugalingon mahimong matandi sa katipot sa atong lawas. Bisan kini gamay ra, kini nagdula og usa ka importante kaayo nga papel sa lawas. Unsa man kon mawala niinin ang kusog sa paghugtong? Ang pagkalibang dili mapugngan, ug kitang tanan mahugaw ug malaw-ay.

Sa samang paagi, kon atong mawala ang pagpugong-sa-kaugalingon, ang tanang butang mahimong magkayamukat. Ang mga tawo mabuhi sa kabakakan kay dili nila espirituhanon nga mapugngan ang ilang kaugalingon. Tungod ana, mangatubang sila og mga pagsulay ug dili mahigugma sa Dios. Kon dili nato mapugngan ang atong kaugalingon sa pisikal, kita magbuhat og dili-matarung ug batok-sa-balaod ng mga butang kay kita mangaon ug magpahubog kutob sa atong gusto, nga ibutang ang atong mga kabuhi sa kagubot.

Si Juan nga Bautista

Usa ka maayo nga pananglitan sa pagpugong-sa-kaugalingon sa tanan nga Biblikal nga mga pigura mao si Juan Bautista.

Tin-aw nga nahibaloan ni Juan nga Bautista nganong niari siya sa kalibutan. Nakahibalo siya nga kinahanglan siyang magandam sa dalan alang kang Hesus, kon kinsa mao ang tinuod nga Kahayag. Busa, hangtud matuman kaniya kining katungdanan, siya mabuhi sa hingpit nga hilan nga kinabuhi gikan nning kalibutan. Iyang giarmado ang iyang kaugalingon sa pag-ampo ug sa Pulong lang samtang anaa sa kamingawan. Nagkaon lang siya og mga dulon ug ihalas nga dugos. Pinaagi niining klase sa kinabuhi, siya handa nga nag-andam sa dalan sa Ginoo, ug hingpit kining gituman.

Sa Mateo 11:11, miingon si Hesus niini mahitungod kaniya, *"Sa pagkatinuod, magaingon ako kaninyo, nga sa mga gianak ug babaye, wala pay nahitungha nga molabaw pa ka daku kay kang Juan nga Bautista!"*

Kon adunay usa ka tawo nga maghunahuna nga, "O, busa karon moadto ko didto sa ilalom sa mga kabukiran o sa usa ka hilan nga dapit ug mabuhi sa usa ka kinabuhi nga adunay pagpugong-sa-kaugalingon!" kini nagpamatuod nga wala siya'y pagpugong-sa-kaugalingon ug naghubad sa Pulong sa Dios sa iyang kaugalingon nga paagi ug naghunahuna og kadaghan.

Importante kini nga pugngan ang imong kasingkasing diha sa Espiritu Santo. Kon wala pa nimo maabot kining lebel sa espiritu, kinahanglan nimong pugngan ang imong unodnon nga mga pagpaninguha ug sundon lang ang pagpaninguha sa Espiritu Santo. Usab, bisan pa nahuman nimong matuman ang espiritu, kinahanglan nimong pugngan ang kalig-on ug kadakuon sa kada espirituhanon nga mga kasingkasing aron makaangkon og hingpit nga pagkaangay sa kinatibuk-an. Kining pagpugong-sa-

Langit II

kaugalingon gipakita kauban ang kahayag sa krisopaso.

11. Hasinto: Pagkalunsay ug Pagkabalaan

Hasinto, ang ikanapulog-usa nga patukoranan sa mga paril sa Bag-ong Herusalem, usa ka bilihon nga bato nga usa ka sihag, asulon nga kolor ug espirituhanon nga nagsimbolo og pagkalunsay ug pagkabalaan.

Ang "Pagkalunsay" dinhi nagpasabot sa usa ka estado nga walay sala ug pagkahinlo nga walay bisan unsang buling o lama. Kon ang usa ka tawo magshower o maligo og kaduha ka beses sa usa ka adlaw, manudlay sa iyang buhok ug hapsay nga magilis, ang mga tawo magaingon nga siya hinlo ug hapsay. Unya, ang Dios ba magaingon nga siya hinlo, sad? Kinsa man, unya, ang tawo nga adunay lunsayng kasingkasing ug unsaon nato kini matuman ang lunsayng kasingkasing?

Usa ka lunsayng kasingkasing sa panan-aw sa Dios

Ang mga Pariseo ug mga eskribo naghugas sa ilang mga kamot huna sila mokaon, nga nagsunod sa mga tradisyon sa mga katigulangan. Ug sa katong ang mga disipolo ni Hesus wala nagbuhat niini, ilang gipangutana si Hesus aron akusahan Siya. Ang Mateo 15:2 nagaingon nga, *"Ngano bang lapason man sa imong mga disipolo ang kalagdaan nga gikabilin-bilin sa mga katigulangan? Kay inig-pangaon dili sila manghunaw sa ilang mga kamot."*

Si Hesus nitudlo kanila kon unsa ang kalunsay gayud. Sa

Mateo 15:19-20 miingon Niya nga, *"Kay gikan sa kasingkasing nagagula ang mga dautang hunahuna, pagbuno, panapaw, pakighilawas, pangawat, pagsaksig bakak, panulti sa pagbuling sa dungog. Mao kini anag makapahugaw sa tawo; apan ang pagkaon nga walay pupanghunaw sa kamot dili makapahugaw sa tawo."*

Ang kalunsay sa panan-aw sa Dios mao ang pagkawala'y sala diha sa kasingkasing. Ang kalunsay mao kon kanus-a kita'y adunay usa ka kasingkasing nga hinlo nga walay kabasolan, buling, o lama. Mahimo natong hunawan ang atong mga kamot ug lawas gamit ang tubig, apan unsaon man nato pagpalunsay sa atong mga kasingkasing?

Mahimo sad kini natong hunawan gamit ang tubig. Mahimo kini natong mapalunsay pinaagi sa paghunaw nini gamit ang espirituhanon nga tubig nga mao ang Pulong sa Dios. Ang Sa Mga Hebreohanon 10:22 nagsulti nga, *"busa manuol kita sa Dios uban ang matinuoron nga kasingkasing, nga sa hingpit pinasaligan sa pagtoo, sa nasabligan ang atong mga kasingkasing ngadto sa pagkahinlo gikan sa dautan nga kaisipan ug ang atong mga lawas nadigo sa lunsayng tubig."* Mahimo natong makaangkon og hinlo ug tinuod nga mga kasingkasing nga abot sa kita'y maglihok sumala sa Pulong sa Dios.

Kon mosugot kita sa kon unsang giingon kanato sa Biblia nga atong itambog pahilayo ug dili buhaton, ang kabakakan ug dautan mahunawan gikan sa atong kasingkasing. Ug kon kita mosugot sa kon unsang gisugo sa Biblia nga atong buhaton og ipabilin, malikayan natong magkalama sa mga sala ug dautan sa kalibutan usab pinaagi sa kanunay nga paghatag sa hinlo nga tubig. Niining paagi mahimo natong mapabilin ang atong kasingkasing nga hinlo.

Nag-ingon ang Mateo 5:8 nga, *"Bulahan ang mga maputli ug kasingkasing kay makakita sila sa Dios."* Gisulti na kanato sa Dios ang mahitungod sa panalangin nga madawat sa lunsayan diha sa kasingkasing. Kini mao nga ilang makita ang Dios. Ang katong lunsayan diha sa kasingkasing makakita sa Dios nawong sa nawong sa gingharian sa langit. Sila makaadto sa pinakaminos sa Ikatulong Gingharian sa langit o bisan pa makasulod gani sa Bag-ong Herusalem.

Apan ang tinuod nga buot ipasabot sa 'makit-an ang Dios' dili lang ang makita ang Dios. Kini nagpasabot nga kita kanunay nga makakita sa Dios ug makadawat og tabang gikan Kaniya. Kini nagpasabot nga kita nabuhi sa usa ka kinabuhi kon hain kita naglakaw kauban ang Dios, bisan pa niining kalibutan.

Si Enoch nga gituman ang lunsayng kasingkasing

Ang ikalima ng kapitulo sa Genesis naghulagway ni Henoch nga gipaugmad ang lunsayng kasingkasing ug nilakaw kuyog ang Dios sa kalibutan. Sa Genesis 5:21-24, atong mabasa nga si Henoch nilakaw kuyog ang Dios tulo ka gatos ka tuig gikan sa panahon nga siya nahimong amahan ni Mathusalam sa edad nga 65. Unya, sumala sa gitala sa bersikulo 24, *"Ug si Henoch naglakaw uban sa Dios; ug nawala siya, kay gikuha siya sa Dios,"* gidala siya ngadto sa langit nga buhi.

Nagsugid kanato ang Sa Mga Hebreohanon 11:5 sa rason nganong mahimo siyang madala ngadto sa Langit nga wala makatagamtam sa kamatayon, nga nagaingon, *"Tungod sa pagtoo si Henoch gilalin ngadto sa langit aron siya dili makatagamtam sa kamatayon; ug siya wala hikaplagi kay gikuha man siya sa Dios; sa wala pa siya kuhaa siya gipanghimatud-an nga nakapahimuot sa Dios."*

Gipahimuot ni Henoch ang Dios pinaagi sa pagpaugmad sa kanang klase sa lunsayng kasingkasing nga wala nakaangkon og bisan unsang sala, bisan pa sa aboton nga dili niya matagamtaman ang kamatayon. Ug sa ulahi siya gilalin ngadto sa langit nga buhi. Siya 365 sa katong panahona, apan sa kadtong mga inadlaw ang mga tawo nabuhi alang sa sobra sa 900 ka tuig. Sa karong panghunahuna, si Henoch gikuha sa Dios sa iyang kapagsik nga panahon sa kabantan-on.

Kini tungod kay si Henoch matahom kaayo sa mata sa Dios. Hinonoa nga siya ipabalin sa kalibutan, gusto sa Dios nga ibutang sa Iyang kilid si Henoch sa langitnon nga gingharian. Atong tinaw nga makita kon unsa kadaku nga gihigugma ug gikalipayan sa Dios og labaw ang katong adunay lunsayng mga kasingkasing.

Apan bisan si Henoch wala mapabalaan sa usa lang kagabii. Siya niagi sad sa daghang mga klase sa mga pagsulay hangtud siya nag-edad nga 65. Sa Genesis 5:19, atong makita nga si Jared, ang amahan ni Henoch, nanganak alang sa 800 ka tuig pagkahuman sa pagpanganak ni Henoch, busa atong masabtan nga si Henoch daghang mga igsoon nga lalaki ug babaye.

Gipahibalo ako sa Dios sa halawom nga mga pag-ampo nga si Henoch walay kagubot sa bisan kinsa niyang mga igsoon nga lalaki ug babaye. Wala gayud siya nagkagusto og sobra pa kaysa iyang mga igsoon nga mga lalaki; kanunay siya nga nagbuhat og pagtugot kanila. Wala gayud siya nagkagusto nga ilhon sa sobra kaysa iyang mga igsoon nga mga lalaki ug babaye, ug siya nagbuhat lang sa iyang pinakamaayo. Bisan pa sa katong panahon nga pipila ka ubang mga igsoon nga lalaki gihigugma og sobra kay kaniya, wala siya nakaangkon og di-kasulhay, kon hain nagpasabot nga siya walay bisan unsang panibugho.

Usab, si Henoch kanunay nga masinugtanon nga tawo. Wala lang niya gidungog ang Pulong sa Dios, apan usab sa pulong sa iyang mga ginikanan. Wala gayud siya namugos sa iyang kaugalingong opinion. Wala siya'y bisan unsang ako-akohon nga mga paninguha, ug wala personal nga nagkuha sa bisan unsang butang. Nipuyo siya sa kadait kauban ang tanang tawo.

Gipaugmad ni Henoch ang usa ka lunsayng kasingkasing diha kaniya kon hain mahimo niyang makita ang Dios. Sa pagka-edad ni Henoch og 65, naabot kaniya ang lebel sa pagpahimuot sa Dios, ug karon siya makalakaw na kauban ang Dios.

Apan adunay usa ka mas importante nga rason nganong mahimo siya makalakaw kauban ang Dios. Kana tungod nga iyang gihigugma ang Dios ug nangalipay og pag-ayo sa pakig-ambit kauban ang Dios. Lagi wala niya gibutang ang iyang mga mata sa mga butang niining kalibutan ug gihigugma ang Dios labaw kaysa bisan unsang butang niining kalibutan.

Gihigugma ni Henoch ang iyang mga ginikanan ug nagmasinugtanon kanila, ug adunay kadait ug gugma taliwala kaniya ug tanan niyang mga igsoon, apan ang Dios ang iyang pinahinigugma. Nangalipay siya nga nag-inusara ug sa labaw nga pagdayaw sa Dios kaysa pagpabilin sa iyang miyembro sa pamilya. Iyang gikamingawan ang Dios sa iyang paglantaw sa kalangitan ug sa naturalisa, ug nangalipay sa pagapakig-ambit niya kauban ang Dios.

Mao kini bisan sa wala pa ang Dios naglakaw kauban niya, ug gikan sa panahon nga ang Dios nagsugod og lakaw kauban kaniya, mas sobra pa kini ang iyang gibuhat. Sumala sa gitala sa Mga Proberbio 8:17 nga nagaingon, *"Ako nahagugma kanila nga nahagugma kanako; ug kadtong nagasingkamot sa pagpangita kanako, makakaplag kanako,"* Gihigugma ni Henoch ang Dios ug gikamingawan Siya og pag-ayo, ug ang Dios naglakaw sad kauban niya.

Sa mas kadaghan natong higugmaon ang Dios, mas mahimong lunsayan ang kasingkasing, ug sa paghimo'g mas lunsayan ang atong kasingkasing, mas kadaghan natong higugmaon ang Dios ug pangitaon Siya. Sulhay kini nga makig-istorya ug makig-ambit sa katong lunsayan ang kasingkasing. Ilang lunsayan nga dawaton ang tanang butang ug magtoo sa ubang tawo.

Kinsa man ang mobati og maot ug magmug-ot sa pagkakita og masanagon nga mga huyom sa gagmay na mga bata? Kadaghanan sa mga tawo mobati og maayo ug moyuhom sad kon sila makakita sa mga bata. Kini tungod kay ang pagkalunsayan sa mga bata gipasa ngadto sa mga tawo, nga nagpabag-o sa ilang mga kasingkasing, sad.

Ang Dios nga Amahan nagbati niining paagi sa Iyang pagkakita sa usa ka tawo nga adunay lunsayng kasingkasing. Busa, gusto Kaniyang mas makita ang kining klase sa tawo ug gusto Kaniyang mopabilin diha kaniya.

12. Amatista: Kaanyag ug Pagka-mapuangoron

Ang Ikanapulog-duha ug pinakaulahi nga patukoranan sa mga paril sa Bag-ong Herusalem mao ang amatista. Ang amatista adunay lasaw nga ube nga kolor ug sihag. Ang Amatista adunay usa ka elegante nga kolor gani kini gihigugma sa mga halangdon nga mga tawo sukad pa sa karaang-panahon.

Giila sad sa Dios ang espirituhanon nga kasingkasing nga gisimbolo sa amatista nga maanyag. Ang esprituhanon nga kasingkasing nga amatista nagsimbolo sa pagkamapuangoron. Kining pagkamapuangoron makita sa Kapitulo sa Gugma, sa mga Panalangin, ug bisan pa sa siyam ka mga bunga sa Espiritu Santo. Kini usa ka bunga nga piho nga gidala sa usa ka tawo nga nagpanganak sa espiritu pinaagi sa Espiritu Santo ug nabuhi pinaagi sa Pulong sa Dios.

Ang kasingkasing sa pagkamapuanguron giila nga maanyag sa Dios

Ang diksyonaryo adunay depinisyon sa pagkamapuangoron isip nga mga kinaiya sa kamaluloy-on, kahumok, kaaghop; [ug] mahimong makapagula og kalinaw. Apan ang pagkamapuangoron nga giila sa Dios nga maanyag dili lang kadtong mga kinaiyaha.

Ang kadtong adunay mapuanguron nga mga kinaiya sa unod morag mobati og di-kasulhay mahitungod sa mga tawo nga dili mapuanguron. Kon makita nila ang usa ka tawo nga mahigalaon o baskog ang kinaiya, sila morag magmainampingon, ug sila gani mobati og kalisud nga makig-ambit nianang klase sa tawo.

Apan ang tawo nga espirituhanon nga mapuangoron mahimong madawat ang bisan unsang klase sa tawo nga adunay bisan unsang klase sa kinaya. Mao kini ang usa sa mga kalahian taliwala sa unodnon nga pagkamapuangoron ug espirituhanon nga pagkamapuangoron.

Unya, unsa man ang espirituhanon nga pagkamapuangoron, ug nganong giila man kini sa Dios nga maanyag? Aron espirituhanon nga magmapuangoron mao ang pag-angkon ug usa ka mahumok ug maigang nga kinaiya nga giubanan og usa ka langyab nga kasingkasing aron madawat sa tanang tawo. Kini usa ka tawo nga adunay kasingkasing nga sama sa kahumok ug kahamugaway sa gapas aron nga daghang mga tawo ang makakaplag og pahulay diha kaniya. Usab, kini usa ka tawo nga makasabot sa tanang butang sa kamaayo ug gakson ug dawaton ang tanang butang sa gugma.

Ug adunay usa ka butang nga dili kinahanglan mawala sa espirituhanon nga pagkamapuangoron. Kini mao ang maligdog nga kinaiya nga adunay kalabotan sa pag-angkon og usa ka langyab nga kasingkasing. Kon kita'y adunay maigang kaayo ug mahumok nga kasingkasing sa ato lang mga kaugalingon, kini walay bali gayud sa bisan unsang butang. Sa kada panahon, kon kinahanglan kini, kinahanglan natong paisogon ug maghatag og tambag sa ubang tawo, nga nagpakita og mga binuhatan nga kamaayo ug gugma. Aron makapakita og maligdong nga kinaiya mao ang pagpabaskog sa ubang tawo, kanang mobati sila og kainit, ug sila makakaplag og pahulay diha sa atong mga kasingkasing.

Usa ka espirituhanon nga mapuangoron nga tawo

Ang kadtong adunay tinuod nga espirituhanon nga pagkamapuangoron walay bisan unsang pihig mahitungod sa bisan unsang tawo. Busa, sila'y wala og bisan unsang kasamok ug walay kagubot sa bisan kang kinsa. Ang usa ka tawo mobati sad niining maigang nga kasingkasing busa mahimo niyang magpahulay ug makakaplag og kadait nga mobati nga siya gigakos og mainit kaayo. Kining espirituhanon nga pagkamapuangoron sama sa usa ka daku nga kahoy nga naghatag ug daku, mabugnaw nga landong sa usa ka ting-init nga adlaw.

Kon ang bana modawat ug mogakos sa tanang miyembro sa iyang pamilya kauban sa usa ka langyab nga kasingkasing, ang asawa morespeto ug mopalangga kaniya. Kon ang asawa aduna sad og usa ka kasing nga mahumok sama sa gapas, mahimo kaniyang maghatag og kasulhay ug kadait sa iyang bana, aron sila mahimong malipayon kaayo nga magtiayon. Usab, kadtong mga anak nga gipadaku niining klase sa pamilya dili mahisalaag bisan pa nga sila mangatubang og mga kalisud. Kay sila mahimong mapalig-on sa pagkadait sa pamilya, mahimo nilang mabuntog ang mga kalisud ug motubo nga adunay katarong ug kahimsog.

Sama niini, pinaagi sa kadtong nagpaugmad sa espirituhanon nga pagkamapuangoron, ang mga tawo sa ilang palibot mahimo sad nga makakaplag og pahulay ug mobati og kalipay. Unya, ang Dios nga Amahan mosulti sad nga katong mga espirituhanon nga mapuangoron maanyag gayud.

Niining kalibutan ang mga tawo mogamit sa daghang mga pamaagi aron maangkon nga kasingkasing sa uban. Mahimo nilang hatagan ang uban ug materyal nga mga butang ug gamiton ang ilang sosyal nga kabantog o awtoridad. Apan sa kadtong unodnon nga mga pamaagi, dili kanato tinuod nga makuha ang mga kasingkasing sa uban. Mahimo nga tabangan kita nila sa kadali tungod sa ilang mga kinahanglan, apan kay tungod nga wala gayud sila nag-ampo gikan sa ilang kasingkasing, mobaylo sila og hunahuna kon ang mga sitwasyon magbaylo.

Apan ang mga tawo natural nga motipon palibot sa usa ka tawo nga adunay espirituhanon nga pagkamapuangoron. Sila moampo gikan sa ilang mga kasingkasing ug maninguha aron mopabiin diha kaniya. Kini tungod, pinaagi sa usa ka tawo nga adunay espirituhanon nga pagkamapuangoron, mahimo silang mapalig-on ug mobati sa kasulhay nga wala nila mabati sa kalibutan. Busa, daghan nga mga tawo ang mopabilin sa usa ka tawo nga adunay espirituhanon nga pagkamapuangoron, ug kini mahimong espirituhanon nga awtoridad.

Nagsulti ang Mateo 5:5 mahitungod niining panalangin sa pagdaog og daghang mga kalag nga magaingon nga ilang mapanunod ang kalibutan. Kini nagpasabot nga ilang madaog ang kasingkasing sa mga tawo nga gibuhat gikan sa kalibutan. Ang resulta, madawat sad nila ang usa ka daku nga gilapdon sa yuta sa kahangtoran sa langitnon nga gingharian. Tungod ilang gikagos ug gi-agak ang daghang mga kalag ngadto sa kamatuoran, sila magadawat og daghang balus.

Mao kana nganong gisulti kini sa Dios mahitungod ni Moises sa Numeros 12:3, *"Karon ang tawo nga si Moises mapinaubsanon kaayo, labaw kay sa tanang mga tawo sa ibabaw sa yuta."* Gipangulohan ni Moises ang Exodo. Gipanguluhan niya ang labaw sa 2 ka milyon nga mga tawo, ug gi-agak sila alang sa 40 ka tuig sa kamingawan. Sama sa mga ginikanan nga nagpadaku sa ilang mga anak, gigakos niya sila sa iyang kasingkasing ug gi-agak kanila sumala sa kabubut-on sa Dios.

Bisan pa sa panahon nga ang ilang mga anak nagbuhat og grabe nga mga sala, ang mga ginikan dili lang basta mobiya kaniya. Sa samang paagi, gihambin ni Moises bisan pa ang kadtong mga tawo nga dili makatabang apang pasibayaan sumala sa Balaod, ug sila iyang gi-agak hangtud sa katapusan nga gihangyo ang Dios nga pasayloon sila.

Kon ikaw adunay bisan gamay lang nga katungdanan sa iglesia, imong masabtan kon unsa kaayo kining pagkamapuangoron. Dili lang ang mga katungdanan sa pag-atiman sa mga kalag, apan bisan unsang katungdanan, kon imong buhaton kini kauban ang pagkamapuangoron, dili ka magkaproblema. Walay duha ka tawo nga adunay pareho nga kasingkasing ug pareho nga mga hunahuna. Ang tanang tawo gipadaku sa lahi nga mga sirkumstanya ug adunay lahi nga mga kinaiya. Ang ilang mga hunahuna ug mga opinion mahimo nga dili mag-uyon.

Apan siya nga mapuangoron madawat ang ubang tawo kauban ang usa ka langyab nga kasingkasing. Ang pagkamapuangoron nga mapahaw-ang ang kaugalingon aron madawat ang ubang tawo maanyag nga mogula sa usa ka sitwayon kon asa ang tanang tawo nagpamugos nga siya husto.

Ato nang natun-an ang mahitungod sa espirituhanon nga mga kasingkasing nga gisimbolo sa kada napulog-duha ka pagtukoranan nga mga bato sa paril sa siyudad sa Bag-ong Herusalem. Kini sila mao ang mga kasingkasing sa pagtoo, pagkamaligdong, pagsakripisyo, pagkamatarung, pagkamatinuohon, mabination, kalooy, pagpailob, kamaayo, pagpugong-sa-kaugalingon, pagkalunsay, ug pagkamapuangoron. Kon atong usahon kining mga kinaya, kini mahimong kasingkasing ni Hesukristo ug sa Dios nga Amahan. Sa usa ka pamulong, kini mao ang "hingpit nga gugma."

Ang kadtong nagpaugmad niining hingpit nga gugma kauban ang usa ka maayo ug nabalanse nga kombinasyon sa kada kinaiya sa napulog-duha ka mga batong hamili maisogon nga makasulod ngadto sa Siyudad sa Bag-ong Herusalem. Usab, ang ilang mga balay sa Bag-ong Herusalem pagadayandayanan gamit ang napulog-duha ka nagkalainlain nga mga batong hamili.

Busa, ang sulod sa Siyudad sa Bag-ong Herusalem maanyag kaayo lapas sa pagpahayag. Ang mga balay, mga dakbalay, ug tanang mga pasilidad sama sa mga parke gidekorasyonan sa pinakamaanyag nga posible nga paagi.

Apan ang giila sa Dios nga pinakamaanyag mao ang mga tawo nga moadto sa Siyudad. Sila magahatag og mas masilakon nga mga kahayag nga manggawas gikan sa tanang napulog-duha ka hamili nga mga bato. Sila sad magapagula og kahumot sa gugma paingon sa Amahan gikan sa kailawman sa ilang mga kasingkasing. Pinaagi niini, ang Dios nga Amahan mapasulhay alang sa tanang mga butang nga nahimo na Niya niaanang panahona.

Kapitulo 6

Ang Napulog-duha ka Perlas nga mga Ganghaan ug ang Bulawan nga Kadalanan

1. Ang Napulog-duha ka mga Ganghaan nga Gibuhat sa Perlas
2. Mga Kalye nga Gibuhat sa Lunsayng Bulawan

*"Ug ang napulog-duha ka mga
ganghaan hinimog napulog-duha ka
mga perlas; ang matag-usa ka ganghaan
hinimog usa lamang ka buok perlas.
Ug ang kadalanan sa siyudad lunsayng
bulawan, matin-aw morag bildo."*

- Ang Pinadayag 21:21 -

Ang Siyudad sa Bag-ong Herusalem adunay napulog-duha ka mga ganghaan, tulo sa kada usa sa amihanan, habagatan, sidlakan ug kasadpan nga bahin sa mga paril niini. Usa ka daku kaayo nga anghel ang nagbantay sa kada ganghaan, ug ang talan-awon nagpakita sa kahamili ug awtoridad sa Siyudad sa Bag-ong Herusalem sa usa ka pagsiplat. Ang kada ganghaan adunay gihulma-nga-arko, ug kini daku kaayo nga kinahanglan natong mohangad og layo kaayo. Ang kada ganghaan gibuhat sa higantehon nga perlas. Kini maabli og pa-eslayd sa parehong kilid ug adunay gunitanan nga gibuhat sa bulawan ug uban pang bilihon nga mga bato. Ang ganghaan moabli ra og awtomatik nga walay bisan kinsa nga moabli niini gamit ang mga kamot.

Gibuhat sa Dios ang napulog-duha ka mga ganghaan gamit ang maanyag nga mga perlas ug ang mga kadalanan gamit ang lunsayng bulawan alang sa Iyang pinalangga nga mga anak. Unsa kaha ka labing maanyag ug katahom ang mga estruktura sa Siyudad?

Huna natong utingkayon ang mga dakbalay ug mga dapit sa Siyudad sa Bag-ong Herusalem, ato usa unang tan-awon ang mga rason nganong gibuhat sa Dios ang mga ganghaan sa Bag-ong Herusalem, gamit ang mga perlas, ug unsang klase sa mga kadalanan ang anaa walay labot sa mga lunsayng kadalanan.

1. Ang Napulog-duha ka mga Ganghaan nga Gibuhat sa Perlas

Mabasa sa Ang Pinadayag 21:21 nga, *"Ug ang napulog-duha*

ka mga ganghaan hinimog napulog-duha ka mga perlas; ang matag-usa ka ganghaan hinimog usa lamang ka buok perlas. Ug ang kadalanan sa siyudad lunsayng bulawan, matin-aw morag bildo." Ngano man, unya, nga ang napulog-duha ka mga ganghaan gibuhat sa mga perlas samtang aduna pa'y daghang uban pang bilihon nga mga bato sa Bag-ong Herusalem? Ang uban mahimong mosulti nga mas maayo pa nga dekorasyonan ang kada ganghaan gamit ang nagkalahi nga mga batong hamili kay tungod adunay napulog-duha ka mga ganghaan, apan gidayan-dayanan sa Dios ang napulog-duha ka mga ganghaan gamit lang ang perlas.

Mao kini tungod kay anaa ang mga kabubut-on sa Dios ug espirituhanon nga kamahinungdanon sulod niining desinyo. Dilin hisama sa ubang mga batong hamili, ang perlas naggunit og usa ka morag lahi nga bili ug busa giila nga labing bilihon kay sila gihimo human ang usa ka masakit nga proseso.

Nganong gibuhat man ang napulog-duha ka mga ganghaan gamit ang perlas?

Giunsa man paghimo sa perlas? Ang perlas usa sa duha ka organiko nga mga batong hamili gikan sa dagat, ang usa pa mao ang gasang. Kini gihigugma'g pag-ayo sa dili-maihap nga mga tawo kay kini nagpagula og usa ka maanyag nga kasinaw nga dili na kinahanglan nga pasinawon.

Gihulma ang perlas sa pinakasulod nga panit sa kabhang sa usa ka kuya. Kini usa ka kumpol sa abnormal nga masinaw nga hinuwad nga nag-unod lang og calcium carbonate, sa usa ka lingin-linginon o lingin nga hulma. Inig kasulod sa mga langyaw nga substanya ngadto sa mahumok nga unod sa kabhang, ang kabhang mag-antos gikan sa usa ka daku nga sakit, susama nga adunay usa ka dagum nga nagtusok niini. Unya, ang kabhang makig-away sa langyaw nga substanya nga magadala og daku kaayo nga kasakit.

Ang usa ka perlas mahimo kon ang hinuwad sa kabhang motabon sa langyaw nga substanya og sige-sige. Adunay duha ka mga klase sa perlas: ang natural nga mga perlas ug ang gipaugmad nga perlas. Nahibaloan sa mga tawo ang prinsipyo sa paghimo og mga perlas. Sila nagsagod og daghang mga kabhang ug gisalutan og artipisyal nga mga substansya ang mga kabhang aron sila maghimo og mga perlas. Kining mga perlas morag natural tanawon apan kini sila mas barato kay sila anaay mas manipis nga mga sapaw.

Sama nga ang usa ka kabhang magbuhat og usa ka maanyag nga perlas nga magdala og daku kaayo nga kasakit batok sa langyaw nga mga substanya, adunay usa ka proseso sa pag-antos alang sa mga anak sa Dios nga nakigbisog aron mabawi ang nawala nga imahe sa Dios. Mahimo silang makaadto kauban ang pagtoo nga sama sa lunsayng bulawan kon asa sila makasulod sa Bag-ong Herusalem human lang nga sila makaantos sa mga kalisud ug kasakit samtang nagpuyo niining kalibutan.

Kon gusto natong makuha ang kadalag-an sa pakig-away sa pagtoo ug makalahos sa mga ganghaan sa Siyudad sa Bag-ong Herusalem, kinahanglan natong tanan nga magbuhat og usa ka perlas diha sa atong kasingkasing. Sama sa pag-antos sa kabhang nga perlas kauban ang kasakit ug magpagula sa tipay aron makahimo og usa ka perlas, ang mga anak sad sa Dios kinahanglan nga mag-antos og kasakit hangtud hingpit nga mabawi ang imahe sa Dios.

Kay ang sala nianha sa kalibutan ug ang mga tawo gilamaan sa mga sala og mas kadaghan, ilang nawala ang imahe sa Dios. Diha sa kasingkasing sa mga tawo gipugas ang dautan ug kabakakan, ug ang ilang mga kasingkasing nahugaw, nga nagpagula og mabaho nga lan-og. Gipakita sa Dios nga Amahan and Iyang daku kaayo nga gugma bisan pa niining mga katawohan nga nabuhi sa makakasala nga mga kasingkasing sa makakasala nga kalibutan.

Ang bisan kinsa nga magtoo kang Hesukristo mahinloan sa iyang sala pinaagi sa Iyang dugo. Apan ang klase sa tinuod nga mga anak nga gusto sa Dios nga Amahan mao ang kadtong mga anak nga hingpit nga nagtubo ug nahamtong. Gusto Kaniya ang kadtong dili magtugot sa ilang kaugalingon nga mahugawan og usab human kanilang mahunawan. Sa espirituhanon, kini nagpasabot nga wala na sila nagbuhat og mga sala, apan nagpahimuot sa Dios nga Amahan kauban ang hingpit nga pagtoo.

Ug aron makaangkon niining klase sa hingpit nga pagtoo, kinahanglan natong una nga makaangkon og tinuod nga mga kasingkasing. Makaangkon kita og usa ka tinuod nga kasingkasing kon atong tangtangon ang tanang mga sala ug dautan gikan sa atong kasingkasing ug pun-on kini hinoon sa kamaayo ug gugma. Sa mas kadaghan nga kamaayo ug gugma nga aduna kita, mas nagkadaghan natong nabawi ang imahe sa Dios.

Nagtugot ang Dios nga Amahan og paglimpyo nga mga pagsulay sa Iyang mga anak aron mahimo nilang mapaugmad ang kamaayo ug gugma. Nagtugot Siya nga ilang makaplagan ang mga sala ug dautan sa ilang mga kasingkasing sa daghang mga klase nga mga sitwasyon. Sa atong pagkaplag sa atong mga sala ug dautan, atong mabati ang kasakit sa atong kasingkasing. Kini sama sa usa ka mahait nga sugok nga nagsulod ngadto sa usa ka kuya ug nilahos ngadto sa mahumok nga unod. Apan kinahanglan natong ilhon ang katinuoran nga aduna kita'y mga kasakit inig kaagi nato og mga pagsulay tungod sa mga sala ug dautan diha sa atong kasingkasing.

Kon tinuod nato nga ilhon kining katinuoran, mahimo na nato karong makabuhat og usa ka espirituhanon nga perlas diha sa atong kasingkasing. Madilaabon kitang mag-ampo aron masalikway ang atong mga sala ug dautan nga atong nakaplagan. Unya, ang grasya ug kusog sa Dios mosulod diha kanato. Usab, ang Espiritu Santo magatabang kanato. Ang resulta, ang mga sala ug dautan nga atong nakaplagan tangtangon, ug hinoon, kita makaangkon og espirituhanon nga kasingkasing.

Ang mga perlas bilihon kaayo kon ang proseso sa paghimo kanila gitan-aw og pag-ayo. Sama nga ang mga kabhang kinahanglan nga antuson ang kasakit ug mag-antos aron makahimo og mga perlas, kinahanglan natong mabuntog ug mag-antos og daku nga kasakit aron makasulod sa Bag-ong Herusalem. Mahimo kitang makasulod niining mga ganghaan sa atong pag-angkon lang sa kadalag-an sa pakig-away sa pagtoo. Kining mga ganghaan gibuhat aron magsimbolo niining katinuoran.

Nagsugid kanato ang Sa Mga Hebreohanon 12:4 nga, *"Sa inyong pagpakigbisug batok sa sala kamo, sa inyong pagsukol niini, wala pa kaulai ug dugo."* Ug ang katunga nga bahin sa Ang Pinadayag 2:10 nag-awhag sad kanato nga *"Himoa ang pagkamatinumanon Kanako bisan pa sa kamatayon, ug hatagan Ko ikaw sa korona nga kinabuhi."*

Sumala sa gisugid kanato sa Biblia, mahimo kitang makasulod sa Bag-ong Herusalem, ang pinakamaanyag nga dapit sa langit, kon kita mosukol lang sa sala, ilabay ang tanang mga klase sa dautan, magmatinumanon bisan pa sa kamatayon, ug tumanon ang atong mga katungdanan.

Pagbuntog sa mga pagsulay sa pagtoo

Kinahanglan nato ang pagtoo nga sama sa lunsayng bulawan aron makalahos sa napulog-duha ka mga ganghaan sa Bag-ong Herusalem. Kining klase sa pagtoo dili lang ihatag; kon kita makalahos lang ug makabontog sa mga pagsulay sa pagtoo huna kita pagabalusan niining klase sa pagtoo sama sa usa ka kabhang nga nag-antos sa daku nga kasakit hangtud kini mahimong usa ka perlas. Apan, dili kini sayon nga makadaog sa pagtoo tungod anaa ang mga kaaway nga yawa ug si Satanas nga magsulay sa pagpugong kanato sa pag-angkon og pagtoo sa tanang paagi. Dugang pa, hangtud nga kita magbarog sa bato sa pagtoo, mahimo natong mabati nga ang dalan padulong sa langit lisud ug sakit tungod kita magaatubang og hugot nga mga pakig-away batok sa kaaway nga yawa sama sa aduna kit'ay kabakakan diha sa atong mga kasingkasing.

Bisan pa niana, mabuntog nato kay ang Dios naghatag kanato sa Iyang grasya ug kusog, ug ang Espiritu Santo magatabang og magatultol kanato. Kon kita magbarog sa bato sa pagtoo human pagsunod niining mga tikang, mahimo natong mabuntog ang tanang mga klase sa mga kalisdanan ug mangalipay imbes nga mag-antos.

Ang mga Budhista nga mga monghe nagbunal sa ilang

mga lawas ug "uliponon" sila pinaagi sa mga meditasyon aron malikayan ang tanang mga butang nga kalibutanon. Ang pipila kanila daghang dekada nga nagbuhat sa pagpugong sa ilang kaugalingon o asceticism, ug inig kamatay nila, usa ka morag-perlas nga butang gikan sai lang patay nga lawas ang pagakuhaon. Kini nahulma human ang daghang tuig nga pag-antos ug pagpugong-sa-kaugalingon, sama sa paagi nga ang mga perlas gibuhat sa kuya nga mga kabhang.

Unsa kadaghan ang atong antuson ug pagpugong sa atong mga kaugalingon gikan sa sakit kon kita magsulay nga buy-an ang mga kalibutanan nga kalipay ug pugngan ang kaulag sa lawas sa ato lang kaugalingong kusog? Apan, ang mga anak sa Dios mahimong mabuy-an ang mga kalibutanon nga kalipay og madali kauban ang grasya og kusog sa Dios sa tunga sa pagtrabaho sa Espiritu Santo. Usab, mabuntog nato ang bisan unsang klase sa kalisdanan kauban ang tabang sa Dios, ug kita makadagan sa espirituhanon nga palumba kay ang langit giandam na para kanato.

Busa, ang mga anak sa Dios nga adunay pagtoo dili na kinahanglan mag-antos sa ilang mga pagsulay sa kasakit, apan mabuntog kauban ang kalipay ug pagpasalamat, nga nagpaaabot sa mga panalangin nga ilang madawat sa madaling panahon.

Ang napulog-duha ka perlas nga mga ganghaan alang sa mga mamumuntog sa pagtoo

Ang napulog-duha ka perlas nga mga ganghaan nagsilbi isip nga kadalag-an nga mga arko alang sa mga mamumuntog sa pagtoo, sama sa paagi nga ang mga mananaog nga mga kumander nga nagpauli human ang usa ka malamposon nga mga pakig-away nga nagmartsa sa usa ka monumento nga nagpasidungog sa ilang katakos.

Sa kinaraang mga inadlaw, aron sugaton ug pasidunggan ang mga sundalo ug ang ilang mga kumander nga nagpauli sa kadalag-an, ang mga tawo nagtukod og nagkalainlain nga mga monumento ug mga estruktura ug pangalanan ang kada dapit ngadto sa bayanihon nga mga tawo. Ang mananaog nga heneral pagapasidunggan ug molahos sa usa ka kadalag-an nga arko o ganghaan, nga gisugat sa daghang tawo, nga nagsakay sa usa ka karomata nga gipadala sa hari.

Inig kaabot nila sa piging nga dapit sa tunga sa madinaogon nga pagkanta, ang mga ministro nga naglingkod kauban sa hari ug reyna magsugat kanila. Ang kumander unya manaog gikan sa karomata ug magduko sa iyang hari, ug ang hari magapatindog kaniya ug dayawon ang iyang halangdon nga serbisyo. Sila unya mokaon, moinom, ug makig-ambit sa kalipay sa kadalag-an. Ang kumander mahimong balusan og awtoridad, kabahandi, ug kadungganan nga matandi sa kadtong iyaha sa hari.

Kon ang awtoridad sa usa ka kumander ug sa kasundalohan mao kini kadaku, unsa kaha ka mas kadakuon ang awtoridad sa kadtong molahos sa napulog-duha ka mga ganghaan sa Bag-ong Herusalem? Sila higugmaon ug hatagan og kasulhay sa Amahang Dios ug magapuyo ngadto sa kahangtoran sa himaya nga dili matandi ngadto sa usa ka kumander o mga sundalo nga moagi sa bisan unsang kadalag-an nga arko. Inig kalahos nila sa napulog-duha ka mga ganghaan nga hinimog usa lang kabuok nga perlas, sila gipahanumdom sa ilang paglakaw sa pagtoo sa panahon kon hain sila nakigbisog ug nagsulay sa ilang pinakamaayo, ug nagpatulo sa ilang mga luha nga nagsapo-sapo gikan sa kailawman sa ilang mga kasingkasing sa pagpasalamat.

Ang kadaku sa napulog-duha nga perlas nga mga ganghaan

Sa langit, ang mga tawo dili malimot sa bisan unsang butang bisan pa pagkahuman sa taas nga panahon kay ang langit kabahin sa espirituhanon nga kalibutan. Hinoon, usahay ilang amumahon ang panahon nga naghandom sa niagi.

Mao kana nganong ang katong mosulod sa Bag-ong Herusalem magpuliki sa ilang pagtan-aw sa napulog-duha ka mga ganghaan nga perlas, nga maghunahuna nga, 'Akong nabuntog ang daghang mga pagsulay ug sa katapusan niabot sa Bag-ong Herusalem!' Mangalipay sila sa paghanumdom sa katinuoran nga sila nakigbisog ug sa katapusan nidaog batok sa kaaway nga yawa ug sa kalibutan, ug gitambog pahilayo ang bisan unsa ug tanang kabakakan kanila. Naghatag sila og pasalamat sa Dios nga Amahan og usab, nga naghanumdum sa Iyang gugma nga nagdala kanila aron mabuntog ang kalibutan. Sila sad naghatag sa pasalamat sa katong nitabang kanila hangtud nga ilang maabot kanang dapita.

Niining kalibutan, ang kadakuon sa pagpasalamat usahay hingpit nga magkakupas o magkunhod sa pag-agi sa panahon, apan kay walay insensiridad sa langit, ang pagpasalamat sa mga tawo, kalipay, ug gugma magtubo og samot sa pag-agi sa panahon. Busa, bisan kanus-a ang mga residente sa Bag-ong Herusalem magtan-aw sa perlas nga mga ganghaan, sila mapasalamaton alang sa gugma sa Dios ug sa katong nitabang kanila aron makaabot ngadto.

2. Mga Kalye nga Gibuhat sa Lunsayng Bulawan

Sa paghandom sa mga tawo sa ilang mga kinabuhi niining kalibutan ug paglabay sa halangdon nga gihulma-sa-arko nga perlas nga mga ganghaan, sa katapusan sila nagsulod na sa Bag-ong Herusalem. Ang Siyudad puno sa kahayag sa himaya sa Dios, ang malayo, kadait nga tingog sa pagdayaw sa mga anghel, ug maligdong nga mga kahumot sa mga bulak. Sa ilang paglakaw sa kada tikang ngadto sa Siyudad, mabati nila ang dili mapahayag nga kalipay ug kahimaya.

Gidayan-dayanan ang mga paril sa napulog-duha ka mga batong hamili ug ang maanyag nga perlas nga mga ganghaan nga nahisgotan na. Sa unsa man, unya, gibuhat ang mga kadalanan sa Bag-ong Herusalem? Sumala sa gisugid kanato sa Ang Pindayag 21:21 nga, *"Ug ang kadalanan sa siyudad lunsayng bulawan, matin-aw morag bildo."* Gibuhat sa Dios ang kadalanan sa Bag-ong Herusalem gamit ang lunsayng bulawan alang sa Iyang mga anak nga magasulod sa Siyudad.

Si Hesukristo: Ang Dalan

Niining kalibutan, adunay daghang klase sa mga dalan, nga naghan-ay gikan sa usa ka mahilom nga ikod ngadto sa mga rilis, gikan sa hagip-ot nga mga kadalanan ngadto sa mga highway. Depende sa destinasyon ug sa kinahanglanon, ang mga tawo maglakaw sa nagkalahi nga mga agianan. Aron makaadto sa langit, bisan pa niana, aduna lang usa ka dalan: Si Hesukristo.

"Ako mao ang dalan, ug ang kamatuoran, ug ang kinabuhi; walay bisan kinsa nga makaadto sa Amahan, gawas kon pinaagi Kanako" (John 14:6).

Si Hesus, ang usa ug bugtong nga Anak sa Dios, niabli sa dalan sa kaluwasan pinaagi sa paglansang sa krus para sa tanang tawo, nga mamatay unta sa kahangtoran tungod sa ilang mga sala, ug pagkabanhaw sa ikatulo nga adlaw. Kon kita magtoo ni Hesukristo, kita takos aron madawat ang kinabuhing dayon. Busa, si Hesukristo mao ang bugtong nga dalan ngadto sa langit, ug kinabuhing dayon. Dugang pa, kini mao ang dalan ngadto sa kinabuhing dayon nga dawaton si Hesukristo ug mag-anggid sa Iyang kinaiya.

Bulawan nga mga kadalanan

Sa masigkadaplin sa Suba sa Tubig nga Nagahatag sa Kinabuhi anaa ang mga kadalanan nga nagtugot sa tanang tawo nga sayon lang makita ang trono sa Dios sa walay limit nga langit. Ang Suba sa Tubig nga Nagahatag sa Kinabuhi naggikan sa trono sa Dios ug sa Kordero, nag-agas lahos sa Siyudad sa Bag-ong Herusalem ug ang tanang mga puy-anan sa langit, ug mobalik ngadto sa trono sa Dios.

Unya iyang gipakita kanako ang suba sa tubig nga nagahatag sa kinabuhi, nga matin-aw morag kristal, nga nagagula gikan sa trono sa Dios ug sa trono sa Kordero latas sa taliwala sa kadalanan sa siyudad. Sa masigkadaplin sa suba diha ang kahoy nga nagahatag sa kinabuhi nga may napulog-duha ka matang sa mga bunga, nga nagapamunga matagbulan; ug tambal ang mga dahon sa kahoy alang sa pag-ayo sa kanasuran (Ang Pinadayag 22:1-2).

Sa espirituhanon, ang "tubig" nagsimbolo sa Pulong sa Dios, ug tungod kita makaangkon og kinabuhi pinaagi sa Iyang Pulong ug magpadulong sa dalan sa kinabuhing dayon pinaagi ni Hesukristo, ang Tubig sa Kinabuhi nag-agas gikan sa trono sa Dios ug sa Kordero.

Dugang pa, kay ang Suba sa Tubig nga Nagahatag sa Kinabuhi nagpalibot sa langit, sayon natong maabot ang Bagong Herusalem sa pagsunod lang sa bulawan nga mga kadalanan sa magsigkadaplin sa Suba.

Ang kamahinungdanon sa bulawan nga mga kadalanan

Ang bulawan nga mga kadalanon wala lang gibutang sa Bagong Herusalem, apan usab sa tibuok nga dapit sa langit. Bisan pa niana, sama nga ang kasilak, mga materyal, ug kaanyag nagkalahi gikan sa kada puy-anan ngadto sa uban, ang kasilak sa bulawan nga mga kadalanan nagkalahi sad sa kada puy-anan.

Ang lunsayng bulawan sa langit, dili pareho sa bulawan nga makita niining kalibutan, dili mahumok kondili magahi. Apan, kon kita maglakaw niining bulawan nga mga kadalanan, kini mabati nga humok kaayo. Dugang pa, sa langit walay abog o bisan unsang kahugaw, ug kay walay bisan unsa nga madunot, ang bulawan nga mga kadalanan dili gayud maguba. Sa magsigdaplin sa mga kadalanan namulak ang maanyag nga mga bulak ug sila mag-abi-abi sa mga anak sa Dios nga naglakaw sa mga kadalanan.

Unsa man, unya, ang kamahinungdanon ug rason sa pagbuhat sa mga kadalanan gamit ang lunsayng bulawan? Kini mao nga aron pahanumdumon kita nga sa pagkahinlo sa ilang mga kasingkasing, sa mas maayo nga dapit sulod sa langit sila magapuyo. Dugang pa, kay kita makasulod lang sa Bag-ong Herusalem kon kita moabanse ngadto sa Siyudad kauban ang pagtoo ug paglaum, gibuhat sa Dios ang mga kadalanan gamit ang lunsayng bulawan, kon hain nagpasabot sa espirituhanon nga pagtoo ug ang madilaabon nga paglaum nga gidala gikan niining pagtoo.

Bulak nga mga dalan

Sama nga adunay mga kalahian sa paglakaw sa bag-o nga gihabasan nga balilihan, mga bato, sementado nga mga dalan, ug uban pa, adunay kalahian taliwala sa paglakaw sa bulawan nga mga kadalanan ug bulak nga mga dalan. Aduna sad uban pang mga dalan nga gibuhat sa mga batong hamili, ug adunay pagkalahi sa kalipayan nga mabati inig kalakaw kanila. Ato sad mamatikdan nga kalahian sa kasulhay sa nagkalainlain nga mga paagi sa transportasyon sama sa eroplano, tren, o bus, ug kini sama sad sa langit. Ang paglakaw sa mga dalan sa atong kaugalingon hingpit nga lahi gikan sa awtomatik nga pagdala kanato pinaagi sa gahom sa Dios.

Ang bulak nga mga dalan sa langit wala ang mga bulak sa

magsigdaplin sa mga dalan kay ang mga dalan mismo gibuhat sa mga bulak aron nga ang mga tawo makalakaw sa mga bulak. Kini mabati nga humok ug gapason sama sa paglakaw sa usa ka mahumok nga almpombra nga nagtinil lang. Ang mga bulak dili maguba o malaya kay ang atong mga lawas espirituhanon nga mga lawas nga gaan kaayo, ug ang bulak dili miyatakan.

Dugang pa, ang langitnon nga mga bulak mangalipay ug magpagula sa ilang mga kahumot inig lakaw sa mga anak sa Dios kanila. Busa, kon sila maglakaw sa bulak nga mga dalan, ang mga kahumot mosurop ngadto sa ilang mga lawas aon nga ang ilang mga kasingkasing maghimaya, mabag-o, ug mangalipay.

Mga dalan nga Batong Hamili

Ang mga dalan gibuhat sa mga batong hamili gamit ang daghang mga kalse sa masilakon nga mga kolor ug puno sa maanyag nga mga kahayag, ug, unsa ang mas interesante, sila nagsidlak og mas maanyag nga mga kahayag inig lakaw kanila sa mga espirituhanon nga mga lawas. Bisan pa ang mga batong hamili nagpagula og mga kahumot, ug ang kalipay ug kasadya nga mabati lapas sa pagsabot. Usab, atong mabati ang diotay nga kahinam inig kalakaw sa batong hamili nga mga dalan kay mabati kini nga morag naglakaw sa tubig. Apan, kini wala nagpasabot nga atong mabati nga morag naglugdang kita ngadto sa tubig o malunod, apan hinoon mabati ang kahimayaan sa kada tikang ng adunay kadiotayan nga paghawid.

Bisan pa niana, atong makita ang mga dalan nga batong hamili sa pat-od lang nga mga dapit sa langit. Sa ubang mga pulong, sila gibalusan sa sulod ug gawas sa balay sa katong nag-anggid sa kasingkasing sa Dios ug nakaambag ug daku kaayo sa pagpatuman sa kabubut-on sa Dios sa pagpaugmad sa katawohan. Kini sama sa paagi nga bisan ang usa ka gamay nga agianan gidayan-dayanan gamit ang elegante nga mga dekorasyon nga gibuhat sa pinakataas-nga-kalidad nga mga materyales sa usa ka kastilyo o palasyo sa hari.

Ang mga tawo dili kapuyon o laayan sa bisan unsang butang sa langit apan higugmaon ang tanang butang sa kahangtoran kay kini mao ang espirituhanon nga kalibutan. Usab, ilang mabati ang labing kasadya ug kalipay kay bisan ang usa ka gamay nga butang adunay napasok nga espirituhanon nga kamahinungdanon, ug ang gugma ug pagdayeg sa mga tawo nan magkadaku.

Unsa kamaanyag ug kahibulongan ang Bag-ong Herusalem! Giandam kini sa Dios alang sa iyang pinalangga nga mg anak. Bisan pa ang mga tawo sa Paraiso ug sa Una, Ikaduha, ug Ikatulo nga mga Gingharian sa Langit magkalipay og daku kon sila moagi ngadto sa perlas nga mga ganghaan kauban ang imbetasyon ngadto sa Bag-ong Herusalem.

Imo kahang mahanduraw kon unsa ka mas labing daku ang pagpasalamat ug kalipay sa mga anak sa Dios mahitungod niining katinuoran nga sila moabot sa Bag-ong Herusalem isip nga resulta sa ilang pagkamatinumanon sa pagsunod sa Ginoo, ang tinuod nga dalan?

Tulo ka mga yawi aron makasulod sa Siyudad sa Bag-ong Herusalem

Ang Bag-ong Herusalem usa ka kubiko-nga-hulma nga

siyudad nga ang iyang gilapdon, gilay-on, ug gitas-on tanan 2,400 km. Ang siyudad aduna sa kinatibuk-an og napulog-duha ka mga ganghaan ug napulog-duha ka patukoranan nga mga bato. Ang paril sa siyudad, ang napulog-duha ka mga ganghaan, ug ang napulog-duha ka patukoranan nga mga bato adunay espirituhanon nga mga kahulogan. Kon atong masabtan ang katong mga kahulogan ug matuman sila sa atong mga kasingkasing, maangkon nato ang espirituhanon nga mga katakos aron makasulod sa Bag-ong Herusalem. Niining hunahuna, ang katong espirituhanon nga mga kahulogan mao ang mga yawi aron makasulod sa Siyudad sa Bag-ong Hersualem.

Ang unang yawi aron makasulod sa Bag-ong Herusalem nakatago sa sulod sa paril sa siyudad. Sumala sa gitala sa Ang Pinadayag 21:18 nga, *"Ang paril hinimog batong haspe; samtang ang siyudad lunsayng bulawan, matin-aw morag bildo,"* ang paril sa siyudad hinimog haspe, kon hain espirituhanon nga nagsimbolo sa pagtoo aron mapahimuot ang Dios.

Ang pagtoo mao ang pinakasukaranon ug kinahanglan nga butang sa Kristohanon nga kinabuhi. Kon walay pagtoo dili kita maluwas ug dili nato mapahimuot ang Dios. Aron makasulod sa Siyudad sa Bag-ong Herusalem, kinahanglan natong makaangkon sa pagtoo na makapahimuot sa Dios—ang ikalima nga lebel pagtoo, kon hain mao ang pinakataas nga lebel sa pagtoo. Busa, ang unang yawi mao ang unang lebel sa pagtoo—ang pagtoo aron mapahimuot ang Dios.

Ang ikaduha nga yawi makaplagan sa napulog-duha ka patukoranan nga mga bato. Ang paghiusa sa espirituhanon nga mga kasingkasing nga girepresentar sa napulog-duha ka patukoranan nga mga bato mao ang hingpit nga gugma, ug kining hingpit nga gugma mao ang ikaduha nga yawi sa Bag-ong Herusalem.

Ang napulog-duha ka mga patukoranan gibuhat sa napulog-duha ka nagkalainlain nga mga batong hamili. Ang matag-usa ka batong hamili sa napulog-duha ka mga patukoranan nagsimbolo sa usa ka pat-ud nga klase sa espirituhanon nga kasingkasing. Kini sila mao ang mga kasingkasing sa pagtoo, pagkamaligdong, pagsakripisyo, pagkamatarung, pagkamatinumanon, mabination, kalooy, pagpailob, kamaayo, pagpugong-sa-kaugalingon, pagkalunsay, ug pagkamapuanguron. Kon atong paghiusahon kining tanan nga mga kinaiya, kini mahimo nga kasingkasing ni Hesukristo ug sa Dios nga Amahan kon kinsa mao ang gugma mismo. Sa kasumahan, ang ikaduha nga yawi aron makasulod sa Bag-ong Herusalem mao ang hingpit nga gugma.

Ang ikatulo nga yawi nga nakatago sa Siyudad sa Bag-ong Herusalem mao ang napulog-duha ka perlas nga mga ganghaan. Pinaagi sa perlas, gusto sa Dios nga kita maka-amgo kon unsaon nato makasulod ngadto sa Bag-ong Herusalem. Ang perlas gibuhat og lahi kaayo gikan sa ubang mga batong hamili. Ang tanan nga bulawan, pilak, ang bilihon nga mga alahas nga nagbuhat sa 12 ka patukoranan nga mga bato, sila tanan naggikan sa yuta. Apan ang perlas walay-tumbas nga gibuhat gikan sa usa ka buhi nga butang.

Ang kadaghanang mga perlas gibuhat sa perlas nga mga kuya. Ang perlas nga kuya nag-antos og kasakit ug nagpagula sa tipay aron makabuhat og usa ka perlas. Sa samang paagi, ang mga anak sa Dios kinahanglan sad nga mag-antos og kasakit hangutd sila hingpit nga makabawi sa imahe sa Dios.

Gusto sa Dios nga Amahan nga maangkon katong mga anak nga dili maghugaw sa ilang kaugalingon og usab human sila mahunawan pinaagi sa dugo ni Hesukristo, apan hinoon pahimut-on ang Amahang Dios kauban ang hingpit nga pagtoo. Aron maangkon kining hingpit nga pagtoo kinahanglan aduna kita'y tinuod nga kasingkasing. Mahimo kitang makaangkon og tinuod nga kasingkasing kon atong tangtangon ang tanang mga sala gikan sa atong kasingkasing ug hinoon pun-on kini sa kamaayo ug gugma.

Mao kana nganong ang Dios nagtugot kanato og mga pagsulay sa pagtoo hangtud kita makaangkon og tinuod nga kasingkasing ug hingpit nga pagtoo. Iya kitang tugotan nga makaplagan ang atong mga sala ug kadaut sa atong mga kasingkasing sa daghang mga klase sa mga sitwasyon. Kon atong makaplagan ang atong mga sala ug kadaut, atog mabati ang kasakit sa atong kasingkasing. Sama kini kon ang usa ka mahait nga sugok mosulod sa usa ka kuya ug molahos ngadto sa mahumok nga unod. Sama sa pareho nga paagi nga ang perlas nga kuya motabon sa inayran nga sugok og pila ka sapaw sa tipay nga nagdugang og kabaga sa kada pagsapaw, kon kita moagi og mga pagsulay sa pagtoo, ang tipay sa atong kasingkasing magkabaga. Sama nga ang usa ka perlas nga kuya magbuhat ug usa ka perlas, kitang mga tumuluo kinahanglan sad nga magbuhat og espirituhanon nga perlas aron makasulod sa Bag-ong Herusalem. Kini mao ang ikatulo nga yawi aron makasulod sa Bag-ong Herusalem.

Ang Napulog-duha ka Perlas nga mga Ganghaan ug ang Bulawan nga Kadalanan

Akong gihandom kanimo nga imong masabtan ang espirituhanon nga mga kahulogan nga napasok sa paril sa siyudad sa Bag-ong Herusalem, ang napulog-duha ka mga ganghaan sa paril, ug ang napulog-duha ka patukoranan nga mga bato, ug maangkon ang tulo ka mga yawi aron makasulod sa Bag-ong Herusalem pinaagi sa pag-angkon og espirituhanon nga mga katakos.

Kapitulo 7

Ang Mabihagon nga Talan-awon

1. Walay Kinahanglan alang sa Sinadlaw o Bulanon
2. Ang Kahimayaan sa Bag-ong Herusalem
3. Sa Kahangtoran Magapuyo kauban ang Ginoo ang Atong Pamanhonon
4. Ang Himaya sa mga Residente sa Bag-ong Herusalem

"Ug wala akoy nakitang templo sa siyudad, kay ang templo niini mao man ang Ginoong Dios nga Makagagahum sa Tanan ug ang Kordero. Ug ang siyudad wala na magkinahanglan ug Adlaw o Bulan sa pagdan-ag kaniya, kay ang himaya sa Dios mao man ang iyang kahayag, ug ang iyang suga mao man ang Kordero. Pinaagi sa kahayag sa siyudad managpanglakaw ang mga kanasuran; ug ang mga hari sa yuta managdala sa ilang himaya ngadto niini. Ug ang iyang mga pultahan dili gayud pagasirhan sa maadlaw (kay wala may gabii didto); ug ilang pagadad-on ngadto niini ang himaya ug kadungganan sa kanasuran; apan dinhi niini walay bisan unsang mahugaw nga pasudlon, ni ang nagabatasan sa malaw-ay o sa pagpamakak, kondili sila lamang nga nahisulat diha sa libro nga iya sa Kordero, sa libro sa kinabuhi."

- Ang Pinadayag 21:22-27 -

Ang Mabihagon nga Talan-awon

Ang apostol nga si Juan, nga mao ang gipakitaan sa Espiritu Santo sa Bag-ong Herusalem, detalyado nga gitala ang talan-awon sa Siyudad samtang nagtan-aw niini gikan sa usa ka taas nga dapit. Gikahidlawan man ni Juan nga makita ang sulod sa Bag-ong Herusalem, ug diha sa katapusan nga nakit-an na niya ang sulod sa Siyudad kon asa ang talan-awon maanyag kaayo, kini nagbutang kaniya sa usa ka mahimayaon nga estado.

Kon aduna kita'y katakos nga makasulod sa Bag-ong Herusalem ug magbarog sa atubang sa mga ganghaan, atong makita nga moabli ang gihulma-sa-arko nga perlas nga ganghaan, kon hain daku kaayo nga dili nato makit-an ang kinatumyan niini.

Nianang panahona, ang dili-mapadayag nga maanyag mga mga kahayag gikan sa Siyudad sa Bag-ong Herusalem manggawas ug magpalibot sa atong mga lawas. Atong mabati dayon ang daku nga gugma sa Dios ug dili mapugngan ang mga luha nga mag-agas.

Sa pagbati nato sa nag-awas nga gugma sa Dios nga Amahan nga nagpanalipod nato gamit ang Iyang nagdilaab nga mga mata, ang grasya sa Dios nga nagpasaylo kanato gamit ang Iyang Dugo sa krus, ug ang gugma sa Espiritu Santo nga nagpuyo diha sa atong mga kasingkasing, nga nagdala kanato nga mabuhi sa kamatuoran, kita magahatag og walay-kahangtoran nga himaya ug pasidungog.

Ato karong susihon ang mga detalye sa Siyudad sa Bag-ong Herusalem base sa gitaho ni apostol Juan.

1. Walay Kinahanglan alang sa Sinadlaw o Bulanon

Ang apostol nga si Juan, nga nagtan-aw sa talan-awon sa sulod sa Bag-ong Herusalem nga napuno sa himaya sa Dios, nagkompisal sa mga masunod:

> *Ug ang siyudad wala na magkinahanglan ug Adlaw o Bulan sa pagdan-ag kaniya, kay ang himaya sa Dios mao man ang iyang kahayag, ug ang iyang suga mao man ang Kordero* (Ang Pinadayag 21:23).

Ang Bag-ong Herusalem napuno sa himaya sa Dios kay ang Dios mismo sa Iyang kaugalingon magapuyo ug magahari sa Siyudad, ug sa sulod niini anaa ang taluktok sa espirituhanon nga kalibutan kon hain giporma sa Dios ang Iyang kaugalingon ngadto sa Trinidad (Tulo ka Porma) alang sa pagpaugmad sa katawohan.

Ang himaya sa Dios nagsidlak sa Bag-ong Herusalem

Ang rason nganong gibutang sa Dios ang Adlaw ug ang Bulan alang niining kalibutan aron mailhan nato ang maayo ug dautan, ug mailhan ang espiritu gikan sa unod pinaagi sa kahayag ug sa kadulom aron kita mabuhi isip nga tinuod nga mga anak sa Dios. Nakahibalo Siya sa tanang butang mahitungod sa espiritu ug sa unod, ug sa maayo ug sa dautan, apan ang mga katawohan dili maka-amgo niining mga butanga nga walay pagpaugmad sa tawo kay sila mga binuhat lamang.

Sa katong ang unang tawo nga si Adan anaa pa sa Hardin sa Eden sa wala pa ang pagpaugmad sa tawo, dili siya mahimong makahibalo mahitungod sa dautan, kamatayon, kadulom, gutom, o sakit. Mao kana nganong dili niya mahagkom ang tinuod nga kahulogan ug kalipayan sa kinabuhi o magpasalamaton sa Dios nga naghatag kaniya sa tanang butang, bisan pa nga ang iyang kinabuhi dagaya kaayo.

Aron mailhan ni Adan ang tinuod nga kalipay, kinahanglan niyang magpatulo og mga luha, mangasubo, mag-antos gikan sa kasakit ug mga sakit, ug makasinati sa kamatayon, ug kini mao ang proseso sa pagpaugmad sa tawo. Palihog tan-awa sa *"Ang Mensahe sa Krus"* alang sa dugang nga mga detalye.

Sa katapusan, gibuhat ni Adan ang sala sa pagkamasupilon pinaagi sa pagkaon gikan sa kahoy sa pag-ila sa maayo ug sa dautan, gipagula padulong niining kalibutan, ug nakasinati sa kalabotan niini. Pagkahuman lang niana nga mahimo niyang masabtan kon unsa ka dagaya, kamalipayon, ug kamaanyag sa iyang kinabuhi didto sa Hardin sa Eden, ug magpasalamat sa Dios sa iyang tinuod nga kasingkasing.

Ang Iyang mga kaliwat nailhan sad ang kahayag ug kadulom, espiritu ug unod, ang maayo ug dautan pinaagi sa pagpaugmad sa tawo samtang nakasinati sa daghang mga kalse sa mga kalisdanan. Busa, inig kadawat nato og kaluwasan og pag-adto sa langit, ang kahayag sa Adlaw o sa Bulan nga gikinahanglan alang sa pagpaugmad sa tawo dili na kinahanglan.

Kay ang Dios mismo sa Iyang kaugalingon ang magapuyo sa sulod sa Siyudad sa Bag-ong Herusalem, wala na'y kadulom gayud. Dugang pa, ang kahayag sa himaya sa Dios ang pinakanagsidlak sa Bag-ong Herusalem, gani natural lang nga, ang Siyudad dili na magkinahanglan sa Adlaw o sa Bulan o sa bisan unang mga suga o kahayag aron magdan-ag sa ibabaw niini.

Ang Kordero nga mao ang suga sa Bag-ong Herusalem

Dili makita ni Juan ang bisan unsang butang nga nagpagula og kahayag sama sa Adalw o sa Bulan, o bisan unsang klase sa mga bombilya nga suga. Kini mao tungod si Hesukristo, nga mao ang Kordero, nahimong suga sa Siyudad sa Bag-ong Herusalem.

Kay gibuhat sa unang tawo nga si Adan ang sala sa pagkamasupilon, ang katawohan nahagbong ngadto sa dalan sa kamatayon (Mga Taga-Roma 6:23). Gipadala sa Dios sa gugma si Hesus niining kalibutan aron maresolba kini nga problema sa sala. Si Hesus, ang Anak sa Dios nga niari sa unod niining kalibutan, gihinlo ang atong mga sala pinaagi sa pagpaagas sa Iyang dugo, ug nahimong una nga bunga sa pagkabanhaw pinaagi sa pagguba sa gahom sa kamatayon.

Isip nga resulta, ang katong modawat ni Hesus isip nga ilang personal nga Manluluwas magadawat sa kinabuhi ug mahimong makigbahin sa pagkabanhaw, mangalipay sa kinabuhing dayon sa langit, ug dawaton ang mga tubag sa bisan usang ilang pangayuon niining kalibutan. Dugang pa, ang mga anak sa Dios mahimo nang kahayag sa kalbotan pinaagi sa pagkabuhi sa kahayag sa ilang mga kaugalingon, ug maghatag og himaya sa Dios pinaagi ni Hesukristo. Sa ubang mga pulong, sama sa paagi nga ang usa ka suga makapagula og kahayag, ang kahayag sa himaya sa Dios nagsidlak og mas kahayag pinaagi ni Hesukristo.

2. Ang Kahimayaan sa Bag-ong Herusalem

Kon kita magtan-aw sa Siyudad sa Bag-ong Herusalem gikan sa layo, atong makita ang maanyag nga mga dakbalay nga gibuhat sa daghang mga klase sa bilihon nga mga bato ug bulawan pinaagi sa mga panganod sa himaya. Ang tibuok nga Siyudad morag buhi tungod sa nagsagol nga daghang mga klase sa kahayag: ang mga kahayag nga mogula gikan sa mga balay nga gibuhat sa bilihon nga mga bato; ang kahayag sa himaya sa Dios; ug ang mga kahayag nga mogula gikan sa mga paril nga gibuhat sa haspe ug lunsayng bulawan sa matin-aw ug asulon nga mga kolor.

Unsaon kaha nato pagpahayag sa pulong sa atong pagbati ug kahinaman sa pagsulod sa Bag-ong Herusalem? Ang Siyudad maanyag kaayo, masilakon, ug mahimayaon nga lapas sa paghanduraw. Taliwala sa Siyudad anaa ang trono sa Dios, kon asa naggikan ang Suba sa Tubig nga Nagahatag sa Kinabuhi. Sa palibot sa trono sa Dios anaa ang mga balay nila ni Elias, Henoch, Abraham, ug Moises, Maria Magdalena, ug sa Birheng Maria, kini sila tanan hilabihan nga gihigugma sa Ginoo.

Ang kastilyo sa Ginoo

Ang kastilyo sa Ginoo makita sa too nga bahin ug patiubos sa trono sa Dios, kon asa ang Dios nagpabilin alang sa mga pagsimba nga serbisyo o mga piging sa Siyudad sa Bag-ong Herusalem. Sa kastilyo sa Ginoo, anaa ang usa ka daku nga dakbalay nga dunay bulawan nga atop sa tunga, ug sa palibot niini walay katapusan nga nagkatag ang daghang mga klase sa mga dakbalay. Hilabina, adunay daghang mga krus sa himaya, nga gilibotan sa masilakon nga mga kahayag, sa ibabaw sa bulawan, gihulma-sa-simboryo nga mga atop. Kini sila nagpahanumdom nato nga nidawat kita og kaluwasan ug niabot sa langit tungod kay gipas-an ni Hesus ang krus.

Ang dakung dakbalay sa tunga usa ka silindro-nga-hulma nga estruktura, apan kay tungod kini gidayan-dayanan gamit ang daghang gibuhat-sa-mahumok nga bilihong mga bato, ang maanyag nga mga kahayag ang nagsidlak gikan sa matag-usa nga bilihon nga bato nga magsagol aron makabuhat og mga kolor sa bangaw. Kona tong itandi ang kastilyo sa Gnoo sa bisan unsang gibuhat-sa-tawo nga mga dakbalay niining yuta, kini sama sa dayag sa St. Basil's Cathedral nga anaa sa Moscow, Russia. Bisan pa niana, ang estilo, mga materyales, ug kadakuon dili posible nga makumpara sa pinakamasilakon nga dakbalay nga gidensiyo gayud o gitukod niining kalibutan.

Walay labot niining dakbalay nga anaa sa tunga, adunay daghang mga dakbalay sa kastilyo sa Ginoo. Ang Dios nga Amahan mismo sa Iyang kaugalingon ang naghatat niining mga dakbalay aron nga ang katong adunay duol nga relasyon sa espiritu mahimong makapuyo kauban ang ilang mga hinigugma. Naglinya sa atubang sa kastilyo sa Ginoo ang mga balay sa napulog-duha ka mga disipolo. Sa atubang anaa ang mga balay ni Pedro, Juan, Santiago, ug ang mga balay sa ubang mga disipolo nagtindog sa likod niini. Unsa ang espesyal mao nga adunay mga duog para kang Maria Magdalena ug sa Birheng Maria aron makapuyo sa kastilyo sa Ginoo. Lagi, kining mga duog temporaryo nga para sa duha ka babaye aron mapuy-an kon sila paga-imbitahan sa Ginoo, ug ang ilang tinuod nga sama-sa-kastilyo nga mga puy-anan makita duol sa trono sa Dios.

Ang kastilyo sa Espiritu Santo

Sa wala nga bahin ug pailalom sa trono sa Dios mao ang kastilyo sa Espiritu Santo. Kining mala-higante nga kastilyo nagrepresentar sa maaghop ug mahumok, sama-sa-inahan nga mga kinaiya sa Espiritu Santo nga adunay daghang maduyugon nga gihulma-sa-simboryo nga mga dakbalay sa nagkalainlain nga mga kadakuon.

Ang atop sa pinakadaku nga dakbalay sa tunga sa kastilyo sama sa usa ka daku nga piraso sa kornalina, kon asa nagpasabot sa pagkamabination. Sa palibot sa dakbalay nag-agas ang Suba sa Tubig nga Nagahatag sa Kinabuhi nga naggikan sa trono sa Dios ug sa kastilyo sa Ginoo.

Ang tanang mga kastilyo sa Bag-ong Herusalem dagku kaayo ug masilakon lapas sa pagsukod, apan ang kastilyo sa Ginoo ug sa Espiritu Santo hilabihan nga masilakon ug maanyag. Ang ilang kadakuon duol sa usa ka siyudad kaysa usa ka kastilyo, ug sila gitukod sa usa ka espesyal kaayo nga estilo. Mao kini tungod, dili sama sa mga balay nga gitukod sa mga anghel, sila gitukod sa Dios nga Amahan mismo sa Iyang kaugalingon. Dugang pa, sama sa kastilyo sa Ginoo, ang balay sa katong gihiusa sa Espiritu Santo ug gituman ang gingharian sa Dios sa tempo sa Espiritu Santo, maanyag nga gibuhat sa palibot sa kastilyo sa Espritu Santo.

Ang Kinadak-an nga Sangtuwaryo

Adunay daghang mga dakbalay nga anaa sa ilalom sa pagtukod sa palibot sa kastilyo sa Espiritu Santo, ug adunay usa ka masilakon ug daku nga dakbalay. Kini adunay usa ka lingin nga atop ug napulog-duha ka tag-as nga mga haligi, ug adunay napulog-duha ka dagku nga mga ganghaan taliwala sa mga haligi. Kini mao ang Kinadak-an nga Sangtuwaryo nga gibuhat pagkahuman sa Siyudad sa Bag-ong Herusalem.

Bisan pa niana, Si Juan nag-ingon sa Ang Pinadayag 21:22 nga, *"Ug wala akoy nakitang templo sa siyudad, kay ang templo niini mao man ang Ginoong Dios nga Makagagahum sa Tanan ug ang Kordero."* Nganong dili man makakita ni Juan og templo? Ang mga tawo sa kasagaran maghunahuna nga kinahanglan sa Dios og usa ka duog nga puy-an, kanang sa usa ka templo sama sama nato nga magkinahanglan og puy-anan. Busa, niining kalibutan, kita nagsimba Kaniya sa mga sangtuwaryo kon asa ang Pulong sa Dios giwali.

Sumala sa gideklara sa Juan 1:1, *"Sa sinugdan mao na ang Pulong, ug ang Pulong uban sa Dios, ug Dios ang Pulong,"* kon asa ang Pulong, didto anaa ang Dios; kon asa man giwali ang Pulong mao ang sangtuwaryo. Bisan pa niana, ang Dios mismo sa Iyang kaugalingon magapuyo sa Siyudad sa Bag-ong Herusalem, busa walay uban pang templo ang kinahanglan. Busa, pinaagi sa apostol nga si Juan, gipahibalo kita sa Dios nga dili kinahanglan ang templo ug kanang ang Dios ug ang Ginoo mao ang templo sa Bag-ong Herusalem.

Unya, kita nahabilin nga mahibulong, ngano man nga ang usa ka Kinadak-an nga Sangtuwaryo nga wala sa panahon ni apostol Juan, gitukod karon? Sumala sa atong makita sa Mga Buhat 17:24 nga, *"Ang Dios nga mao ang nagbuhat sa kalibutan ug sa tanang butang nga anaa niini, maingon nga Ginoo man siya sa langit ug sa yuta, wala magpuyo diha sa mga templo nga binuhat sa kamot,"* ang Dios wala nagpuyo sa usa ka partikular nga templo nga dakbalay.

Sama niini, bisan pa nga ang trono sa Dios anaa sa langit, gusto gihapon Kaniyang magtukod sa Kinadak-san nga Sangtuwaryo nga nagpresentar sa Iyang himaya; ang Kinadak-an nga Sangtuwaryo mahimong solido nga ebidensya sa pagpadayag sa gahom sa Dios ug himaya sa tibuok kalibutan.

Karon, adunay daghang dagku ug masilakon nga mga dakbalay niining yuta. Ang mga tawo namuhunan sa dagkung kantidad nga kuwarta ug magtukod sa maanyag nga mga estruktura alang sa ilang kaugalingong himaya ug sumala sa ilang kaugalingong gipaninguhaan, apan walay nagbuhat sa parehong butang alang sa Ginoo, kon kinsa tinuod nga takos sa pagpakahimaya. Busa, gusto sa Dios magtukod sa maanyag ug masilakon nga Kinadak-an nga Sangtuwaryo pinaagi sa Iyang mga anak nga nidawat sa Espiritu Santo ug gipabalaan. Gusto unya, Kaniya nga tarong nga himayaon sa mga tawo sa tanang mga kanasuran pinaagi niini (1 Mga Cronicas 22:6-16).

Sama niini, inig katukod sa maanyag nga Kinadak-an nga Sangtuwaryo pinaagi sa gusto sa Dios, ang tanang tawo gikan sa tanang kanasuran himayaon ang Dios ug iandam ang ilang kaugalingon isip nga pangasaw-onon sa Ginoo aron dawaton Siya. Mao kana nganong giandam sa Dios ang Kinadak-an nga Sangtuwaryo isip nga sentro sa ebanghilisasyon aron dal-on ang dili-maihap nga mga tawo sa dalan sa kaluwasan, ug dal-un sila sa Bag-ong Herusalem sa katapusan sa panahon. Kon masabtan nato kining kabubut-on sa Dios, nga itukod ang Kinadak-an nga Sangtuwaryo, ug maghatag og himaya sa Dios, pagabalusan kita Kaniya sumala sa atong binuhatan ug itukod ang sama nga Kinadak-an nga Sangtuwaryo sa Siyudad sa Bag-ong Herusalem.

Busa, sa pagtan-aw sa Kinadak-an nga Sangtuwaryo nga gibuhat sa bilihon nga mga bato ug bulawan nga dili matandi sa bisan unsang kalibutanon nga mga materyales, ang katong musulod sa langit magmapasalamaton sa kahangtoran alang sa gugma sa Dios nga nagdala nato sa dalan sa himaya ug panalangin pinaagi sa pagpaugmad sa tawo.

Langitnon nga mga balay nga gidekorasyonan gamit ang mga batong hamili ug bulawan

Sa palibot sa kastilyo sa Espiritu Santo anaa ang mga balay nga gidekorasyonan gamit ang daghang mga klase sa malahalon nga bato, ug aduna sad og daghang mga balay nga anaa pa sa ilalom sa pagtukod. Makita nato ang daghang mga anghel nga nagtrabaho, nga nagbutang og maanyag nga mga batong hamili didto og diri o naghawan sa dapit sa mga balay. Niining paagi, ang Dios magahatag og balus sumala sa mga binuhatan sa kada indibidwal ug ibutang sila sa ilang mga balay.

Sa makausa ang Dios nagpakita nako og mga balay sa duha ka matinumanon kaayo nga mga alagad niining iglesia. Ang usa kanila usa ka kakuhaan sa daku nga kabaskog sa iglesia pinaagi sa pag-ampo adlaw ug gabii alang sa gingharian sa Dios, ug ang Iyang balay gitukod gamit ang kahumot sa pag-ampo ug pagpailob, ug kini gidekorasyonan gikan sa agianan gamit ang masilakon nga mga batong hamili.

Usab, aron mapahiluna ang iyang matam-is nga mga kinaiya, adunay usa ka lamesa sa usa ka eskina sa hardin kon hain siya mahimong magkuha og panahon aron mag-tsa kauban ang iyang mga hinigugma. Adunay daghang mga klase sa gagmay nga mga bulak sa nagkalahi nga mga kolor sa mga sagbot sa kahawanan. Kini naghulagway lang sa agianan ug hardin sa balay atong tawhana. Imo ba kahang mahanduraw kon unsa ka mas masilakon ang punoan nga dakbalay?

Ang usa pa ka balay nga gipakita kanako sa Dios gipanagiyahan sa usa ka alagad nga naghalad sa iyang kabuhi sa literaryo nga ebanghelisasyon niining yuta. Akong makita ang usa ka kuwarto nga sakop sa daghan pa sa punoan nga dakbalay. Adunay lamesa, lingkoranan, ug usa ka kandelero, kining tanang gibuhat sa bulawan, ug daghang mga libro niining kuwarto. Mao kini aron balusan ug hanumdumon ang iyang trabaho sa paghimaya sa Dios pinaagi sa literayo nga ebanghelisasyon, ug tungod kay ang Dios nakahibalo nga siya nangalipay og pag-ayo sa pagbasa.

Sama niini, dili lang iandam sa Dios ang atong langitnon nga mga balay apan usab maghatag kanato og maanyag nga mga butang nga dili nato mahanduraw aron kita balusan alang sa pagsalikway ug pagbiya sa atong kalibutanon nga mga kalipay niining yuta aron hingpit nga mahalad ang atong mga kaugalingon sa pagtuman sa gingharian sa Dios.

3. Sa Kahangtoran Magapuyo kauban ang Ginoo ang Atong Pamanhonon

Sa siyudad sa Bag-ong Herusalem, daghang mga klase sa mga piging, apil ang usa nga gipahigayon sa Dios nga Amahan, ang kanunay nga gipahiyagon. Mao kini tungod kay ang katong nagpuyo sa Bag-ong Herusalem mahimong maimbita ang mga igsoon nga lalaki og babaye nga nagpuyo sa ubang mga puy-anan sa langit.

Unsa kaha kini kamahimayaon ug kamalipayon ang makapuyo sa Bag-ong Herusalem ug maimbita sa Ginoo aron makig-ambit sa gugma kauban Kaniya ug magtambong sa lami nga mga piging!

Mainit nga pagsugat sa kastilyo sa Ginoo

Kon ang mga tawo sa Bag-ong Herusalem imbitahon sa Ginoo ang ilang pamanhonon, ilang dayan-dayanan ang ilang mga kaugalingon isip nga pinakamaanyag nga mga pangasaw-onon ug kauban ang malipayon nga mga kasingkasing magtapok sa kastilyo sa Ginoo. Inig kaabot niining mga pangasaw-onon sa Ginoo sa Iyang kastilyo, duha ka mga anghel sa magsigdaplin sa sinaw nga punoan nga ganghaan matinahoron nga magsugat kanila. Niining panahona, ang kahumot gikan sa mga paril nga gidekorasyonan sa daghang mga batong hamili ug mga bulak magpalibot sa ilang mga lawas aron magdugang sa ilang kalipay.

Inig kasulod sa punoan nga ganghaan, ang tingog sa pagdayaw nga nagtandog sa pinakailalom nga bahin sa espiritu mahinay nga madungog. Unya, inig kadungog niining tingog, ang pagdait, kalipay, ug pagpasalamat alang ga gugma sa Dios ang nag-apaw sa ilang mga kasingkasing kay sila nakahibalo nga Iya silang gidala ngadto.

Samtang sila naglakaw sa bulawan nga dalan nga tin-aw morag bildo aron maabot ang punoan nga dakbalay, sila ubanan sa mga anghel ug molabay sa daghang maanyag nga mga dakbalay ug mga hardin. Hangtud nga maabot ang punoan nga dakbalay, ang ilang mga kasingkasing magpitik-pitik sa paglaum sa pagkakita sa Ginoo. Sa pagkaduol sa punoan nga dakbalay, ila na karong makita ang Ginoo sa Iyang kaugalingon mismo nga naghulat aron dawaton sila. Ang mga luha magtabon sa ilang pananaw apan sila magdagan ngadto sa Ginoo sa ilang maikagon nga paninguha nga makita Siya bisan sa usa ka sekundo nga kadali. Ang Ginoo magahulat kanila nga nag-abli sa Iyang mga butkon, ug kauban ang Iyang nawong nga puno sa gugma ug kaaghop, Siya mogakos sa matag-usa kanila.

Ang Ginoo magasulti kanila, "Kari, Akong mga maanyag nga pangasaw-onon! Maayong pag-abot!" Ang katong giimbitahan magakompisal sa ilang gugma sa Iyang dughan nga magaingon, "Mapasalamaton ko kaayo gikan sa ilalom sa akong kasingkasing alang sa imong pag-imbita kanato!" Unya, sila maglakaw ngadto og nganhi nga naggunit sa kamot sa Ginoo sama sa magtiayon nga nahigugma og halawom ug, maanyag nga makighinabi nga ilang gikahidlawan nga buhaton sukad sa ilang panahon niining yuta. Sa too nga bahin sa punoan nga dakbalay anaa ang usa ka daku nga lanaw, ug ang Ginoo magpatin-aw sa detalye sa Iyang mga pagbati ug mga sirkumstansya sa panahon sa Iyang minstro sa yuta.

Diha sa linaw nga makapahinumdom sa Dagat a Galilea

Ngano man nga kining linaw magapahumdom kanila sa Dagat sa Galilea? Gibuhat sa Dios kining linaw sa paghinumdom kay ang Ginoo nagsugod ug nagbuhat sa daghan Niyang pagministro sa palibot sa Dagat sa Galilea (Mateo 4:23). Mabasa sa Isaias 9:1 nga, *"Apan wala na unyang kangitngit kaniya nga diha sa kasakit; sa unang panahon Iyang gipakaulawan ang yuta sa Zabulon ug ang yuta sa Nephtali, apan sa ulahing panahon Iyang gihimo kini nga mahimayaon, tungod sa alagianan sa dagat, unahan sa Jordan, Galilea sa mga Hentil."* Kini giprofesiya nga ang Ginoo magasugod sa Iyang ministro sa Dagat sa Galilea ug gituman ang profesiya.

Daghang isda nga nagpagula og lahi nga mga kolor sa kahayag naglangoy niining daku nga linaw. Sa Juan 21, ang nabanhaw nga Ginoo nagpakita ni Pedro, nga wala nakakuha og bisan unsang isda, ug miingon kaniya, *"Itaktak ninyo ang pukot dapit sa too sa sakayan, ug aduna kamoy makuha"* (b. 6), ug sa pagsunod ni Pedro, siya nakakuha og 153 ka isda. Sa linaw sa kastilyo sa Ginoo aduna sad og 153 ka isda, ug kini usab sa paghinumdom sa ministro sa Ginoo. Inig ambak niining mga isda ngadto sa hangin ug magbuhat og mga matahom nga mga pagpadayag, ang ilang mga kolor magabaylo sa daghang mga paagi aron magdugang sa kalipay ug kalami sa giimbitahan.

Ang Ginoo maglakaw niining linaw sama sa Iyang gibuhat sa Dagat sa Galilea niining yuta. Unya, ang katong giimbitahan magtindog palibot sa linaw sa kalipay ug kahidlawan nga mosulti ang Ginoo. Siya magpatin-aw sa detalye sa sitwasyon sa Iyang paglakaw sa Dagat sa Galilea niining yuta. Unya, si Pedro, nga makalaw sa ibabaw sa tubig sa kadali niining yuta pinaagi sa pagtuman sa Pulong sa Ginoo, mobati og pagbasol kay siya nalunod sa tubig tungod sa gamay nga (Mateo 14:28-32).

Usa ka museyo nga nagpasidungog sa ministro sa Ginoo

Sa pagbisita sa daghang mga dapit kauban ang Ginoo, ang mga tawo karon maghanumdom sa mga panahon sa ilang pagpaugmad niining yuta, ug nagpuliki sa gugma sa Amahan ug sa Ginoo nga nag-andam sa langit. Sila moabot sa museyo sa punoan nga dakbalay sa kastilyo sa Ginoo. Gitukod sa Dios nga Amahan kini sa paghanumdom sa ministro sa Ginoo sa yuta aron makita ug mabati kini sa mga tawo sa katinuoran. Pananglitan, sa duog kon asa si Hesus gihukman ni Poncio Pilato ug ang Via Dolorasa kon asa Iyang gipas-a ang krus pasaka sa Golgotha gitukod og usab sa sama nga paagi. Inig kakita sa mga tawo niining mga dapit, ang Ginoo magpatin-aw sa mga sitwasyon nianang panahona a detalye.

Sa kadyot nga panahon nga milabay, sa inspirasyon sa Espiritu Santo, akong natun-an kon usa ang gikompisal sa Ginoo nianang panahona, ug gusto nakong ipakig-ambit ang pipila niini kaninyo. Kini usa ka kinasingkasing nga pagkompisal sa Ginoo, nga niari niining yuta humang gipasagdan ang tanang himaya sa langit, nga Iyang gibuhat samtang naglakaw Siya pasaka ngadto as Golgotha nga nagpas-an sa krus.

Amahan! Akong Amahan!
Akong Amahan, nga hingpit sa kahayag,
Tinuod kanimong gihigugma ang tanang butang!
Ang yuta nga akong gitunoban
sa unang panahon kauban Kanimo,
ug ang mga tawo,
sukad sa sila gibuhat,
karon nadaot na og pag-ayo....

Karon akong nasabtan
kon nganong Imo Akong gipadala nganhi,
nganong Imong gitugtan nga mag-antos Ako niining mga kalisdanan

gikan sa mga nadaot nga mga kasingkasing sa mga tawo,
ug nganong Imo Akong gipapanaog nganhi
gikan sa mahimayaon nga dapt sa langit!
karon Akong mabati ug masabtan
kining tanan nga mga butang.

Apan Amahan!
Nakahibalo Ko nga Imong ipahiuli ang tanang butang
sa Imong katarong ug tinago nga mga sekreto.
Amahan!
Kining tanan nga mga butang daklit lang.
Apan tungod sa himaya
Imo Akong ihatag,
ug ang mga dalan sa kahayag
nga Imong giabli alang niining katawohan,
Amahan,
Akong kuhaon kining krus kauban ang paglaum ug kalipay.

Amahan, mahimo Nakong molakaw niining dalan
kay nagtoo ko nga
Imong ablihan kining dalan sa kahayag
sa Imong pagtugot ug Imong gugma,
ug Imong pasilakon ang Imong Anak
gamit ang maanyag nga mga kahayag
inig kining tanan nga mga butang na
sa madali nga panahon.

Amahan!
Ang yuta nga Akong gitunoban sa una gibuhat sa bulawan,

Ang Mabihagon nga Talan-awon

Ang mga dalan nga Akong gilakawan sa una
bulawan sad,
ang mga kahumot sa mga bulak nga Akong
gitimahoan sa una
dili matandi
sa mga anaa niining yuta,
ang mga materyales sa mga sinina
nga Akong gisul-ob sa una
lahi kaayo gikan sa mga kini,
u gang dapit nga Akong gipuy-an sa mao ang
usa ka mahimayaon nga dapit.
ug gusto Nako nga kining mga katawohan
makahibalo niining maanyag ug pagdait nga dapit.

Amahan,
Akong nasabtan ang matag-usa sa Imong kabubut-on.
Nganong gipakatawo Nimo Ako,
nganong Imong gihatag kining katungdanan Nako,
ug nganong Imo Akong gipapanaog nganhi
aron motunob niining nadaot nga yuta,
ug aron libro ang mga hunahuna
sa mga nadaot nga mga tawo.
Nagdayaw AKo Kanimo Amahan
sa Imong gugma, kadaku,
ug kining tanan nga mga butang nga walay tatsa.

Akong pinalangga nga Amahan!
Ang mga tawo naghunahuna
nga wala Ako nagpanalipod sa Akong Kaugalingon,

nga Akong gi-angkon nga ako Hari sa mga Hudeo.
Apan Amahan,
unsaon man nila paghakgom sa mga memorya
nga nag-agas gikan sa Akong kasingkasing,
ang gugma alang sa Amahan
nga nag-agas gikan sa Akong kasingkasing,
ang gugma alang niining mga katawohan
nga nag-agas gikan asa Akong kasingkasing?

Amahan,
Daghang mga tawo ang maka-amgo ug makasabot
sa mga butang nga mahinabo sa umaabot
pinaagi sa Espiritu Santo nga
Imong ihatag kanila isip nga usa ka gasa
human nga mawala na Ako.
Tungod niining daklit nga kasakit,
Amahan, ayaw og pagpatulo og mga luha
ug ayaw ilingi ang Imong nawong gikan Kanako.
Ayaw og pun-a ang Imong kasingkasing sa kasakit,
Amahan!

Amahan, Gihigugma Ko Ikaw!
Hangtud nga Ako malansang,
magpatulo sa Akong dugo ug sa ulahi Nako
nga ginhawa,
Amahan, Ako naghunahuna sa tanan nga mga butang
ug ang kasingkasing niining mga katawohan.

Amahan, ayaw pagbati og pagbasol

apan magmahimayaon pinaagi sa Imong Anak,
ug sa kabubut-on ug sa tanan nga mga plano
sa Amahan
ug tibuok nga makumpleto sa kahangtoran ug sa dugang pa.

Ang Ginoong Hesus nagpatin-aw kon unsa ang anaa sa Iyang hunahuna samtang anaa sa krus: ang himaya sa langit; Siya nga magbarog sa atubangan sa Amahan; ang mga katawohan; ang rason nganong gikinahanglan sa Amahan nga ihatag kanang katungdanan Kaniya, ug uban pa.

Ang katong giimbitahan sa kastilyo sa Ginoo nagpatulo sa ilang mga luha sa ilang pagdungog niini ug maghatag og pagpasalamat sa Ginoo samtang naghilak tungod sa pagkuha sa krus alang kanila, ug mangompisal gikan sa kailadman sa ilang mga kasingkasing, "Akong Ginoo, Ikaw ang akong tinuod nga Manluluwas!"

Sa paghinumdom sa mga kalisdanan sa Ginoo, gibuhat sa Ginoo ang mga dalan sa mga batong hamili sa kastilyo sa Ginoo. Kon adunay usa ka tawo nga maglakaw sa mga dalan nga gitukod ug gidayan-dayanan gamit ang daghang mga batong hamili sa daghang mga kolor, ang kahayag magkasilak og samot ug kini morag mabati nga naglakaw sa tubig. Dugang pa, sa paghanumdom sa pagpalansang sa krus aron lukaton ang katawohan gikan sa ilang mga sala, gibuhat sa ilang Dios ng Amahan ang usa ka kahoy nga krus nga adunay dugo nga gidihog niini. Anaa sad ang kuwadra sa Bethlehem kon asa ang Ginoo natawo, ug daghang mga butang nga makita ug mabati sa ministro sa Ginoo sama sa katinuoran. Inig bisita sa mga tawo niining mga dapit, ilang tin-aw nga makita ug madungog ang mahitungod sa buhat sa Ginoo aron ilang mabati ang gugma sa Ginoo ug sa Amahan sa mas daku nga giladmon ug maghatag og himaya ug magpasalamat sa kahangtoran.

4. Ang Himaya sa mga Residente sa Bag-ong Herusalem

Ang Bag-ong Herusalem mao ang pinakamaanyag nga dapit sa langit nga gibalus sa katong nagtuman sa pagkabalaan sa ilang mga kasingkasing ug matinuohon sa tanang balay sa Dios. Nagsugid kanato sa Ang Pindayag 21:24-26 kon unsang mga klase sa mga tawo ang makadawat sa himaya sa pagsulod sa Bag-ong Herusalem:

> *Pinaagi sa kahayag sa nasud managpanglakaw ang mga kanasuran, ug ang mga hari sa yuta managdala sa ilang himaya ngadto niini. Ug ang iyang mga ganghaan dili gayud pagasirhan sa maadlaw (kay wala may gabii didto) ilang pagadad-on ngadto niini ang himaya ug kadungganan sa kanasuran.*

Ang mga nasud managpanglakaw pinaagi sa kahayag niini

Nganhi, "ang kanasuran" nagpasabot sa tanang mga tawo nga naluwas walay bali sa ilang etniko nga mga gigikanan. Bisan pa nga ang pagkalungsoranon, rasa, ug uban pang mga kinaiya lahi gikan sa tagsa-tagsa nga mga tawo, inig kaluwas nila pinaagi ni

Hesukristo, sila tanan mahimong mga anak sa Dios nga adunay kalungsoranon sa gingharian sa langit.

Busa, ang pulong nga "sa nasud magapanglakaw pinaagi sa kahayag niini" nagpasabot nga ang tanang mga anak sa Dios magapanglakaw diha sa kahayag sa himaya sa Dios. Bisan pa niana, dili tanan nga mga anak sa Dios ang adunay himaya nga libre nga makaadto sa Siyudad sa Bag-ong Herusalem. Mao kini tungod ang katong magapuyo sa Paraiso, sa Una, Ikaduha, o Ikatulong Gingharian sa Langit mahimong makasulod sa Bag-ong Herusalem kon aduna lang og imbitasyon. Ang kato lang nga hingpit nga gipabalaan ug nagmatinuohon sa tanang balay sa Dios ang adunay kadungganan nga makita ang Dios nga Amahan nawong sa nawong sa Bag-ong Herusalem sa kahangtoran.

Ang mga hari sa yuta magadala sa ilang himaya

Ang pulong nga "ang mga hari sa yuta" nagpasabot sa katong mga espirituhanon nga mga namuno niining yuta. Sila nagsidlak sama sa napulog-duha ka bilihon nga mga bato sa napulog-duha ka patukoranan sa mga paril sa Bag-ong Herusalem ug adunay mga katakos aron mopuyo sa kahangtoran sa Siyudad. Sama niini, ang katong giila sa Dios, sa pagbarog kanila sa atubangan Kaniya, magadala og mga halad nga ilang giandam sa ilang tibuok nga mga kasingkasing. Sa "mga halad" akong buot ipasabot nga ang tanang butang kon hain sila naghatag og himaya sa Dios sa ilang mga kasingkasing nga lunsayan ug tin-aw morag kristal.

Busa, "ang mga hari sa yuta managdala sa ilang himaya ngadto niini" nagpasabot nga sila moandam isip nga mga halad ang tanang butang nga ilang mabisog nga gitrabaho alang sa gingharian sa Dios ug gihatag ang himayag Kaniya, ug magasulod sa Bag-ong Herusalem kauban kanila.

Ang mga hari niining yuta managdala sa ilang mga halad sa mas dagku ug mas baskog nga mga kanasuran isip nga usa ka butang aron bulatikan sila, apan ang halad sa Dios gihatag kauban ang pagpasalamat alang sa pagdala kanila sa dalan sa kaluwasan ug sa kinabuhing dayon. Malipayon nga pagadawaton sa Dios kining halad ug pagabalusan sila sa kadungganan nga makapuyo sa kahangtoran sa Siyudad sa Bag-ong Herusalem.

Sa Bag-ong Herusalem, walay kangitngit kay ang Dios, kon kinsa sa Iyang kaugalingon mao ang kahayag, magapuyo ngadto. Kay walay gabii, dautan, kamatayon, o kawatan, dili kinahanglan nga isira ang mga ganghaan sa Bag-ong Herusalem. Apan, ang rason nganong ang Kasulatan nag-ingon nga "sa maadlaw" tungod kay kita aduna lang og limitado nga kahibalo ug kapasidad aron hingpit nga masabtan ang langit.

Pagdala og himaya ug kadungganan sa mga kanasuran

Unya, unsa man ang buot ipasabot sa pulong nga "sila managdala sa himaya ug kadungganan sa kanasuran ngadto niini"? Ang "Sila" nganhi nagpasabot sa katong tanan nga nidawat sa kaluwasan gikan sa tanang kanasuran niining yuta, ug "sila magadala og himaya ug kadungganan ngadto nganhi" nagpasabot nga kining mga katawohan maga-adto sa Bag-ong Herusalem kauban ang mga butang kon hain sila naghatag og himaya sa Dios, samtang nagpagula sa kahumot ni Hesukristo niining yuta.

Kon ang usa ka anak magtuon og pag-ayo ug ang iyang mga grado mosaka, siya maghambog sa iyang ginikanan. Ang mga ginikanan malipay kaniya kay sila maghinangop sa trabaho sa ilang anak, bisan pa nga siya wala makakuha sa pinakamaayo nga mga grado. Sa samang paagi, kon asa kutob nga kita maglihok kauban ang pagtoo alang sa gingharian sa Dios niiining yuta, kita magpagula sa kahumot ni Hesukristo ug magahatag og himaya sa Dios, Siya nagdawat niiini kauban ang kalipay.

Gihisgotan sa ibabaw nga "ang mga hari sa yuta managdala sa ilang himaya ngadto niini," ug ang unang rason nganong kini mabasa nga "mga hari sa yuta" mao aron ipakita ang espirituhanon nga han-ay o ranggo kon hain ang mga tawo maga-adto sa atubangan sa Dios.

Ang katong takos nga makapuyo sa Bag-ong Herusalem sa kahangtoran kauban ang himaya nga sama sa Adlaw moadto sa atubangan sa Dios og una, nga gisundan sa katong naluwas gikan sa tanang mga kanasuran nga adunay linain nga himaya. Atong kinahanglan masabtan nga kon kita walay katakos nga makapuyo sa Bag-ong Herusalem sa kahangtoran, kita mahimong makabisita sa Siyudad sa panagsa lang.

Ang katong dili gayud makasulod sa Bag-ong Herusalem

Ang Dios sa gugma gusto nga ang tanang tawo makadawat og kaluwasan ug magabalus sa matag-usa og usa ka puy-anan ug langitnon nga mga ganti sumala sa ilang mga binuhatan. Mao kana ngangong ang katong walay katakos nga makasulod sa Bag-ong Herusalem magasulod sa Ikatulo, Ikaduha, o Unang Gingharian sa Langit, o sa Paraiso sumala sa gidak-on sa ilang pagtoo. Ang Dios magabuhat og espesyal nga mga piging ug mag-imbita kanila sa Bag-ong Herusalem aron nga sila sad makapanglipay sa kasilakon sa Siyudad.

Bisan pa niana, imong makita nga adunay pipila ka mga tawo nga dili gayud makakita sa Bag-ong Herusalem bisan pa nga gusto kini sa Dios nga mohatag kanila og kalooy. Nan, ang katong wala makadawat og kaluwasan dili gayud makakita sa himaya sa Bag-ong Herusalem.

> *Apan dinhi niini walay bisan unsang mahugaw nga pasudlon, ni ang nagabatasan sa malaw-ay o sa pagpamakak, kondili sila lamang nga nahisulat diha sa libro nga iya sa Kordero, sa libro sa kinabuhi* (Ang Pinadayag 21:27).

Ang "mahugaw" nganhi nagpasabot sa paghukom ug pagkondena sa ubang tawo, ug pagreklamo nga nagpangita sa kaugalingong mga interes ug mga benepisyo. Kining klase sa tawo nagkuha sa papel nga usa ka hukom ug nagkondena sa ubang tawo sa iyang kaugalingong buot, imbes nga sabton sila. Ang "nagapamatasan a malay-aw" nganhi nagpasabot sa tanang mga binuhatan nga gikan sa madumot nga kasingkasing sa usa ka duha ka paagi nga panghunahuna. Kay kining mga katawohan adunay kapritsuso ug mabalhinon nga mga kasingkasing ug mga panghunahuna, sila magpasalamat lang kon makadawat og mga tubag sa ilang mga pag-ampo, apan sa makadali magreklamo ug magbakho kon mangatubang og mga pagsulay. Sama niini, ang katong adunay makauulaw nga mga kasingkasing maglimbong sa ilang mga konsyensya ug dili magduhaduha nga magbaylo sa ilang mga hunahuna sa paggukod sa ilang kaugalingong mga interes.

Ang "bakakon" nga tawo mao ang kanang nangilad sa iyang

kaugalingon ug iyang konsensya, ug kinahanglan natong ilhon nga kining klase sa paglimbong mahimong usa ka bitik ni Satanas. Adunay pipila ka mga bakakon nga naandan na ang pagpamakak ug pipila magbakak alang sa kamaayohan sa uban, apan gusto sa Dios kanato nga ilabay ang bisan kining klase sa pagpamakak. Adunay pipila ka mga tawo nga magbuhat og kadaot sa ubang tawo pinaagi sa paghatag og dili tinuod nga mga testimonya, ug kining klase sa tawo nga nangilad sa ubang mga tawo kauban and dautan nga tuyo dili maluwas. Dugang pa, ang katong nanglimbong sa Espiritu Santo o sa mga buhat sa Dios giila sad nga "pagpamakak." Si Hudas Iscariote, ang usa sa napulog-duha ka mga disipolo ni Hesus, mao ang gisaligan sa kuwarta ug padayon nga nanglimbong sa buhat sa Dios pinaagi sa pagpangawat gikan sa pamahandi, ug nagbuhat ug uban pang mga sala. Sa katapusan nga gisudlan na siya ni Satanas, iyang gibaligya si Hesus alang sa katloan ka piraso nga pilak ug gilabog sa kahangtoran.

Adunay pipila ka mga tawo nga nakita ang mga may sakit nga mga tawo nga nangaayo ug mga yawa nga gipagula sa Espiritu Santo sa gahom sa Dios, apan sa gihapon naglimod niining mga buhat ug hinoon nag-ingon nga ang mga kini mga buhat ni Satanas. Kining mg katawohan dili makasulod sa langit kay sila nagtamastamas ug nagsulti batok sa Espiritu Santo. Dili kita gayud magsulti og pamakak sa bisan unsang mga sirkumstansya sa panan-aw sa Dios.

Ang katong mga ngalan nga gipapas gikan sa Libro sa Kinabuhi

Kon kita giluwas gikan sa pagtoo, ang atong mga ngalan gitala sa Libro sa Kinabuhi sa Kordero (Ang Pinadayag 3:5). Apan, kini wala nagpasabot nga ang tanan nga nidawat ni Hesukristo maluwas. Kita sa tinuod maluwas lang kon kita maglihok sumala sa Pulong sa Dios ug mag-anggid sa kasingkasing sa Ginoo pinaagi sa pagsirkunsisyon sa atong mga kasingkasing. Kon kita sa gihapon maglihok sa dili katinuoran bisan human nga madawat si Hesukristo, ang atong mga pangalan pagapapason gikan sa Libro sa Kinabuhi ug sa katapusan dili gani makadawat bisan sa kaluwasan.

Mahitungod niini, Ang Pinadayag 22:14-15 nagsugid kanato nga bulahan sila nga managlaba sa ilang mga bisti ug sila nga dili managlaba sa ilang mga bisti dili maluwas:

> *Bulahan sila nga managlaba sa ilang mga bisti, aron makabaton sila sa katungod sa pagpahimulos sa kahoy nga naghatag sa kinabuhi, ug sa pagsulod sa siyudad agi sa mga ganghaan. Sa gawas anaa ang mga iro, ug ang mga lumayan, ug ang mga makihilawason, ug ang mga mamumuno, ug ang mga magsisimbag mga diosdios, ug ang tanang nagahigugma ug nagabatasan sa pagpamakak.*

Ang "mga iro" nagpasabot sa katong usab-usab nga nagbuhat og pamakak. Ang katong dili motalikod gikan sa ilang dautan nga mga paglihok apan nagpadayon sa dautan dili gayud maluwas. Sila morag mga iro nga mobalik sa ilang suka ug usa ka baboy, nga human mahugasan, mobalik sa paglubog sa lapok. Mao kini tungod nga morag gilabay na nila ang ilang kadaut, apan usbon ang ilang mga pamaagi sa kadautan, ug mora sila'g nahimong maayo, apan nagbalik sa kadaut.

Bisan pa niana, ilhon sa Dios ang pagtoo sa katong nangimbisog nga maglihok sa maayo bisan pa nga dili pa sila dayon hingpit nga makalihok sumala sa Pulong sa Dios. Sa katapusan sila maluwas tungod sila nagabaylo sa gihapon ug ilhon sa Dios ang ilang paningkamot nga pagtoo.

Ang "mga lumayan" nagpasabot sa "katong mga magbubuhat og mga mahika." Sila dulumtanon nga naglihok, ug gipasimba ang ubang tawo sa mga diosdios.

Ang "mga makihilawason" nagbuhat og panapaw bisan pa nga siya adunay asawa o bana. Dili lang pisikal nga panapaw apan usab espirituhanon nga panapaw, kon hain mao nga labing higugmaon ang bisan unsang butang kaysa Dios. Kon ang usa ka tawo tinaw nga nakasinati sa buhi nga Dios ug nasabtan ang Iyang gugma sa gihapon nahigugma sa kalibutanon nga mga butang sama sa kuwarta o sa iyang pamilya labaw sa iyang paghigugma sa Dios, ang kining tawhana nagbuhat og espirituhanon nga panapaw ug dili tarong sa atubangan sa Dios.

Ang "mga mamumuno" nagbuhat og pisikal o espirituhanon nga pagpatay. Kon nahibaloan nimo ang espirituhanon nga kahulogan sa "pagpatay," mahimong dili kanimo maisogon nga masulti nga wala ka pa nakapatay sa bisan kinsang tawo. Ang usa ka espirituhanon nga pagpatay mao ang makaingon sa pagbuhat og sala sa mga anak sa Dios ug mawala ang ilang espirituhanon nga kinabuhi (Mateo 18:7). Kon ikaw ang nakaingon a bisan unsang kasakit sa ubang tawo tungod sa bisan unsang butang nga batok sa kamatuoran, kini usab usa ka espirituhanon nga pagpatay (Mateo 5:21-22).

Usab, kini tanan espirituhanon nga pagpatay ang magdumot,

maibog ug pangabubho, maghukom, magkondena, maglalis, masuko, manglimbong, mamakak, magsinupakay ug pagpondokpondok, pagdaut, ug pagkawalay gugma ug kalooy (Mga Taga-Galacia 5:19-21). Usahay, bisan pa niana, adunay pipila ka mga tawo ang madagma sa ilang kaugalinga kadaut. Pananglitan, kon nibiya sila sa Dios kay sila napalaw sa usa ka tawo sa iglesia, kini ilang kaugalingong kadaut. Kon tinuod sila nga nagtoo sa Dios, dili unta sila madagma.

Usab, "magsisimbag mga diosdios" mao ang usa sa mga butang labaw nga gikadumtan sa Dios. Sa pagsimbag-diosdios, adunay pisikal nga mga diosdios ug espirituhanon nga mga diosdios. Ang pisikal nga magsisimbag mga diosdios mao ang pagbuhat og usa ka walay-porma nga diosdios isip nga usa ka imahe ug simbahon kini (Isaias 46:6-7). Ang espirituhanon nga magsisimbag mga diosdios mao ang bisan unsang butang nga imong labaw nga gihigugma kaysa Dios. Kon ang usa ka tawo nahigugma og labaw sa iyang esposo o mga anak kaysa Dios sa paggukod sa ilang kaugalingong paninguha, o mobali sa mga sugo sa Dios pinaagi sa paghigugma sa kuwarta, kabantog, o kahibalo nga labaw kaysa iyang gugma sa Dios, kini usa ka espirituhanon nga pagsimbag diosdios.

Kining klase sa mga tawo, bisan unsang kadaghan silang magtawag "Ginoo, Ginoo" ug motambong sa iglesia, dili maluwas ug makasulod sa langit kay wala nila gihigugma ang Dios.

Busa, kon imong gidawat si Hesukristo, dawaton ang Espiritu Santo isip nga gasa Dios, ug ang imong pangalan itala ngadto sa Libro sa Kinabuhi sa Kordero, palihog ibutang sa imong hunahuna nga makasulod ka lang sa langit ug makaabanse ngadto sa Bag-ong Herusalem kon ikaw maglihok sumala sa

Pulong sa Dios.

Ang Bag-ong Herusalem mao ang dapit kon asa ang kato lang nga hingpit nga gipabalaan sa ilang mga kasingkasing ug nagmatinuohon a tanang balay sa Dios amg makasulod.

Sa usa ka bahin, ang katong makasulod sa Bag-ong Herusalem mahimong makita ang Dios nawong sa nawong, nindot nga makighisgot kauban ang Ginoo, ug mangalipay sa dili mahanduraw nga pagpasidungog ug paghimaya. Sa pikas nga bahin, ang katong nagpabilin sa Paraiso, Ang Una, Ikaduha, o Ikatulong Gingharian mahimong makabisita sa Bag-ong Herusalem kon sila giimbita lang sa espesyal nga mga piging apil ang katong gipahigayon sa Dios nga Amahan.

Kapitulo 8

"Akong Nakita ang Balaan nga Siyudad, ang Bag-ong Herusalem"

1. Langitnon nga mga Balay nga Dili-mahanduraw ang Kadakuon
2. Usa ka Masilakon nga Kastilyo nga adunay Hingpit nga Pagkapribado
3. Mga Dapit nga Masuroy-suroyan sa Langit

"Bulahan kamo sa diha nga panamastamasan kamo sa mga tawo, ug pagalutoson kamo, ug pagabutangbutangan kamo sa tanang matang sa kadautan batok kaninyo tungod Kanako. Kinahanglan managmaya ug managkalipay kamo, kay daku ang inyong balus didto sa langit; kay sa ingon man niini gilutos sa mga tawo ang mga profeta nga nanghiuna kaninyo."

- Mateo 5:11-12 -

Sa Siyudad a Bag-ong Herusalem, ang langitnon nga mga balay gitukod aron nga ang mga tawo kon kinsa ang mga kasingkasing hingpit nga nag-anggid sa kasingkasing sa Dios ang magapuyo sa mga niini sa ulahi. Sumala sa matag hilig sa tag-iya, sila gitukod sa mga arkanghel ug mga anghel nga natuka sa konstruksyon, kauban ang Ginoo isip nga magdudumala. Kini usa ka pribilihiyo nga pagapangalipayan sa kato lang nga makasulod sa Bag-ong Herualem. Usahay, ang Dios mismo sa Iyang kaugalingon maghatag og sugo sa arkanghel nga itukod ang usa ka balay nga piho para sa usa ka tino nga tawo aron nga kini mabuhat og tukma sumala sa mga hilig sa tag-iya. Dili Siya makalimot bisan pa sa usa ka pagtulo sa luha sa Iyang mga anak alang sa Iyang gingharian ug pagabalusan sila sa maanyag ug malahalon nga mga bato.

Sumala sa atong makita sa Mateo 11:12, klaro nga nagsulti nato ang Dios nga kutob sa atong madaug nga espirituhanon nga mga pakig-away ug magtubo sa pagtoo, kita makaangkon sa usa ka mas maanyag nga dapit sa langit:

> *Sukad sa mga adlaw ni Juan nga Bautista hangtud karon, ang gingharian sa langit nakaagum na sa mga paglugos, ug kini ginaagaw sa mga manglolugos pinaagig kusog.*

Ang Dios sa gugma, alang sa daghang mga tuig, nagadala kanato aron makusog nga makaabanse ngadto sa langit, nga tin-aw nga nagpakita sa langitnong nga mga balay sa Bag-ong

Herusalem. Mao kini tungod duol na lang kaayo alang sa Ginoo, nga nag-andam og usa ka dapit alang kanato, nga magbalik.

1. Langitnon nga mga Balay nga Dili-mahanduraw ang Kadakuon

Sa Bag-ong Herusalem, adunay daghang maanyag nga mga balay nga dili-mahanduraw ang kadakuon. Apil kanila, adunay usa ka maanyag ug masilakon nga balay nga gitukod sa usa ka daku nga lugar. Sa tunga anaa ang usa ka lingin, daku ug maanyag nga tulo-ka-andana nga kastilyo, ug sa palibot sa kastilyo daghang mga dakbalay ug mga butang nga mapangalipayan o mga klase sa sakyanan nga makita sa kalingawan nga parke aron buhaton kining dapit nga morag usa ka bantog-sa-kalibutan nga atraksyon sa turista. Unsa ang tinuod nga katingad-an mao kana nga kining morag-siyudad nga langitnon nga balay gipanag-iyahan sa usa ka indibidwal nga gipaugad niining yuta!

Bulahan ang mga maaghop, kay sila magapanunod a yuta

Kon kita adunay pinansyal nga mga kasarangan niining yuta, kita makapalit og usa ka daku nga piraso sa yuta ug magtukod og usa ka maanyag nga balay nga gusto kanato. Apan, sa langit, dili kita makapalit og bisan unsang yuta o makatukod sa bisan unsang balay walay-bali sa kabahandi nga aduna kita, kay ang Dios ang magabalus kanato sa yuta o mga balay sumala sa atong binuhatan. Nag-ingon ang Mateo 5:5 nga, *"Bulahan ang mga maaghop, kay sila magapanunod sa yuta."* Depende sa aboton nga kita nag-anggid sa Ginoo ug nagtuman sa espirituhanon nga pagkamaaghop niining yuta, kita "magapanunod sa yuta" sa langit. Mao kini tungod kay ang usa ka tawo nga espirituhanon nga maaghop mahimong gakson ang tanang tawo, ug sila makaadto kaniya ug makaplagan ang pahulay ug kasulhay. Siya adunay pagdait sa tanang tawo sa bisan unsang mga sitwasyon kay ang iyang kasingkasing mahumok ug maaghop sama sa gapas.

Apan, kon kita magkompromiso sa kalibutan ug magbatok sa kamatuoran aron nga makigdait sa ubang mga tawo, kini dili gayud espirituhanon nga pagkamaaghop. Ang usa ka tawo nga tinuod nga maaghop dili lang mogakos sa daghang mga tawo kauban ang usa ka mahumok ug maigang nga kasingkasing, apan usab maisog ug mabaskog nga ibutang sa peligro and iyang kinabuhi alang sa kamatuoran.

Kining klase sa tawo makadaug og daghang mga kasingkasing sa tawo ug pagadal-on sila sa dalan sa kaluwasan ug sa usa ka mas maayo nga dapit sa langit kay siya adunay gugma ug kaaghop. Mao kana nganong mahimo niyang makaangkon og usa ka daku nga balay sa langit. Busa, ang balay nga gihulagway sa ilalom panag-iyahan sa usa ka tinuod nga maaghop nga tawo.

Usa ka sama-sa-siyudad nga balay

Taliwala niining balay adunay usa ka daku nga kastilyo nga gidekorasyonan gamit ang daghang bilihon nga mga bato ug bulawan. Ang atop niini gibuhat sa usa ka gihulma-sa-lingin nga kornalina ug nagsidlak og pag-ayo. Sa palibot sa sinaw, sidlakon nga kastilyo nag-agas ang Suba sa Tubig nga Nagahatag sa Kinabuhi nga naggikan sa trono sa Dios, ug daghang mga dakbalay ang nagbuhat niini nga morag usa ka metropolis. Usab, daghang mga sakyanan sa kalingawan nga parke nga gidekorasyonan gamit ang bulawan ug daghang bilihon mga bato.

Sa usa ka kilid sa lawang nga yuta anaa ang kakahoyan, patag, ug usa ka daku nga linaw, ug sa pikas nga kilid anaa ang kalapad nga mga kabongtoran nga adunay daghang mga klase sa mga bulak ug mga busay. Usab, adunay usa ka dagat kon asa anaa ang usa ka daku nga barko nga sama sa Titanic nga naglutaw ug naglayag palibot.

Karon, maglibot kita niining masiga nga balay. Adunay napulog-duha ka mga ganghaan sa upat ka kilid, ug molahos kita sa punoan nga ganghaan kon asa gikan dinhi makit-an nato sa taliwala ang punoan nga kastilyo.

Kining punoan nga ganghaan gidekorasyonan gamit ang daghang mga batong hamili ug gibantayan sa duha ka mga anghel. Kini sila maskulino ug kusgan kaayo tan-awon. Nagbarog sila nga wala magpisok sa ilang mga bata, ug ang ilang dayag nga dignidad matan-aw nga dili gayud maduolan.

Sa magsigdaplin sa ganghaan nagtindog ang lingin ug maanyag, dagku nga mga haligi. Ang mga paril gidekorasyonan gamit ang daghang mga batong hamili ug mga bulak morag walay katapusan. Pagsulod sa ganghaan nga awtomatik nga maga-abli nga giunahan sa mga anghel, makita nimo sa malayo ang daku nga kastilyo nga adunay usa ka pula nga atop nga nagsidlak og maanyag nga mga kahayag diha kanimo.

Usab, sa pagtan-aw sa daghang mga balay sa lahi nga mga kadakuon nga gidekorasyonan gamit ang daghang bilihon nga mga bato, dili nimo mapugngan ang imong kaugalingon nga

"*Akong Nakita ang Balaan nga Siyudad, ang Bag-ong Herusalem*"

matandog og halawom sa gugma sa Dios nga magabalus kanimo og katloan, kaunoman, o usa ka gatus ka beses sa kon unsa ang imong gibuhat ug gihalad. Mapasalamaton ka alang sa Iyang paghatag sa Iyang usa ug bugtong nga Anak aron dal-on ka sa dalan sa kaluwasan ug kinabuhing dayon. Sa ibabaw pa niini, Iya sad giandam alang kanimo kining maanyag nga langitnon nga mga balay, ug ang imong kasingkasing mag-awas kauban ang pagpasalamat ug kalipay.

Usab, tungod ang usa ka mahinay, matin-aw ug maanyag nga tingog sa kadayawan ang madunggan sa tanang palibot sa kastilyo, ang dili-mapahayag nga pagdait ug kalipay ang nagpuliki sa imong espiritu ug ikaw mapuno sa emosyon:

> Layo sa kailadman sa akong espiritu karong gabii
> Nagdagungdong ang usa ka melodiya nga
> mas matam-is kaysa salmo;
> Sa sama sa langitnon
> nga mga pag-agag kini walay undang nga nangahulog
> Sa akong kalag sama sa walay katapusan nga kalinaw.
> Pagdait! Pagdait! Kahibulongan nga pagdait
> Nga nanaog gikan sa Amahan sa ibabaw!
> Nga nag-apyaya sa akong espiritu
> sa kahangtoran, ako nag-ampo,
> Sa walay tugkad nga pagbakat sa gugma.

Bulawan nga mga dalan matin-aw morag bildo

Karon, moadto kita sa daku nga kastilyo nga anaa sa tunga, nga naglakat sa bulawan nga dalan. Sa pagsulod sa punoan nga agianan, mga kahoy nga bulawan ug mga batong hamili nga adunay makagalana nga hamili nga bunga magsugat sa mga bisita sa magsigdaplin sa dalan. Ang mga bisita unya magkuha og usa ka bunga. Ang bunga matunaw sa baba ug kini lami kaayo nga ang tibuok lawas magkabaskog ug magkalipay.

Sa magsigdaplin sa bulawan nga mga dalan, mga bulak nga daghang mga kolor ug kadakuon magsugat ug mag-abi-abi sa mga bisita sa ilang mga kahumot. Sa likod kanila anaa ang bulawan nga kakahoyan ug daghang mga klase sa kahoy nga nagkomplemento sa usa ka maanyag nga hardin. Mga bulak sa maaanyag nga mga kolor sa bangaw nga morag tan-awon nga sila nagpagula og mga kahayag, ug ang matag-usa nga bulak nagpagula sa iyang way-tumbas nga kahumot. Sa pipila niining mga bulak, mga gaminap sama sa alibangbang nga adunay mga kolor sa bangaw magbatog ug maghinabi sa usa og usa. Sa mga kahoy nagbitay ang daghan nga makagalana nga bunga sa mga masinaw nga mga sanga ug mga dahon. Daghang mga klase sa langgam nga adunay mga pako nga bulawan ang kolor magbatog sa mga kahoy ug magkanta aron himoon ang talan-awon nga makadaiton ug malipayon kaayo. Aduna sad pipila ka mga mananap nga naglibot-libot sa kadaiton.

Usa ka panganod nga sakyanan ug usa ka bulawan nga karomata

Karon ikaw nagbarog na sa ikaduhang ganghaan. Ang balay daku kaayo nga adunay usa pa ka ganghaan sa sulod sa punoan nga ganghaan. Diha sa atubang kanimo anaa ang usa ka halapad nga lugar nga nag-anggid sa usa ka garahe kon asa daghang panganod nga mga sakyanan ug usa ka bulawan nga karomata ang nakaparada ug ikaw nagpuliki niining dili katuohan nga talan-awon.

Ang bulawan nga karomata, nga gidekorasyonan gamit ang daku nga mga diamante ug mga batong hamili, para sa tag-iya sa balay ug magalingkod lang og usa ka tawo. Inig kalihok sa karomata, kini magsidlak nga morag bulalakaw tungod sa daghan kaayo nga nagkidlap nga mga batong hamili, ug ang kapaspas niini mas daghang kapaspas kaysa panganod nga sakyanan.

Ang usa ka panganod nga sakyanan gilibotan sa lunsayng puti nga mg panganod ug maanyag nga mga kahayag sa daghang mga kolor, ug adunay upat ka ligid ug mga pako. Kining behikulo nagdagan sa mga ligid niini sa yuta, ug inig lupad niini, ang mga ligid awtomatik nga mouplok ug ang mga pako mogawas aron kini makadagan ug gawasnon nga makalupad.

Unsa kaha kadaku ang awtoridad ug kadungganan nga makabiyahe sa daghang mga dapit sa langit kauban ang Ginoo sa mga panganod nga sakyanan, nga giubanan sa langitnong panon ug mga anghel? Kon ang usa ka panganod nga sakyanan gihatag sa kada tawo nga mosulod sa Bag-ong Herualem, imo bang mahanduraw kon unsa kadaghan nga gibalusan kining tag-iya sa balay kay adunay daghang panganod nga mga sakyanan sa iyang garahe?

Usa ka daku nga kastilyo sa tunga

Inig kaabot nimo sa daku ug maanyag nga kastilyo sa usa ka panganod nga sakyanan, makita nimo ang usa ka tulo-ka-andanas nga dakbalay nga adunay kornalina nga atop. Kining dakbalay daku kaayo nga dili kini mahimong matandi sa bisan unsang dakbalay niining yuta. Makita nga ang tibuok nga kastilyo mahinay nga naglibot, nga nagpagula og masilakon ng mga kahayag, ug kining masilakon nga mga kahayag naghimo sa kastilyo nga morag buhi. Ang lunsayng bulawan ug haspe nga masilakon nga nagpagula og matin-aw ug sihag nga bulawan nga mga kahayag sa asulon nga kolor. Apan, dili ikaw makakita lahos niini, ug kini morag usa ka kinulit nga walay bisan unsang linangkob. Ang mga paril ug mga bulak sa palibot niining mga paril nagpagula og maanyag nga mga kahumot aron magdungag sa kalipay ug kasadya nga dili mahulagway sa mga pulong. Ang mga bulak sa lahi nga kadakuon naghimo sa engrande nga talan-awon, ug ang ilang lahi nga mga hulma ug mga kahumot naghimo og usa ka ekselente nga kombinasyon.

Unsa man, unya, ang piho nga rason nga gihatag sa Dios ang kining usa kalapad nga yuta ug usa ka engrande, maanyang nga balay? Mao kini tungod ang Dios wala gayud nasipyat o nalimot sa bisan unsang butang nga giubhat sa Iyang mga anak alang sa Iyang gingharian ug pagkamatarung niining yuta ug dagaya nga magabalus kanila.

> Ako nagmaya og usab ug usab
> sa Akong Pinalangga.
> Kining usa ka tawo nahigugma Nako og pag-ayo
> nga gihatag ang tanang niyang butang.
> Gihigugma Ako niya og labaw kaysa
> iyang mga ginikanan ug mga igsoon,
> Wala kaniya gipamalibad ang iyang mga anak,
> ug iyang giila ang iyang kinabuhi nga walay bili

ug gibiyaan kini alang Kanako.

Ang iyang mga mata kanunay nga nakatutok Kanako.
Iyang tibuok nga gipatalinhugan ang Akong Pulong.
Ang akong himaya lang ang iyang gipangita.
Mapasalamaton lang Siya
bisan pa nga siya anaa sa ilalom sa dili-matarong
nga pag-antos.
Bisan pa sa taliwala sa mga paglutos,
sa gugma siya nag-ampo alang sa
katong naglutos kaniya.
Wala gayud kaniya gipasibayaan ang bisan kinsa
bisan pa nga siya giluib niini.
Iyag gibuhat ang iyang katungdanan
kauban ang kalipay
bisan pa nga siya'y adunay dili-madala
nga mga kasubo.
Ug siya nagluwas og daghang mga kalag
ug hingpit nga natuman ang Akong kabubut-on,
nga nagdala sa Akong kasingkasing.

Kay iyang gituman ang Akong kabubut-on
ug gihigugma Ako og pag-ayo,
Giandam Nako alang kaniya
kining engrande ug masigahon nga balay
sa Bag-ong Herusalem

2. Usa ka Masilakon nga Kastilyo nga adunay Hingpit nga Pagkapribado

Sumala sa imong makita, anaa ang mga paghikam sa Dios hilabina sa mga balay sa katong Iyang gihigugma og daku. Busa ang mga balay adunay lahi nga mga lebel sa kaanyag ug kahayag kaysa ubang mga balay bisan pa sa Bag-ong Herusalem.

Usa ka daku nga kastilyo sa tunga mao ang usa ka dapit kon asa ang tag-iya mahimong makapangalipay sa hingpit nga pagkapribado. Kini mao nga mabayran ang iyang mga buhat ug iyang mga pag-ampo sa pagluha sa pagtuman sa gingharian sa Dios ug ang katinuoran nga siya nag-atiman sa mga kalag adlaw ug gabii nga walay pribado nga kinabuhi nga gikalipayan.

Ang kadaghanan nga estruktura sa iyang kastilyo mao nga ang punoan nga balay ang tunga sa kastilyo, ug ang kastilyo adunay duha ka sapaw sa mga paril. Adunay dugang pa nga paril sa tunga nga bahin taliwala sa punoan nga balay sa sentro sa gawas nga paril. Busa, ang tibuok nga kastilyo gibahin-bahin ngadto sa pinakasulod nga kastilyo ug sa pinakagawas nga kastilyo, kon hain gikan sa punoan nga balay sa sentro nga paril ug gikan sa sentro nga paril ngadto sa pinakagawas nga paril sa anang paghan-ay.

Busa, aron maabot ang punoan nga balay niining kastilyo, kinahanglan natong moagi sa punoan nga ganghaan ug unya sa usa pa ka ganghaan og usab sa tunga nga paril. Sa pinakagawas nga ganghaan anaa ang daghang mga ganghaan, ug ang ganghaan nga nakalinya sa atubangan sa punoan nga balay mao ang punoan nga gate. Ang punoan nga ganghaan gidekorasyonan gamit ang nagkalainlain nga mga alahas ug duha ka mga anghel ang nagbantay niini. Ang duha ka mga anghel adunay maskulino nga mga nawong ug kusgan kaayo tan-awon. Dili gani nila lihokon ang ilang mga mata samtang nagbantay, ug atong mabati ang dignidad gikan kanila.

Sa magsigdaplin sa punoan nga ganghaan anaa ang dagku nga silindro nga mga haligi. Ang mga paril gidekorasyonan gamit ang mga batong hamili ug mga bulak, ug kini sila taas kaayo nga dili makita ang tumoy. Sa paggiya sa mga anghel kita mosulod sa punoan nga ganghaan nga mag-abli og awtomatik, masilakon ug maanyag nga mga kahayag ang magsidlak kanato. Ug adunay usa ka bulawan nga dalan nga morag kristal nga hangtud ang gilayon sa punoan nga gate.

Sa atong paglakaw sa bulawan nga dalan, atong maabot ang ikaduhang ganghaan. Kining ganghaan nabutang sa tunga nga paril nga naghimulag sa pinakasulod nga kastilyo ug sa pinakagawas nga kastilyo. Sa atong pag-agi sa ikaduhang ganghaan, adunay usa ka dapit nga morag ngiga ang kadakuon nga paradahan niining yuta. Nganhi, daghang morag panganod nga mga sakyanan ang nakaparada. Anaa sad ang bulawan nga karwahe apil sa panganod nga mga sakyanan.

Ang punoan nga balay niining kastilyo parehas ang kadaku o mas dagku pa kaysa sa bisan unsang mga dakbalay niining yuta. Kini usa ka tulo-ka-andanas nga dakbalay. Ang matag usa ka andanas silindro ang hulma, ug ang kalaparon sa kada andanas magkagamay sa imong pagsaka gikan sa mga andana. Ang atop morag sibuyas-nga hulma nga simboryo.

Ang mga paril a punoan nga balay gibuhat sa lunsayng bulawan ug haspe. Busa, ang asulon nga kahayag ug ang matinaw ug sihag nga bulawan nga kahayag nagpagula sa magkaangay nga masilakon nga mga kahayag. Ang kahayag baskug kaayo na mabati kini nga morag buhi ang mismo nga balay ug naglihok. Ang tibuok nga dakbalay nagpagula og masidlakon nga mga kahayag ug kini morag mahinay nga naglibot.

Karon, mosulod kita sa daku nga kastilyo!

Napulog-duha ka mga ganghaan ang pagasudlan ngadto sa punoan nga balay sa kastilyo

Kining punoan nga balay adunay napulog-duha ka mga ganghaan nga pagasudlan. Kay ang kadakuon sa punoan nga balay daku kaayo, ang gilay-on gikan sa usa ka ganghaan padulong sa usa pa layo kaayo. Ang mga ganghaan gihulma-sa-arko, ug ang matag-usa adunay kudlit nga litrato sa usa ka yawi. Sa ilalom sa litrato nga yawi nakakudlit ang pangalan sa ganghaan sa langitnon nga alpabeto. Kining mga letra gikudlit gamit ang mga hamiling bato, ug ang matag-usa nga ganghaan gidekorasyonan gamit ang usa ka klase nga hamiling bato sa nianang pagkahan-ay.

Sa ilalom kanila anaa ang mga pagpatin-aw nganong ang matag-usa nga ganghaan gipangalanan og ingon ana. Gitingob sa Dios nga Amahan kon unsa ang gibuhat sa tag-iya sa balay sa yuta ug gipahayag kini sa napulog-duha ka mga ganghaan.

Ang unang ganghaan mao ang 'Ganghaan sa Kaluwasan.' Kini adunay pagpatin-aw mahitungod sa kon giunsa sa tag-iya sa balay pagkahimo og usa ka pastol sa daghan kaayong mga tawo ug naggiya sa dili-maihap nga mga kalag ngadto sa kaluwasan sa tibuok kalibutan. Sunod sa Ganghaan sa Kaluwasan mao ang 'Ganghaan sa Bag-ong Herusalem.' Sa ilalom sa pangalan sa ganghaan anaa ang pagpatin-aw nga ang tag-iya naggiya sa daghan kaayong mga kalag ngadto sa Bag-ong Herusalem.

Sunod, anaa ang 'Ganghaan sa Gahom.' Una, adunay upat ka mga ganghaan para sa upat ka mga lebel sa gahom, ug unya, anaa ang mga Ganghaan sa Gahom sa Binuhatan ug Ganghaan sa Pinakataas nga Gahom sa Binuhatan. Niining mga ganghaan anaa ang mga pagpatin-aw mahitungod sa matag-usa nga klase sa gahom nga nagpa-ayo sa daghan kaayong mga tawo ug gipahimaya ang Dios.

Ang ikasiyam mao ang 'Ganghaan sa Pagpadayag,' ug kining ganghaan adunay pagpatin-aw nga gidawat sa tag-iya ang daghan kaayong pagpadayag ug gipatin-aw og klaro kaayo ang Biblia. Ang ikanapulo mao ang 'Ganghaan sa mga Katumanan.' Kini mao nga aron isaulog ang mga katumanan sama sa pagtukod sa Engrande nga Sangtuwaryo.

Ang ika napulog-usa mao ang 'Ganghaan sa Pag-ampo." Kining ganghaan nagsugid kanato mahitungod sa kon giunsa niining tag-iya pag-ampo sa tanan niyang kinabuhi aron matuman ang kabubut-on sa Dios kauban ang iyang gugma alang sa Dios, ug giunsa kaniya pagpangasubo ug pag-ampo alang sa mga kalag.

Ang ulahi ug ika napulog-duha mao ang ganghaan nga adunay kahulogan nga "Pagdaug batok sa kaaway nga yawa, si Satanas.' Kini adunay pagpatin-aw nga gibuntog sa tag-iya ang tanang butang kauban ang pagtoo ug gugma sa katong ang kaaway nga yawa, si Satanas nagsulay nga dauton siya ug ibutang siya sa langiob.

Langit II

Espesyal nga mga inskripsyon ug mga desinyo sa mga paril

Ang mga paril, nga gibuhat sa lunsayng bulawan ug haspe, puno sa mga desinyo nga adunay pagdahunog nga mga sulat ug mga dibuho. Ang kada detalye mahitungod sa mga panglutos ug mga yubit nga iyang giatubang alang sa gingharian sa Dios, ug ang tanang mga binuhatan kon hain iyang gipahimaya ang Ginoo gitala. Unsa ang mas makahibulong mao nga ang Dios sa Iyang mismong kaugalingon nagkudlit sa mga sulat pinaagi sa balak ug ang mga letra nagpagula og maanyag ug masilakon nga mga kahayag.

Kon mosulod ka sa kastilyo human pag-agi sa usa sa niining mga ganghaan, makita nimo nga ang mga butang mas maanyag kaysa katong nakit-an sa gawas. Ang mga kahayag gikan sa mga hamiling bato magsapaw sa ikaduha o ikatulo ka beses aron matan-aw kini nga matahom kaayo.

Ang mga inskripsyon mahitungod sa mga pagluha, mga timayod, ug mga paningkamot sa tag-iya niining yuta gililok sa pinakasulod sa mga paril sama nga sila nagpagula sad sa ingon niining masilakon nga mga kahayag. Ang mga panahon sa iyang maikagon nga mga pag-ampo sa tibuok gabii alang sa gingharian sa Dios ug ang lunsayng kahumot sa paghatag sa iyang kaugalingon isip nga usa ka ilimnon nga halad alang sa mga kalag gitala isip nga usa ka balak ug nagpagula sa maanyag nga mga kahayag.

Apan, gitago sa Dios nga Amahan ang kadaghanan sa mga detalye sa inskripsyon aron ang Dios mismo sa Iyang kaugalingon ang magpakita niini sa tag-iya inig kaabot niya niining dapit. Mao kini tungod nga ang Dios modawat sa iyang kasingkasing nga naghimaya sa Amahan kauban ang halawom nga emosyon ug mga luha inig pakita Kaniya niining mga sulat kaniya, nga nagsugid kaniya nga, "Ako kining giandam para kanimo."

Bisan niining kalibutan, kon kita maghigugma sa usa ka tawo, pipila ka mga tawo ang nagsige og sulat sa mga pangalan sa tawo. Ilang isulat ang pangalan sa usa ka notebook o sa mga dayari, sa babayon, o bisan sa paglilok sa mga kahoy o ibutang sa mga bato. Dili sila makahibalo kon unsaon pagpahayag sa ilang gugma busa pagdayon sila nga magsulat sa pangalan niaang tawhana nga ilang gihigugma.

Sa samang paagi, adunay usa ka gihulma-sa-kuwadrado nga bulawan nga pinggan nga aduna lang og tulo ka pulong. In Ang tulo ka pulong mao ang: 'Amahan', 'Ginoo', ug 'Ako." Ang tag-iya sa balay dili lang makapahayag sa iyang gugma alang sa Amahan ug sa Ginoo kauban ang mga pulong. Kini makita sa iyang kasingkasing sa niining paagi.

Mga panagtabo ug piging sa unang andanas

Kining kastilyo dili abli sa uban sa kadaghanan nga panahon, apan abli lang sa okasyon kon kanus-a adunay mga piging o bayle nga gipahigayon nganhi. Adunay usa ka gamay kaayo nga hawanan kon hain ang dili-maihap nga mga tawo ang mahimong makatipon ug magpahigayon og mga piging. Kini gigamit sad og usa ka panagtabo nga dapit kon hain ang tag-iya nakig-ambit sa gugma ug kalipay, sa pakighinabi sa mga bisita.

Ang hawanan lingin ug daku kaayo nga dili nimo makita ang usa ka tumoy gikan sa usa pa. Ang salog morag pution ng kolor ug hamis kaayo. Kini adunay daghang mga hamiling bato ug nagsinaw sa kasidlak. Sa tunga sa hawanan anaa ang usa ka tuloka-lebel nga aranya aron madungag sa dignidad sa kuwarto, ug aduna pa'y dugang nga bulawan nga mga aranya sa lahi nga mga kadakuon sa kilid sa mga paril aron magdugang sa kaanyag ug hawanan. Usab, sa sentro sa hawanan anaa ang usa ka linging nga entablado, ug daghang mga lamesa ang gibutang sa daghan nga hut-ong sa palibot sa entablado. Ang katong giimbitahan maglingkod niining han-ay ug mahigalaong maghinabi.

Ang tanang mga dekorasyonan sa sulod sa dakbalay gibuhat sumala sa hilig sa tag-iya, ug ang ilang mga kahayag ug mga hulma maanyag kaayo ug mahumok. Ang matag-usa nga hamiling bato sa sulod niini adunay paghikam sa Dios, ug kini kadungganan nga maimbitahan sa piging nga gipahigayon sa tag-iya niiing balay.

Sekreto nga mga kuwarto ug mga kuwarto aron pagdawat sa ikaduhang andana

Sa ikaduhang andana niining daku nga kastilyo, adunay daghang mga kuwarto ug ang matag-usa adunay usa ka sekreto, nga hingpit lang nga ipadayag sa langit, kon asa ibalus sa Dios sumala sa mga binuhatan sa tag-iya. Usa ka tino nga kuwarto adunay dili-maihap nga mga korona sa lahi nga mg klase, sama sa usa ka museyo o ingon niini. Daghang mga korona apil ang usa ka bulawan nga korona, usa ka gidekorasyonan-og-bulawan nga korona, usa ka kristal nga korona, usa ka perlas nga kororna, usa ka gidekorasyonan-og-bulak nga korona, ug daghan pang ubang mga kororna nga gidayan-dayanan gamit ang daghang mga klase sa mga hamiling bato hapsay nga gibutang. Kining mga korona gibalus sa matag panahon nga ang tag-iya nagtuman sa gingharian sa Dios ug naghatag og himaya Kaniya niining yuta, ug ang ilang kadakuon ug hulma, ug mga materyales ug mga dekorasyon lahi tanan aron ipakita ang kalahian sa kadungganan. Usab, adunay daghang mga kuwarto nga nagsilbi isip nga mga aparador para sa sinena ug aron ampingan ang hamiling bato nga mga adorno, ug sila gialima kauban ang espesyal nga pag-atiman sa mga anghel.

Aduna sad usa ka hapsay nga kuwadrado nga kuwarto nga walay daghan kaayong mga dekorasyon nga gitawag "Ang Kuwarto sa Pag-ampo." Kini gihatag tungod ang tag-iya naghalad og daghang pag-ampo niining yuta. Dugang pa, naay usa ka kuwarto nga adunay daghang mga telebisyon. Kining kuwarto gitawag nga "Ang Kuwarto sa Paghingutas ug Pagbangotan" ug nganhi ang tag-iya makatan-aw sa tanang mga butang sa iyang kinabuhi sa yuta kon kanus-a kaniya gusto. Gipreserba sa Dios ang kada usa nga panahon ug hitabo sa kinabuhi sa tag-iya kay siya pagkadaku nga nag-antos samtang naghimo sa mga buhat sa Dios ug ministro ug nagpaagas og daghang mga luha alang sa mga kalag.

Aduna sad og usa ka maanyag nga gidekorasyonan nga dapit aron dawaton ang mga profeta sa ikaduhang andana, kon hain ang tag-iya maka-ambit sa iyang gugma ug mahigalaon nga makighinabi kauban kanila. Matagbo niya ang mga profeta ingon ni Elias nga hingsaka sa langit pinaagi sa usa ka kalayo nga karwahe ug mga kabayo, si Henoch nga nilakaw kauban ang Ginoo alang sa 300 ka tuig, si Abraham nga nagpahimuot sa Dios kauban ang pagtoo, ang mabination-gayud nga si Pablo, ug ang uban pa, ug mangalipay sa pakighinabi kauban kanila mahitungod sa ilang mga kinabuhi ug mga sirkumstansya niining yuta.

Ang ikatulo nga andana nga gireserba aron makg-ambit sa gugma kauban ang Ginoo

Ang ikatulo nga andana sa daku nga kastilyo makahingangha nga gidekorasyonan og pag-ayo aron dawaton ang Ginoo ug matahom nga makighinabi sa kataas ug kadaghang nga posible. Kini gihatag tungod gihigugma sa tag-iya ang Ginoo labaw kaysa bisan kinsa pa, ug gisulayan nga mag-anggid sa Iyang mga binuhatan pinaagi sa pagbasa sa Upat ka mga Ebanghelyo, ug gisilbihan ug gihigugma ang tanang tawo sama sa paagi nga gisilbihan sa Ginoo ang Iyang mga disipolo. Dugang pa, siya nag-ampo kauban ang daghang pagluha aron dal-on ang dili-maihap nga mga kalag ngadto sa dalan sa kaluwasan pinaagi sa pagdawat sa gahom sa Dios sumala sa gibuhat sa Ginoo ug tinuod nga nagpakita sa dili-maihap nga mga ebidensya sa buhi nga Dios. Ang mga luha magtulo sa mga panahon nga siya maghunahuna sa Ginoo, daghang mga gabii nga dili siya makatulog kay iyang maikagon nga gikahidlawan ang Ginoo. Usab, sama sa Ginoo nga nag-ampo sa tibuok gabii, ang tag-iya nag-ampo sa tibuok gabii sa daghan kaayong panahon ug gisulayan ang iyang pinakamaayo aron hingpit nga matuman ang gingharian sa Dios.

Unsa kaha kasadya ug kamalipayon kaniya inig katagbo niya sa Ginoo nawong sa nawong ug makig-ambit sa iyang gugma kauban Kaniya sa Bag-ong Hersalem!

Akong makita ang Ginoo!
Akong mabutang ang kahayag sa Iyang mga mata
Sa akong mga mata,
Akong mabutang ang Iyang mahumok nga

yuhom sa akong kasingkasing
ug kining tanan daku kaayo nga kalipay kanako.

Akong Ginoo,
unsa kadaku ko Ikaw nga gihigugma!
Imong nakita ang tanang butang
ug nakahibalo Ka sa tanang butang.
Karon nagkuha ko og daku nga kalipay
nga mahimo nakong makompisal ang akong gugma.
Gihigugma ko Ikaw, Ginoo.
Gikahidlawan ko Ikaw og pag-ayo.

Ang mga pakighinabi sa Ginoo dili gayud maglaay o makapoy.
Ang Dios nga Amahan, nga nidawat niining gugma, gidekorasyonan ang interior, ang mga adorno, ug mga hamiling bato nga maanyag kaayo sa ikatulong andana niining masilakon nga balay. Ang pagkadetalye ug katahom dili mahulagway, ug espesyal ang lebel sa mga kahayag. Sama niini, imong mabati ang katarong ug kahumok sa gugma sa Dios nga magabalus kanimo sumala sa imong mga binuhatan sa pagtan-aw lang sa palibot sa mga balay sa langit.

3. Mga Dapit nga Masuroy-suroyan sa Langit

Unsa pa ang anaa sa palibot sa daku nga kastilyo? Kon akong sulayan nga ihulagway kining morag-siyudad nga balay sa pinakagamay nga detalye, kini mas sobra pa kaysa pagsulat niining libro. Sa palibot sa kastilyo anaa ang usa ka daku nga hardin ug daghang mga klase sa mga dakbalay nga maanyag nga gidekorasyoan nga magkaangay nga nagbarog. Sama nga mga pasilidad ingon sa usa ka swimming pool, usa ka kalingawan nga parke, mga payag, ug usa ka balay sa opera naghimo niining balay nga morag usa ka mayor nga atraksyon sa mga turista.

Ang Dios magabalus sa tanang butang sumala sa mga binuhatan sa usa ka tawo

Ang rason nganong ang tag-iya makaangkon niining klase sa balay kauban ang daghan kaayong mga pasilidad kay tungod iyang gihalad ang tanan niyang lawas, hunahuna, panahon, ug kuwarta sa Dios niining yuta. Ang Dios magabalus sa tanang butang nga iyang gibuhat alang sa gingharian sa Dios apil ang pagdala sa dili-maihap nga mga kalag ngadto sa dalan sa kaluwasan ug nagtukod sa iglesia sa Dios. Ang Dios mas labi nga makahatag kanato dili lang sa unsang atong gipangayo apan usab ang unsang atong gipaninguhaan sa atong mga kasingkasing. Atong makita nga mahimo sa Dios nga magdesinyo og mas hingpit ug maanyag kaysa bisan kinsang ekselente nga arkitekto o manugplano sa siyudad sa yuta, ug magpakita sa paghiusa ug kadaiyahan sa samang panahon.

Niining yuta, mahimo natong makaangkon og bisan unsang butang sa kadaghanang panahon, kon aduna ta'y igo nga kuwarta. Sa langit, dili kana mao ang kaso. Ang usa ka balay kon hain ikaw nagpuyo, mga sinena, mga hamiling bato, mga korona, o bisan pa ang nagsilbi nga mga anghel dili mapalit o ma-empleyo, apan igahatag lang sumala sa gidak-on sa pagtoo sa usa ka tawo ug iyang pagkamatinuohon sa gingharian sa Dios.

Sumala s atong makita sa Sa Mga Hebreohanon 8:5, *"Ginaalagaran nila ang hulad ug landong sa langitnong dapit nga balaan; kay sa hapit na si Moises magpatindog sa tabernaculo, gitugon siya sa Dios,"* kining kalibutan usa ka landing sa langit ug kadaghanan sa mga mananap, mga tanom, ug uban pang naturalisa makita sad sa langit. Sila mas labing maanyag kaysa katong anaa sa yuta.

Ato karong hibaluon ang mga hardin nga napuno sa daghang kaayong mga bulak ug mga tanom.

Mga dapit para sa pagsimba ug ang Engrande nga Sangtuwaryo

Sa ilalom sa kastilyo sa sentro, anaa ang usa ka daku kaayo nga pinakasulod nga hawanan kon asa daghang mga bulak ug mga kahoy nagbuhat og maanyag nga talan-awon. Sa magsigdaplin sa kastilyo anaa ang dagku nga mga dapit para sa pagsimba kon hain ang mga tawo mahimo sa matag panahon nga maghimaya sa Dios sa pagdayaw. Kining langitnon nga balay, morag usa ka bantog nga atraksyon sa turista nga gibutangan og daghan kaayong mga pasilidad, ug kay tungod nga madugay nga panahon ang kuhaon sa mga tawo aron maglibot sa balay, adunay mga dapit sa pagsimba kon hain sila mahimong magpahulay.

Ang pagsimba sa langit hingpit nga lahi gikan sa katong gigamit niining yuta. Kita wala gihikot sa mga pormalidad, apan makahatag og himaya sa Dios kauban ang bag-ong mga kanta. Kon kita mokanta sa himaya sa Amahan ug sa gugma sa Ginoo, kita mahibag-o sa atong pagdawat sa kapuno sa Espiritu Santo. Nan kita makaangkon sa mas halawom nga mga emosyon sa atong kasingkasing ug kita mapuno sa pagpasalamat ug kasadya.

Dugang pa niining mga sangtuwaryo, kining kastilyo adunay usa ka dakbalay nga anaay eksakto nga kaparehas og hulma sa usa ka tukma nga sangtuwaryo nga ania sa yuta. Samtang anaa sa yuta, ang tag-iya niining kastilyo nidawat sa trabahuon gikan sa Amahang Dios nga magtukod og usa ka daku ug engrande nga sangtuwaryo, ug ang samang klase sa sangtuwaryo gitukod sad sa Bag-ong Herusalem.

Hisama sa kang David sa Daang Kasabotan, ang tag-iya niining kastilyo gikahidlawan sad ang Templo sa Dios. Adunay daghang mga dakbalay sa kalibutan, apan walay tinuod nga bisan unsang dakbalay nga nagpakita sa dignidad ug himaya sa Dios. Gibati Kaniya sa kanunay ang kasubo alang niining katinuoran.

Siya anaay usa ka daku nga kamainiton nga magtukod og usa ka sangtuwaryo nga alang lang sa Dios nga Mamumugna. Gidawat sa Dios nga Amahan kining gihidlaw nga kasingkasing ug gipatin-aw kaniya sa daku nga detalye ang hulma, kadakuon, mga dekorasyon ug bisan pa ang pinakasulod nga mga estruktura sa sangtuwaryo. Kini imposible ra sa mga panghunahuna sa tawo, apan siya naglihok lang kauban ang pagtoo, paglaum, ug gugma; ug sa katapusan, ang Engrande nga Sangtuwaryo gitukod.

Kining Engrande nga Sangtuwaryo dili lang usa ka dakbalay nga daku ug masilakon. Kini mao ang kaanggid sa kristal nga mga luha nga mga enerhiya sa katong mga tumuluo nga tinuod nga nahigugma sa Dios. Aron matukod kining sangtuwaryo, ang mga bahandi sa kalibutan ang pagagamiton. Ang kasingkasing sa mga hari sa mga nasud kinahanglan nga irogon. Ug aron mabuhat kini, ang unsang gikinahanglan og labi mao ang makagagahom nga mga buhat sa Dios nga lapas sa imahinasyon sa tawo.

"Akong Nakita ang Balaan nga Siyudad, ang Bag-ong Herusalem"

Ang tag-iya niining kastilyo gibuntog ang lisud nga espirituhanon nga mga pakig-away pinaagi kaniya aron madawat kining klase sa gahom. Gituohan kaniya ang Dios nga maghimo sa mga imposible nga butang posible kauban lang ang kamaayo, gugma, ug pagkamasinugtanon. Nag-ampo siya og padayon ug ang resulta, gitukod niya ang Engrande nga Sangtuwaryo nga malipayon nga gidawat sa Dios.

Ang Dios nga Amahan nga nakahibalo sa tanan niining mga katinuoran, gitukod sad ang usa ka hulad niining Engrande nga Sangtuwaryo sa kastilyo niining tawhana. Lagi, ang Engrande nga Sangtuwaryo sa langit gitukod sa bulawan ug mga hamiling bato nga mas maanyag kaysa sa mga materyales sa yuta nga lapas sa pagtandi, bisan pa nga ang hulma parehas.

Usa ka pasundayag nga hawanan nga morag ang Sydney Opera House

Niining kastilyo, adunay usa ka pasundayag nga hawanan nga morag parehas sa Opera House sa Sydney, Australia. Adunay usa ka rason nganong gitukod sa Dios nga Amahan kining pasundayag nga hawanan sa kastilyo. Katong anaa pa sa yuta ang tag-iya niining kastilyo, siya nagpahigayon sa daghang mga pasundayag nga koponan nga nakasabot sa kasingkasing sa Dios nga nalipay sa pagdayaw. Ug iyang daku nga gihimaya ang Dios nga Amahan pinaagi sa maanyag ug maparaygon nga mga arte nga pagpasundayag.

Dili lang kini sa gawasnon nga mga pagpadyag, mga kabatid, ug mga pamaagi. Naggiya siya sa mga manugpasundayag sa usa ka espirituhanon nga paagi aron sila makadayaw sa Dios kauban ang tinuod nga gugma gikan sa giladmon sa ilang mga kasingkasing. Iyang gialsa ang daghang mga manugpasundayag nga makahalad ngadto sa Dios sa klase sa mga pagdayaw nga tinuod nga madawat sa Dios. Alang niini gitukod sa Dios nga Amahan ang usa ka maanyag nga pasundayag nga hawanan sa arte aron nga kining mga manugpasundayag mahimo nga gawasnon nga makapadayag sa ilang mga kabatid sa paninguha sa ilang mga kasingkasing sa kastilyo.

Usa ka daku nga linaw nga nabutang sa atubangan niining dakbalay, ug morag naglutaw ang dakbalay sa tubig. Inig kasirit sa tubig sa sagidlisan gikan sa linaw, mga tulo sa tubig ang mahulog nga nagpagula og mga kahayag mga morag mga hamiling bato. Ang pasundayag nga hawanan anaay usa ka masiga nga entablado nga adunay daghang mga klase sa mga hamiling bato ug daghang mga lingkoranan nga naghulat sa mga manugtan-aw. Nganhi, ang mga anghel magpasundayag sa maanyag nga mga sinena.

Ang katong manugpasundayag nga mga anghel magbayle gamot ang mga sinena nga nagpagula og mga kahayag sa nagsidlak sa sihag nga hamiling bato nga morag mga pako sa mga alindanaw. Ang matag-usa sa ilang mga paglihok hingpit nga walay tatsa ug maanyag. Aduna sad mga anghel nga nagkanta ug nagtukar sa mga instrumento sa musika. Nagtukar sila sa maanyag ug matam-is nga mga melodiya kauban ang sopistikado nga mga kabatid ug pamaagi.

Apan bisan nga ang mga kabatid sa mga anghel maayo kaayo, ang kahumot gikan sa pagdayaw ug pagsayaw lahi kaayo gikan sa mga anak sa Dios. Ang mga anak sa Dios adunay halawom nga gugma ug pagpasalamat alang sa Dios sa ilang mga kasingkasing. Gikan sa kasingkasing nga gibuhat og maanyag pinaagi sa

"Akong Nakita ang Balaan nga Siyudad, ang Bag-ong Herusalem"

pagpaugmad sa katawohan naggula ang kahumot nga makairog sa Amahang Dios.

Katong mga anak sa Dios nga adunay katungdanan sa pagdayaw sa Dios sa yuta adunay daghang mga kahigayonan aron himayaon ang Dios kauban sa ilang mga pagdayaw sa langit, og usab. Kon ang usa ka lider sa pagdayaw moadto sa Bag-ong Herusalem, siya makapasundayag sa kining pasundayag nga hawanan sa arte nga morag Opera House. Ug ang mga pagpasundayag nga gibuhat niining dapit usahay matan-aw sad dayon sa tanang puy-anan sa langitnon nga gingharian.

Usas ka panganod nga tulay nga adunay mga kolor sa bangaw

Ang Suba sa Tubig nga Nagahatag sa Kinabuhi nga nagsidlak sa pilak nga mga kahayag nag-agas sa tanang palibot sa kastilyo nga naglibot niining kastilyo. Kini naggikan sa trono sa Dios ug nag-agas sa palibot sa mga kastilyo sa Ginoo ug sa Espiritu Santo, sa Bag-ong Herusalem, sa Ikatulo, Ikaduha, Unang Gingharian sa Langit, sa Paraiso ug magbalik sa trono sa Dios.

Ang mga tawo makighinabi sa isda nga daghang maanyag nga mga kolor samtang naglingkod sa bulawan ug pilak nga balas sa magsigdaplin sa Suba sa Tubig nga Nagahatag sa Kinabuhi. Adunay mga bulawan nga mga bangko sa magsigdaplin sa Suba ug sa palibot anaa ang mga kahoy sa kinabuhi. Sa paglingkod sa bulawan nga mga bangko ug pagtan-aw sa makagalana nga mga bunga, kon maghunahuna ka lang nga, 'Ah, katong mga bunga morag lami kaayo,' ang mga anghel nga nagsilbi dal-on ang bunga sa usa ka basket nga bulak ug matinahuron nga ihatag kanimo.

209

Aduna sad maanyag, gihulma-sa-arko nga panganod nga mga tulay sa palibot sa Suba sa Tubig nga Nagahatag sa Kinabuhi. Sa paglakaw sa ibabaw sa panganod nga tulay nga naay mga kolor sa bangaw ug matan-aw ang Suba nga mahinay nga nag-agas sa ilalom kanimo, magbati ka og labi nga kahibulongan nga morag naglupad ka sa kalangitan o naglakaw sa tubig.

Sa imong paglabang sa Suba sa Tubig nga Nagahatag sa Kinabuhi, adunay usa ka gawas nga hawanan nga anaay daghang mga klase sa mga bulak ug bulawan nga balilihan, ug nganhi magbati ka og lahi gikan sa paagi nga imong gibati sa sulod nga hawanan.

Usa ka kalingawan nga parke ug bulak nga dalan

Sa paglabang sa panganod nga tulay, adunay usa ka kalingawan nga parke nga anaay daghang mga klase sa sakyanan nga wala pa nimo makita, madunggan, o mahanduraw; bisan pa ang pinakamaayo nga kalingawan nga mga parke niining kalibutan sama sa Disneyland dili matandi niining kalingawan nga parke. Ang mga tren nga gibuhat sa Kristal nagdagan palibot sa parke, usa ka gitema-nga-barko sa pirata nga sakyanan nga gibuhat sa bulawan ug daghang mga hamiling bato nagbalik-balik, usa ka tyubibo nga nagdagan sa usa ka masadyaon nga ritmo, ug usa ka daku nga roller-coaster ang nagdagan og nagkangaya sa mga manugsakay. Inig kalihok niining mga sakyanan nga gidekorasyonan gamit ang daghang mga hamiling bato, sila nagpagula og daghang-sapaw nga mga kahayag, ug sa pagka-anaa lang didto ikaw nagpuliki sa modo sa kapistahan.

Sa usa ka kilid sa pinakagawas nga hawanan, adunay walay

katapusan nga dalan sa bulak, ug ang tibuok nga dalan natabonan sa mga bulak aron nga makalakaw ka sa mga bulak mismo. Ang langitnon ng lawas gaan kaayo nga dili nimo mabati ang kabug-at, ug ang mga bulak dili miyatakan bisan pa nga maglakaw ka kanila. Inig kalakaw nimo sa halapad nga dalan sa bulak imong mapanimahoan ang ingon sa mahuyo nga mga kahumot sa mga bulak, magsira ang mga gihay sa bulak nga morag naulaw sila ug magbuhat og usa ka balod nga mag-abli og daku ang tanang bulak. Kini usa ka espesyal nga pagsugat ug pag-abi-abi. Sa mga istorya nga engkantada, ang mga bulak adunay ilang kaugalingon nga mga nawong ug mahimong makighinabi, kini parehas sa langit.

Ikaw hingpit nga mahimuot nga maglakaw sa mga bulak ug mangalipay sa ilang mga kahumot, ug ang mga bulak magbati og kalipay ug maghatag sa ilang pagpasalamat kanimo alang sa paglakaw kanila. Inig mahinay nga pagtunob nimo kanila, sila magpagula og mas daghang kahumot. Ang matag-usa nga bulak adunay lahi nga kahumot ug ang mga kahumot lahi nga magsagol sa kada panahon aron nga ikaw anaay bag-ong pagbati sa kada lakaw nimo. Ang dalan sa mga bulak nagkatag nganhi ug ngadto nga morag nindot nga pamintal aron magdugang og kaanyag niining langitnon nga balay. Sama niini, ang balay sa usa ka tawo daku kaayo ug morag walay limit, ug adunay tanang klase sa mga pasilidiad.

Usa ka daku nga uma kon hain ang mga mananap magdula sa kadaiton

Sa ibabaw sa mga dalan sa bulak anaa ang daku, halapad nga uma ug daghang mga klase sa mga mananap nga imong makita niining yuta nga anaa sad ngadto. Lagi, imong makita ang daghan ubang pang mga mananap sa ubang mga dapit apan adunay hapit tanan nga mga klase sa mga mananap nganhi, pwera sa katong nagbatok sa Dios, sama sa mga dragon. Ang talan-awon sa atubang sa imong mga mata magpahanumdom nimo sa kalapad sa Savanna sa Africa, ug kining mga mananap dili magbiya sa ilang mga lugar bisan pa nga walay koral ug gawasnon nga magduladula. Sila mas dagku kaysa mga mananap niining yuta ug adunay mas klaro nga mga kolor nga nagsinaw og mas maayo. Ang balaod sa lasang dili mosilbi sa kanila nganhi.

Ang tanang mga mananap maaghop; bisan pa ang mga leon nga gitawag nga mga hari sa mga hayop dili gayud agresibo apan maaghop kaayo ug ang ilang bulawan nga balhibo nindot kaayo. Usab, sa langit, gawasnon ka nga makigsulti sa mga mananap. Handurawa lang ang pagpangalipay sa kaanyag ug ka-engrande sa naturalisa nga nagdagan sa halapad nga uma nga nagsakay sa mga leon ug mga elepante. Kini dili lang usa ka butang nga makita sa istorya sa engkantada apan ang pribilihiyo nga gihatag sa katong naluwas ug nakaangkon sa langit.

Usa ka pribado nga payag ug usa ka bulawan nga lingkoranan para pahulayan

Kay ang balay niining tawhana nga morag usa ka mayor nga atraksyon sa turista sa langit alang sa daghang aron pangalipayan, gihatag sa Dios ang usa ka payag hilabina para sa iyang pribado nga gamit. Kining payag gibutang sa usa ka gamay nga bungtod nga adunay nindot nga aninaw ug maaanyag nga mga dekorasyon. Ang tag-iya magpahulay ngadto sa iyang kaugalingon o gamiton kini aron dawaton ang mga profeta sama ni Elias, Henoch, Abraham, ug Moises.

Usab, adunay usa pa ka payag nga gibuhat sa Kristal, ug, dili sama sa ubang mga dakbalay, kini tin-aw ug sihag kaayo. Apan, dili kanimo makita ang sulod gikan sa gawas ug ang entrada dili masudlan. Sa ibabaw sa atop niining kristal nga payag, adunay usa ka naglibot nga bulawan nga lingkoranan. Inig lingkod sa tag-iya ngadto, iyang makita ang tibuok nga balay sa usa lang ka pagpasiplat lapas sa panahon ug espasyo. Gibuhat kini sa Dios hilabina para sa tag-iya aron iyang mabati ang kalipay nga nagtan-aw sa daghang mga tawo nga nagbisita sa iyang balay, o yanong nga magpahulay.

Usa ka buntod a paghanumdom og balik ug usa ka dalan sa paglaraw

Ang dalan sa paglaraw, kon asa ang mga kahoy sa kinabuhi nagbarog sa matag-kilid, kalma kaayo nga morag niundang ang oras. Inig tikang sa tag-iya, ang pagdait mogawas gikan sa ilalom sa iyang kasingkasing ug siya gipahanumdom sa mga butang niining kalibutan. Kon siya maghunahuna mahitungod sa Adlaw, sa bulan, ug sa mga bituon, usa ka lingin nga hut-ong nga morag usa ka iskreen ibutang sa ibabaw sa iyang ulo, ug ang Adlaw, ang bulan, ug ang mga bituon mogawas. Sa langit ang mga kahayag sa Adlaw, sa bulan, ug sa mga bituon dili kinahanglan kay ang tibuok nga dapit gilibotan sa kahayag ug himaya sa Dios, apan ang hut-ong gihatag og himulag alang kaniya aron maghunahuna mahitungod niining yuta.

Usab, adunay usa ka dapit nga gitawag nga bungtod sa

paghanumdom og balik, ug kini nagporma og usa ka daku nga balangay. Mao kini kon asa ang tag-iya makabalik sa iyang kinabuhi niining yuta, ug gikolekta ang mga pintol niini. Ang balay kon asa siya natawo, ang mga eskwelahan nga iyang gitambongan, mga lungsod ug siyudad nga iyang gipuy-an, ang mga dapit kon asa siya nangatubang og mga pagsulay, ang dapit nga una kaniyang nailhan ang Dios, ug ang mga sangtuwaryo nga iyang gitukod human mahimong usa ka ministro tanan gibuhat nganhi sigun sa panahon nga han-ay.

Bisan pa nga ang mga materyales dayag nga lahi gikan sa katong niining yuta, ang mga butang sa iyang yutan-on nga kinabuhi takdo nga gikopya aron klaro nga mabati sa mga tawo ang mga inagian sa iyang kinabuhi sa yuta. Unsa ka makahibulong ang maaghop ug mahumok nga gugma sa Dios!

Mga busay ug dagat nga adunay mga isla

Sa padayon kanimong paglakat sa dalan sa paglaraw, imong madungog ang usa ka baskog ug tin-aw nga tingog gikan sa layo. Kini mao ang tingog nga naggikan sa busay nga adunay daghan kaayong mga kolor. Inig pagpataas sa busay og sablig, maanyag nga mga hamiling bato sa ilalom sa busay ang magsidlak og mga masilaw kaayong mga kahayag. Kini ingon sa masilakon kaayo nga talan-awon nga makita ang usa ka daku nga pag-agas sa tubig nga manaog og tulo ka lebel gikan sa tuktok ug mag-agas ngadto sa Suba sa Tubig nga Nagahatag sa Kinabuhi. Adunay mga hamiling bato nga nagsidlak og doble o triple nga mga kahayag sa parehas nga kilid sa busay, ug sila nagpagula og makapahibulong nga mga kahayag uban sa sablig sa tubig. Mabati nimo ang

"Akong Nakita ang Balaan nga Siyudad, ang Bag-ong Herusalem"

kapresko ug kabalik sa kabaskog sa pagtan-aw lang niini.

Aduna sad og usa ka pavilion sa tuktok sa busay kon asa ang mga tawo makakita sa nindot nga talan-awon o makapahulay. Imong makita ang langitnon nga balay sa kinatibuk-an, ug ang talan-awon engrade kaayo ug maanyag nga dili kini igo nga malaragway sa mga pulong niining yuta.

Adunay usa ka daku nga dagat sa likod sa kastilyo, ug adunay mga isla sa lahi nga mga kadakuon niini. Ang walay lama ug matin-aw nga tubig sa dagat nagsidlak nga morag mga hamiling bato nga gisabyahan og tubig. Maanyag sad kini tan-awon ang isda nga naglangoy sa matin-aw nga dagat, ug sa pagkasorpresa sa usa, maanyag nga mga balay sa berde nga kolor sa jade ang gitukod sa ilalom sa dagat. Niining yuta, bisan pa ang pinakadatu nga tawo dili makabalay sa ilalom sa dagat.

Bisan pa niana, kay ang langit anaa sa upat-ka-dimensyonal nga kalibutan kon hain ang tanang butang posible, adunay dili-maihap nga mga butang nga dili nato masabtan o mahanduraw nga anaa.

Usa ka malahigante nga barko nga morag ang *Titanic* ug usa ka kristal nga barko

Ang mga isla sa dagat adunay daghang mga kolor sa ihalas nga mga bulak, mga nagkanta nga mga langgam, ug bilihon nga mga bato aron magkumplemento sa maanyag nga mga talan-awon. Nganhi, ang pagsakay sa bangka o pagsurf nga mga palumba ipahigayon aron madani ang daghang mga langitnon nga mga lungsoranon. Adunay usa ka barko nga morag ang *Titanic* sa ibabaw sa mahinay nga nagbalod nga dagat, ug ang

215

sakayan adunay daghang mga klase sa mga pasilidad sama sa mga swimming pool, mga teatro, ug piging nga mga hawanan. Kon anaa ka sa sihag nga barko nga tibuok nga gibuhat sa kristal, mabati nimo nga morag naglakaw ka sa dagat, ug imong mabati ang kaanyag sa sulod sa dagat sa usa ka gihulma-sa-rubgy nga bola nga submarine.

Unsa kaha ka malipayon kini nga makasakay sa usa ka barko nga morag ang *Titanic,* usa ka kristal nga barko, o usa ka gihulma-sa-ruby nga bola nga submarino sa bisan usa lang kaadlaw! Apan, kay ang langit usa ka kahangtoran nga dapit, imong mapangalipayan kining mga butang sa kahangtoran kon ikaw aduna lang sa mga katakos nga makasulod sa Bag-ong Herusalem.

Daghang pang-atleta, kalingawan nga mga pasilidad

Aduna sad og pang-atleta ug kalingawan nga mga pasilidad sama sa mga golf course, mga bowling alley, mga swimming pool, mga tennis court, mga volleyball court, mga basketball court, ug uban pa. Kini gihatag isip nga mga balus kay ang tag-iya mahimo untang makapangalipay sa kadtong mga isports niining yuta apan wala gibuhat alang sa gingharian sa Dios ug gihurot ang tanang panahon para lang Kaniya.

Sa bowling alley, nga gibuhat sa bulawan ug mga hamiling bato sa usa ka hulma sa pin sa bowling, ang bola ug ang mga pin gibuhat tanan sa bulawan ug mga hamiling bato. Ang mga tawo magdula nga grupo sa tulo hangtud lima, ug sila kauban nga magkuha og nanoy nga panahon nga magpaalam-alam sa usa og usa. Ang bola dili mabati nga morag nagbug-at og daku, dili sama sa mga ari sa yuta, busa kini mabaskog nga moligid sa alley bisan pa nga hinay lang ang imong pagduso. Sa pagka-igo niini sa mga pin, masilakon nga mga kahayag kauban ang usa ka matin-aw ug maanyag nga tingog ang mogawas.

Sa golf course nga gitukod sa bulawan nga balilihan, ang balilihan naghigda og awtomatik para sa bola nga makaligid sa panahon sa mga pagdula. Sa paghigda sa balilihan nga morag mga domino, kini tan-awon nga morag usa ka bulawan nga balod. Sa Bag-ong Herusalem, bisan ang balilihan magtuman sa kasingkasing sa tag-iya niini. Dugang pa, human sa putting, usa ka piraso nga panganod moadto sa tapad sa tiil ug balhinon ang amo ngadto sa usa pa ka course. Unsa ka makahibulong ug makahingangha kini!

Ang mga tawo usab malipay og pag-ayo sa swimming pool. Kay walay malumos sa langit, bisan katong dili kamao molangoy niining yuta mahimong natural nga maayong makalangoy. Dugang pa, ang tubig dili molupos sa mga sinena apan moilig lang nga morag yamog sa usa ka dahon. Ang mga tawo mangalipay sa paglangoy sa bisan unsang orasa kay sila makalangoy nga adunay mga sinena.

Mga linaw sa daghang mga kadakuon ug mga sagidlisan sa mga hardin

Daghang mga linaw sa lahi nga mga kadakuon sa daku, halapad nga langitnon nga balay. Inig kaway sa mga kapay sa isda nga adunay daghang mga kolor sa linaw morag nagsayaw sila aron mapahimuot ang mga anak sa Dios, nga tan-awon nga mora sila'g gahob nga nagkompisal sa ilang gugma. Imo sad makita ang isda nga magbaylo sa ilang mga kolor. Ang usa ka isda nga magkaway sa iyang pilak nga kolor nga mga kapay mahimong hinali lang nga magbaylo sa kolor niini ngadto sa perlas.

Adunay daghan kaayong mga hardin ug ang matag-usa nga hardin adunay usa ka lahi nga pangalan sumala sa way-tumbas niining kaanyag ug kinaiya. Ang kaanyag dili masangpoton nga mapasabot kay anaa ang paghikam sa Dios bisan pa sa usa lang ka dahon.

Ang mga sagidlisan nagkalahi sad sumala sa kinaiya sa matag-usa nga hardin. Kasagaran, ang mga sagidlisan magpagula og tubig, apan adunay mga sagidlisan nga magpagula og daghang maanyag nga mga kolor o mga kahumot. Adunay bag-o ug bilihon nga mga kahumot nga dili nimo masinati niining yuta, sama sa kahumot sa pag-antos nga mabati nimo gikan sa usa ka perlas, ang kahumot sa pagtimayod ug pagkamabination sa kornalina, ang kahumot sa pagsakripisyo-sa-kaugalingon o pagkamatinuohon ug daghan pa. Sa sentro sa sagidlisan nga gipaalsa, adunay mga sinulat o mga dibuho nga nagpatin-aw sa mga kahulogan sa matag-usa nga sagidlisan ug nganong gibuhat kini.

Dugang pa, aduna pa'y daghang ubang mga dakbalay ug mga espesyal nga espasyo sa kanang morag-kastilyo nga balay, apan kini usa ka hinugon nga katong tanan nga mga pasilidad dili mapatin-aw sa detalye. Unsang importante mao nga walay butang nga gihatag nga walay rason apan ang tanang butang gibalus sumala lang sa unsa kadaghan ang gitrabaho sa usa ka tawo alang sa gingharian ug pagkamatarung sa Dios niining yuta.

Daku ang imong balus sa langit

Sa karon imo nang nasabtan nga kining langitnon nga balay

daku kaayo ug daku kaayo nga mahanduraw. Ang daku nga kastilyo nga adunay hingpit nga pagkapribado gitukod sa sentro ug adunay daghan pang ubang mga dakbalay ug mga pasilidad kauban ang daku nga mga hardin nga naglibot niini; kining balay morag usa ka dapit sa turista sa langit. Dili nimo tingali matabangan ang imong kaugalingon nga masorpresa kay kining balay nga dili mahanduraw ang kadakuon giandam sa Dios sa usa lang ka tawo nga gipaugmad niining yuta

Unsa man, unya, ang rason nga giandam sa Dios ang usa ka langitnon nga balay nga sama sa kadakuon sa usa ka daku nga siyudad? Tan-awon nato ang Mateo 5:11-12:

> *"Bulahan kamo sa diha nga panamastamasan kamo sa mga tawo, ug pagalutoson kamo, ug pagabutangbutangan kamo sa tanang matang sa kadautan batok kaninyo tungod Kanako. Kinahanglan managmaya ug managkalipay kamo, kay daku ang inyong balus didto sa langit; kay sa ingon man niini gilutos sa mga tawo ang mga profeta nga nanghiuna kaninyo."*

Unsa kadaghan nga nag-antos ang apostol nga si Pablo sa pagtuman sa gingharian sa Dios? Siya nag-antos sa dili-mahubit nga mga kalisud ug mga panglutos aron iwali si Hesus ang Manluluwas sa mga Hentil. Atong makita nga nagtrabaho siya og pag-ayo alang sa gingharian sa Dios gikan sa 2 Mga Taga-Corinto 11:23 ug padayon. Si Pablo gipriso, gibunalan, o nabutang sa peligro sa kamatayon sa daghang panahon samtang siya nagwali sa ebanghelyo.

Langit II

Apan, wala gayud si Pablo nagreklamo o nag-aligutgot apan nagmaya ug nagkalipay samtang ang Pulong sa Dios nagsugo kaniya. Lagi pagkahuman sa tanan, ang pultahan sa kalibutanon nga misyon alang sa mga Hentil giabli pinaagi ni Pablo. Busa, siya natural nga nakasulod sa Bag-ong Herusalsem ug nag-angkon sa kadungganan nga nagsidlak sama sa Adlaw sa Bag-ong Herusalem.

Nahigugma pag-ayo ang Dios sa katong lisud kaayo nga nagtrabaho ug nagmatinuohon bisan sa pagsakripisyo sa ilang mga kinabuhi, ug magpanalangin ug magabalus kanila sa daghan kaayong mga butang sa langit.

Ang Siyudad sa Bag-ong Herusalem wala gireserba alang sa bisan kinsa nga partikular nga tawo, apan ang usa ka tawo nga nagpabalaan sa iyang kasingkasing aron maanggid ang kaugalingong kasingkasing sa Dios ug maikagon nga magtuman sa iyang katungdanan ang mahimong makasulod ug magpuyo ngadto.

Nag-ampo ako sa pangalan sa Ginoong Hesukristo nga mahimo nimong matuman ang kasingkasing sa Dios pinaagi sa madilaabon nga mga pag-ampo ug Pulong sa Dios, ug hingpit nga tumanon ang imong mga katungdanan aron nga makasulod ka sa Bag-ong Herusalem ug ikompisal Kaniya kauban ang pagluha, "Mapasalamaton ko kaayo alang sa daku nga gugma sa Amahan."

Kapitulo 9

Ang Unang Piging sa Bag-ong Herusalem

1. Ang Unang Piging sa Bag-ong Herusalem
2. Mga Profeta sa Una-nga-ranggo nga Grupo sa Langit
3. Maanyag nga mga Babaye sa Pagtan-aw sa Dios
4. Si Maria Magdalena Nagpuyo og Duol sa Trono sa Dios

"Tungod niini, bisan kinsa nga magapahuyang sa usa sa mga labing diyutay niining mga sugo ug magapanudlo sa mga tawo sa pagbuhat sa ingon, kini siya pagaisipon nga iwit didto sa gingharian sa langit; apan bisan kinsa nga magatuman ug magapanudlo niini, kini siya pagaisipon nga daku didto sa gingharian sa langit."

- Matthew 5:19 -

Ang balaan nga Siyudad sa Bag-ong Herusalem nagbalay sa trono sa Dios ug, apil sa dili-maihap nga mga tawo nga gipaugmad niining yuta, ang katong adunay matin-aw ug maanyag nga mga kasingkasing nga morag kristal ang magapuyo ngadto sa kahangtoran. Ang kinabuhi sa Bag-ong Herusalem kauban ang Dios ang Trindad mao ang puno sa dili-mahanduraw nga gugma, emosyon, kalipay, ug kasadya. Ang mga tawo mangalipay sa walay katapusan nga kalipay sa pagtambong sa pagsimba nga mga serbisyo ug mga piging, ug mahigugmaon nga paghinabi sa usa og usa.

Kon ikaw motambong sa usa ka piging sa Bag-ong Herusalem nga gipahigayon sa Dios nga Amahan mismo sa Iyang kaugalingon, makatan-aw ka sa mga pasundayag ug makig-ambit sa gugma kauban ang dili-maihap nga mga tawo gikan sa nagkalain-lain nga mga puy-anan sa langit.

Ang Dios nga Trinidad, nga naghuman sa pagpaugmad sa tawo sa taas nga pag-antos, nagmaya ug nagbati og kalipay sa pagtan-aw sa Iyang pinalangga nga mga anak.

Gipadayag sa Dios sa gugma kanako ang mga detalye sa kinabuhi sa Bag-ong Herusalem nga puno sa mga emosyon nga lapas sa pagsabot. Ang rason nganong akong mabontog ang dautan sa kamaayo ug higugmaon ang mga kaaway bisan pa nga ako nag-antos sa walay bisan unsang rason mao kay ang akong kasingkasing napuno sa paglaum alang sa Bag-ong Herusalem.

Karon, atong utingkayon kon unsa ka bulahan kini nga "matuman ang kasingkasing sa Dios" nga matin-aw ug maanyag morag kristal kauban ang usa ka talan-awon gikan sa unang

Langit II

piging nga ipagahigayon sa Bag-ong Herusalem isip nga usa ka pananglitan.

1. Ang Unang Piging sa Bag-ong Herusalem

Sama niining yuta, adunay mga piging sa langit, ug pinaagi niini atong masabtan ang kamaya sa langitnon nga kinabuhi og pag-ayo. Mao kini tungod sila mao ang dungganon nga mga dapit kon asa makita nato ang kabahandi ug kaanyag sa langit sa usa lang ka pagsiplat ug magkamaya kanila. Sama sa mga tawo niining yuta nga magdekorasyon sa ilang mga kaugalingon sa pinakamaanyag nga mga butang, ug mokaon, moinom ug mangalipay sa pinakamaayo nga mga pagkaon sa usa ka piging nga gipahigayon sa usa ka presidente sa usa ka nasud, kon ang usa ka piging ipahigayon sa langit, kini napuno sa maanyag nga pagsayaw, pagkanta, ug kalipay.

Usa ka maanyag nga tingog sa pagdayaw gikan sa hawanan

Ang piging nga hawanan sa Bag-ong Herusalem daku kaayo ug engrande. Kon moagi ka sa entrada ug mosulod sa usa ka kuwarto kon asa ang tumoy niini dili nimo makita gikan sa usa, usa ka maanyag nga tingog sa langitnon nga musika nagdungag sa mabaskog nga emosyon nga gibati na.

Makahingangha ang kahayag

nga sukad pa sa wala pa ang singugdan.
Siya nagpasidlak sa tanang butang
gamit ang orihinal nga kahayag.
Siya nanganak sa Iyang mga Anak
Ug gibuhat ang mga anghel.

Ang Iyang himaya taas
sa ibabaw sa langit ug yuta
ug masilakon.
Maanyag ang Iyang grasya
nga gidupa nga usara.
Iyang gidupa ang Iyang kasingkasing
ug gibuhat ang kalibutan.
Dayawon ang Iyang daku nga gugma
sa gagmay nga mga ngabil.
Dayawon ang Ginoo
nga nagdawat sa pagdayaw ug kamaya.
Alsahon ang Iyang balaan nga pangalan
ug dayawon Siya sa kahangtoran
Ang Iyang kahayag makahingangha
ug takos nga dawayon.

Ang matin-aw ug elengante nga tingog sa musika matunaw ngadto sa espiritu aron maghatag og kahinaman ug pagdait nga sama sa mabati sa usa ka puya sa dughan sa iyang inahan.

Ang daku nga ganghaan sa piging nga hawanan nga adunay kolor sa puti nga hiyas gidayan-dayanan gamit ang langitnong mga bulak sa daghang mga hulma ug mga kolor ug anaay usa ka maanyag nga patern nga kinulit. Imong makita nga giandam sa Dios nga Amahan ang bisan usa ka gamay nga butang sa pinakagamay nga mga detalye sa Iyang mahumok nga gugma alang sa Iyang mga anak sa kada eskina sa Siyudad sa Bag-ong Herusalem.

Pag-agi sa ganghaan nga adunay kolor sa puti nga hiyas

Mosulod ang dili-maihap nga mga tawo lahos sa maanyag, daku nga ganghaan sa piging nga hawanan sa usa ka linya, ug ang katong nagpuyo sa Bag-ong Herusalem mosulod og una. Sila magsul-ob og bulawan nga mga korona nga mas taas kaysa ubang mga korona sa ubang mga puy-anan ug magpagula og mahinay, maanyag nga mga kahayag. Ang tela niini sama sa kagaan ug kahumok sa sida, ug kini naglabyog ngadto ug nganhi.

Ang sinena, kon hain gidekorasyonan gamit ang bulawan o daghang mga klase sa mga hamiling bato, adunay nagsidlak nga mga borda sa mga hamiling bato sa liog ug sa mga butkon, ug sumala sa mga balus sa usa ka tawo ang mga klase sa mga hamiling bato ug patern magkalahi. Ang kaanyag ug kadungganan sa mga residente sa Bag-ong Herusalem hingpit nga lahi gikan sa mga residente sa tanan pang ubang mga puy-anan sa langit.

Dili sama sa mga tawo nga nagpuyo sa Bag-ong Herusalem, ang mga tawo gikan sa ubang mga puy-anan sa langit kinahanglan nga moagi sa proseso aron makatambong sa piging sa Bag-ong Herusalem. Ang mg tawo gikan sa Ikatulo, Ikaduha, Unang Gingharian sa Langit o gikan sa Paraiso kinahanglan nga magbaylo sa ilang sinena ngadto sa espesyal nga mga sinena alang sa Bag-ong Herusalem. Kay ang kahayag sa langitnon nga mga lawas nagkalahi depende sa kon asa gikan nga puy-anan ang mga tawo naggikan, sila manghulam og angay nga mga sinena aron makabisita sa mga puy-anan sa mas taas nga lebel nga dapit kon hain sila nagpuyo.

Mao kana nganong adunay usa ka himulag nga dapit aron magbaylo og mga sinena. Adunay daghang mga sinena sa Bag-ong Herusalem ug ang mga anghel ang magtabang sa mga tawo nga magbaylo sa ilang mga sinena. Apan, ang katong gikan sa Paraiso, bisan pa aduna lang og diotay, kinahanglan nga magbaylo sa ilang mga sinena sa ila lang kaugalingon nga walay tabang sa mga anghel. Sila magbaylo sa ilang mga sinena ngadto sa mga sinena sa Bag-ong Herusalem ug halawom nga mairog sa himaya sa mga sinena. Sila sa gihapon magbati og pagbasol kay kay sila nagsul-ob sa mga sinena nga dili sila sa tinuod takos nga magsul-ob.

Ang mga tawo gikan sa Ikatulo, Ikaduha o sa Unang mga Gingharian sa Langit ug sa Paraiso kinahanglan nga magbaylo sa ilang mga sinena ug ipakita ang mga imbetasyon sa mga anghel sa entrada sa piging nga hawanan aron makasulod.

Ang engrande ug masilakon nga piging nga hawanan

Inig dala kaninyo sa mga anghel ngadto sa piging nga hawanan, dili nimo matabangan ang imong kaugalingon nga magpuliki sa mga masilakon nga mga kahayag, sa kadaku, ug kahamili sa piging nga hawanan. Ang salog sa hawanan nagsidlak kauban ang mga kolor nga puti sa hiyas nga walay bisan unsang lama o kahugaw, ug kini adunay daghang mga haligi sa matagkilid. Ang lingin nga mga haligi matin-aw morag bildo ug ang pinakasulod gidekorasyonan gamit ang daghang mga klase sa mga hamiling bato aron magbuhat niining way-tumbas nga kaanyag. Usa ka bugway sa mga bulak ang nagbitay sa mataghaligi aron magdungag sa modo ug kalidad sa piging.

Unsa kaha kamalipayon ug mapiogon kini kon ikaw giimbita sa usa ka baylehan nga gibuhat sa puti nga marmol ug masilakon nga sinaw nga kristal! Unsa kaha ka mas maanyag ug malipayon ang langitnon nga piging nga hawanan nga gibuhat sa daghan kaayong mga klase sa mga hamiling bato!

Sa atubang sa piging nga hawanan sa Bag-ong Herusalem, adunay duha ka mga entablado nga naghatag nimo og maligdong nga pagbati nga morag nagbisita ka og balik sa panahon ug nitambong sa usa ka koranasyon nga seremonya sa usa ka karaang-panahon nga emperador. Sa sentro sa pinakataas nga entablado anaay usa ka daku nga trono nga puti nga hiyas ang kolor para sa Dios nga Amahan. Sa natoo nga bahin niining trono mao ang trono as Ginoo ug ang sa nawala nga bahin mao ang trono sa kadungganan nga bisita sa unang piging. Kining mga trono gilibotan sa masilakon nga mga kahayag ug taas kaayo ug hamili. Sa naubos nga bahin sa entablado, ang mga lingkoranan para sa mga profeta gibutang sumala sa langitnon nga ranggo aron mapahayag ang kaharianon sa Dios nga Amahan.

Kining piging nga hawanan igo ang kadakuon sa dili-maihap nga langitnon nga mga lungsoranon nga giimbita. Sa usa ka kilid sa piging nga hawanan, adunay ua ka langitnon nga orchestra nga adunay arkanghel nga konduktor. Kining orchestra nagtukar sa langitnon nga musika aron magdungag og kamaya ug kalipay dili lang sa panahon sa piging, apan usab sa wala pa magsugod ang piging.

Gipalingkod kauban ang paggiya sa mga anghel

Ang katong nagsulod sa piging nga hawanan giagak sa mga anghel sa ilang nadestino nga daan nga mga lingkoranan, ug ang mga tawo nga gikan sa Bag-ong Herusalem maglingkod sa atubang, nga gisundan sa katong gikan sa Ikatulong Gingharian, Ikaduhang Gingharian, sa Unang Gingharian, ug sa Paraiso.

Ang katong gikan sa Ikatulong Gingharian magsul-ob sad og mga korona, kon hain hingpit nga lahi gikan sa mga korona sa Bag-ong Herusalem, ug kinahanglan nilang magbutang og lingin nga mga marka sa natoo nga bahin sa mga korona aron mahilain gikan sa mga tawo sa Bag-ong Herusalem. Ang katong gikan sa Ikaduha ug Unang mga Gingharian kinahanglan nga magbutang og lingin nga marka sa ilang nawala nga bahin sa dughan aron sila awtomatik nga mahilain gikan sa mga tawo sa Ikatulong Gingharian o sa Bag-ong Herusalem. Ang mga tawo sa Ikaduha ug Unang Gingharian magsul-ob og korona, apan ang mga tawo sa Paraiso walay igasul-ob nga korona.

Ang katong giimbita sa Bag-ong Herusalem nga piging maglingkod ug maghulat sa pagsulod sa Dios nga Amahan, ang host niining piging, kauban ang nagkapakapa nga hunahuna, nga nag-ayo sa ilang mga sinena ug uban pa. Sa pagtingog sa trumpeta nga sinyas sa pagsulod sa Amahan, ang mga tawo sa piging magtindog aron dawaton ang ilang host. Niining panahona, ang katong wala giimbita sa piging mahimo sa gihapon nga makigbahin sa hitabo pinaagi sa nagkadungan nga sistema sa pagbroadcast nga gitaod sa ilang iya-iya nga mga puyanan sa palibot sa langit.

Langit II

Ang Amahan magasulod ssa hawanan sa pagtingog sa trumpeta

Sa pagtingog sa trumpeta, daghang mga arkanghel nga nagbantay sa Dios nga Amahan magasulod og una, ug unya ang Iyang hinigugma nga mga unang amahan sa pagtoo ang magasunod. Karon ang tanang tawo ug ang tanang butang andam na aron dawaton ang Dios nga Amahan. Ang mga tawo nga nagtan-aw sa eksena magkadugang sa pagkahidlaw nga makita ang Amahan ug ang Ginoo, ug ilang itutok ang ilang mga mata sa atubangan.

Sa katapusan, kauban ang masilakon ug mahimayaon nga mga kahayag nga nagsidlak, ang Dios nga Amahan magasulod. Ang iyang hitsura engrande ug maligdong, apan sa samang panahon maaghop kaayo ug balaan. Ang iyang mahumok nga nagkaway nga buhok nagsidlak sa bulawan, ug kining mahayag nga mga kahayag naggula gikan sa Iyang nawong ug tibuok nga lawas nga ang mga tawo dili gani makaabli sa ilang mga mata og maayo.

Inig saka sa Dios nga Amahan sa trono, ang langitnong panon ug mga anghel, ang mga profeta nga naghulat sa entablado, ug ang tanang mga tawo sa piging nga hawanan magduko sa ilang mga ulo aron magsimba Kaniya. Kini usa ka kadungganan nga makita ang Dios nga Amahan, ang Mamumugna ug Magdudumala sa tanang butang, sa atubangan isip nga usa ka linalang. Unsa kini nga malipayon ug ka-emosyonal! Bisan pa niana, dili tanan nga mga bisita ang makakita Kaniya. Ang mga tawo gikan sa Paraiso, ang Unang Gingharian ug ang Ikaduhang Gingharian dili makaalsa sa ilang mga nawong tungod sa masilakon nga kahayag. Sila magaluha lang sa kalipay ug emosyon sa pagpasalmat alang sa katinuoran nga sila makaanha sa piging.

Ang Ginoo magpailaila sa kadungganan nga bisita

Human maglingkod sa Dios nga Amahan sa Iyang trono, ang Ginoo magasulod nga giagak sa usa ka maanyag ug elegante nga arkanghel. Siya nagsul-ob og taas ug masiga nga korona ug usa ka masinaw, puti ug taas nga kupo. Siya maligdong ug puno sa kahamili tan-awon. Ang Ginoo nagduko sa Dios nga Amahan og una sa pagtahod, nagdawat sa pagsimba sa mga anghel, mga profeta ug tanang ubang tawo, ug maghuyom balik nila. Nahimuot ang Dios nga Amahan nga naglingkod sa trono nga nagtan-aw sa tanang mga tawo nga nitambong sa piging.

Ang Ginoo moadto sa usa ka pulpit ug magpailaila sa kadungganan nga bisita sa unang piging, ug sa detalye nagsugid sa tanang butang mahitungod sa iyang ministro nga nagtabang aron mahuman ang pagpaugmad sa tawo. Pipila sa mga tawo nga nagtambong sa piging mahibulong kon kinsa kini, o katong nakahibalo na mahitungod kaniya maghatag sa ilang atensyon sa Ginoo kauban ang daku nga pagpaabot.

Sa katapusan, humanon sa Ginoo ang Iyang mga sugilon pinaagi sa pagpatin-aw kon giunsa paghigugma niining tawhana ang Dios nga Amahan, kon unsa kadaghan niyang gisulayan nga maluwas ang daghang mga kalag, ug giunsa niyang tibuok nga gituman ang kabubut-on sa Dios. Unya, ang Dios nga Amahan nagpuliki sa kalipay ug magtindog aron sugaton ang kadungganan nga bisita sa unang piging, sama sa usa ka amahan nga nagsugat sa iyang anak nga nagpauli nga malamposon, sama sa usa ka hari nga nagdawat sa usa ka madaogon nga heneral. Sa piging nga hawanan nga napuno sa pagpaabot ug pagkuray, ang trumpeta magtingog ug usab ug unya ang kadungganan nga bisita magasulod, nga masilawon nga nagsidlak.

Siya nagsul-ob og usa ka taas ug masilakon nga korona ug usa ka taas puti nga kupo sama sa Ginoo. Siya sad maligdong tanawon apan mabati sa mga tawo ang iyang kahumok ug kalooy gikan sa iyang nawong nga nag-anggid sa Dios nga Amahan.

Inig kasulod sa dungganan nga bisita sa unang piging, ang mga tawo magtindog ug magsugod sa pag-abi-abi sa ilang mga kamot nga gialsa nga morag magporma og usa ka balod. Pananglitan, sa World Cup nga hingapos nga duwa, inig kaagi sa bola diha sa goal keeper aron maghatag og kadalag-an, ang tanang tawo sa nagdaog nga nasyon nga nagtambong o nagtan-aw sa ilang mga balay magmaya ug mag-abi-abi, nga gakson ang usa og usa, mag-highfive, ug uban pa. Sa samang paagi, ang piging nga hawanan sa Bag-ong Herusalem puno sa pag-abi-abi sa kalipay.

2. Mga Profeta sa Una-nga-ranggo nga Grupo sa Langit

Unsa man, unya, ang atong tukma nga buhaton aron mahimong mga residente sa Bag-ong Herusalem ug makatambong sa unang piging? Dili lang kita modawat kang Hesukristo isip nga usa ka gasa, apan usab magdala sa siyam nga bunga sa Espiritu Santo ug mag-anggid sa kasingkasing sa Dios nga matin-aw ug maanyag morag kristal. Sa langit, ang hanay gidesisyonan pinaagi sa gidak-on kon hain ang usa ka tawo gipabalaan aron mag-anggid sa kasingkasing sa Dios.

Busa, bisan pa sa unang piging sa Bag-ong Herusalem, ang

mga profeta magasulod sumala sa langitnon nga ranggo inig kasulod sa Dios nga Amahan sa hawanan. Ang mas taas nga mga profeta o ubang mga unang amahan sa pagtoo parehas ang ranggo, mas duol silang makatindog sa trono sa Dios. Sa samang paagi, kay ang langit gidumala base sa ranggo, nakahibalo kita nga kinahanglan natong mag-anggid sa kasingkasing sa Dios aron makapabilin nga mas duol sa Iyang trono.

Karon atong tan-awon ang klase sa kasingkasing nga matinaw ug maanyag morag kristal, sama sa kasingkasing sa Dios ug unsaon nato pag-anggid niini og hingpit pinaagi sa mga kinabuhi sa mga profeta sa unang-ranggo nga grupo sa langit.

Si Elias gialsa nga wala makakita sa kamatayon

Sa tanang mga katawohan nga gipaugmad sa yuta, ang pinakataas nga ranggo mao si Elias. Pinaagi sa Biblia makita nimo nga ang kada aspeto sa kinabuhi ni Elias nagtestigo sa buhing Dios, ang bugtong og tinuod nga Dios. Siya profeta kaniadto sa panahon ni Haring Ahab sa amihanan nga gingharian sa Israel, kon asa naghitak ang mga magsisimbag-diosdios. Nakigharong siya sa 850 ka mga profeta nga nagsimbag mga diosdios ug gipapanaog ang kalayo gikan sa langit. Gidala sad ni Elias ang baga nga ulan human ang tulo-ug-tunga ka tuig nga paghulaw.

Si Elias maoy usa ka tawo nga sama kanatog kinaiya, ug siya nag-ampo pag-ayo nga dili unta magulan, ug wala tuod mag-ulan sa yuta sulod sa tulo ka tuig ug unom ka bulan. Unya siya nag-ampo pagusab ug ang langit nagpaulan, ug ang yuta mipaani sa iyang abut (Santiago 5:17-18).

Dugang pa, pinaagi ni Elias, ang usa ka hagkom nga harina sa usa ka banga ug diotay nga lana sa usa ka tibod nagdugay hangtud ang kagutom nahuman. Iyang gibuhi ang patay nga anak sa usa ka balo ug gitunga ang Jordan nga Suba. Sa katapusan, si Elias mikayab ngadto sa langit pinaagi sa usa ka alimpulos. (2 Hari 2:11).

Unsa man, unya, ang rason nganong si Elias, nga parehas kanato nga tawo, ang makabuhat sa mga makagalahom nga mga buhat sa Dios ug malikayan bisan pa ang kamatayon? Kini tungod kay iyang gituman ang kasingkasing nga lunsay ug maanyag nga morag kristal nga nag-anggid sa Dios pinaagi sa dagdahng mga pagsulay sa panahon sa iyang kinabuhi. Hingpit nga gibutang ni Elias ang iyang pagsalig sa Dios sa bisan unsang klase sa mga sitwasyon ug kanunay nga nagmasinugtanon Kaniya.

Inig kasugo sa Dios kaniya, ang profeta niadto sa atubang ni Haring Ahab nga nagsulay nga patyon siya ug giproklamar nga ang Dios mao ang tinuod nga Dios sa atubang sa dili-maihap nga mga tawo. Mao kana ug giunsa kaniya pagdawat sa gahom sa Dios, gipadayag ang Iyang makagagahom nga mga buhat og pag-ayo aron daku nga mahimaya ang Dios, ug nangalipay sa kadungganan ug himaya sa kahangtoran.

Si Henoch milakaw kauban ang Dios alang sa 300 ka tuig

Unsa man ang mahitungod kang Henoch? Sama ni Elias, si Henoch mikayab sad ngadto sa langit nga wala makakita sa kamatayon. Bisan pa nga ang Biblia wala naghisgot mahitungod kaniya og pag-ayo, ato sa gihapong mabati kon unsa siya nag-anggid sa kasingkasing sa Dios.

> *Ug si Henoch nakadangat ug kan-uman ug lima ka tuig, ug nanganak kang Mathusalam. Ug naglakaw si Henoch kuyog sa Dios sa human siya manganak kang Mathusalam, ug totolo ka gatus ka tuig; ug nanganak ug mga anak nga lalake ug mga anak nga babaye. Ug ang tanan nga mga adlaw ni Henoch midangat ug totolo ka gatus ug kan-uman ug lima ka tuig. Ug si Henoch naglakaw uban sa Dios; ug nawala siya, kay gikuha siya sa Dios* (Genesis 5:21-24).

Nagsugod og lakaw si Henoch kauban ang Dios sa edad nga kan-uman ug lima. Siya matahom sa panan-aw sa Dios kay siya nag-anggid sa kasingkasing sa Dios. Ang Dios nakig-ambit kaniya og halawom, milakaw kauban kaniya alang sa totolo ka gatus ka tuig, ug gikuha siya nga buhi aron ibutang nga duol sa Dios sa Iyang kaugalingon. Nganhi, ang "naglakaw uban ang Dios" nagpasabot nga ang Dios kuyog nianang partikular nga tawo sa tanang butang, ug ang Dios kauban ni Henoch bisan asa siya moadto alang sa tulo ka siglo.

Kon ikaw moadto sa usa ka biyahe, unsang klase man sa tawo ang imong gusto kuyogan? Ang biyahe mahimong usa ka nanoy kon moadto ka niini kauban ang tawo nga imong mapa-ambit ang imong hunahuna. Sa samang butang, atong masabtan nga si Henoch giusa sa Dios sa kasingkasing ug busa makalakaw siya kauban ang Dios.

Kay ang Dios sa sukaranon mao ang kahayag, kamaayo, ug gugma, kinahanglan walay kita'y bisan unsang kadulom kanato aron makalakaw kauban ang Dios hinoon adunay nag-awas nga kamaayo ug gugma. Gipabilin ni Henoch ang iyang kaugalingon nga balaan bisan pa nga siya nabuhi sa usa ka makakasala nga kalibutan, ug gihatod ang kabubut-on sa Dios sa mga tawo (Judas 1:14). Ang Biblia wala nag-ingon nga iyang gituman og daku ang usa ka butang o gibuhat ang usa ka espesyal nga katungdanan. Sa gihapon, kay gikahadlokan ni Henoch ang Dios og halawom diha sa iyang kasingkasing, gilikayan ang dautan, ug nabuhi sa usa ka gipabalaan nga kinabuhi aron makalakaw kauban Kaniya, ang Dios nagkuha kaniya aron ibutang siya og duol Kaniya sa mas madali.

Busa, nagsugid kanato Sa Mga Hebreohanon 11:5 nga, *"Tungod sa pagtoo si Henoch gilalin ngadto sa langit aron siya dili makatagamtam sa kamatayon; ug siya wala hikaplagi kay gikuha man siya sa Dios; sa wala pa siya kuhaa siya gipanghimatud-an nga nakapahimuot sa Dios."* Sama niini, Si Henoch nga nag-angkon sa klase sa pagtoo nga nakapahimuot sa Dios, gipabulahan nga maglakaw kuyog ang Dios sa kanunay, gilalin ngadto sa langit nga wala makatagamtam og kamatayon, ug nahimong ikaduhang ranggo nga tawo sa langit.

Si Abraham gitawag nga usa ka higala sa Dios

Karon, unsang klase sa maanyag nga kasingkasing ang may anaa si Abraham aron nga siya gitawag nga usa ka higala sa Dios ug giranggohan nga ikatulo sa langit?

Hingpit nga misalig si Abraham sa Dios ug hingpit nga nagmasinugtanon. Sa katong siya nagbiya sa iyang natawhan nga nasud sumala sa sugo sa Dios, wala gani siya nakahibalo sa destinasyon apan sa pagkamasinugtanon iyang gibayaan ang iyang lungsod nga natawhan ug base sa ekonomiya. Dugang pa, sa katong gisugo siya nga ihalad ang iyang anak nga si Isaac isip nga usa ka sinunog nga halad, nga iyang gipanganak sa edad nga 100, siya dayon nagmasinugtanon. Iyang gisaligan ang Dios nga maayo ug makagagahom, ug kon kinsa makabanhaw sa patay.

Dili gayud si Abraham dawo. Pananglitan, sa katong ang iyang pag-umangkon nga si Lot ug ang iyang mga kabtangan daghan kaayo nga dili sila kauban nga makapuyo, gipauna ni Abraham og desisyon si Lot, nga nag-ingon, *"Hinaut unta nga walay pagkabingkil kanimo ug kanako, sa akong magbalantay ug sa imo, kay magsoon kita. Dili ba anaa man ang tibook nga yuta sa atubangan mo? Ginapakilooy ko kanimo, nga bumulag ka kanako. Kong umadto ka sa wala, ako moadto sa too; kong ikaw sa too, ako moadto sa wala"* (Genesis 13:8-9).

Sa usa ka okasyon, daghang mga hari ang dungan nga naghiusa ug gilusong ang Sodom ug Gomorrah ug gikuha ang tanang mga epketos ug mga pagkaon ug ang iyang pag-umangkon nga si Lot nga nagpuyo sa Sodom. Unya, gidala ni Abraham ang 318 ka mga tawo nga natawo ug nahanas sa iyang balay, gilutos ang mga hari ug gidala og balik ang mga epektos ug pagkaon. Ang hari sa Sodom gusto nga ihatag ni Abraham ang pipila ka mga nahiuli nga epektos isip nga butang nga pasalamat, apan nibalidad siya. Kini gibuhat ni Abraham aron ipamatuod nga ang iyang mga panalangin naggikan lang sa Dios. Susama, si Abraham nagmasinugtanon sa pagtoo alang sa himaya sa Dios kauban ang usa ka kasingkasing nga lunsay ug maanyag morag kristal. Mao kini nganong dagaya siya nga gipakabulahaan sa Dios niiining yuta ug usab sa langit.

Si Moises, ang namuno sa Exodo

Unsang klase sa kasingkasing ang aduna si Moises, ang namuno sa Exodo, ang may anaa nga siya nagranggo og ikaupat sa langit? Nasugid kanato ang Numeros 12:3 nga, *"Karon ang tawo nga si Moises mapinaubsanon kaayo, labaw kay sa tanang mga tawo sa ibabaw sa yuta."*

Sa Judas adunay eksena kon hain ang arkanghel nga si Miguel nakig-away sa yawa mahitungod sa lawas ni Moises, ug mao kini tungod si Moises adunay mga katakos nga ilain ngadto sa langit nga dili makakita og kamatayon. Sa katong si Moises prinsipe pa sa Egipto, sa kausa gipatay niya ang usa ka Egiptohanon nga nagbunal sa usa ka Hebreohanon. Tungod niini ang yawa nagbasol nga si Moises kinahanglan nga makatagamtam og kamatayon.

Apan, ang arkanghel nga si Miguel nakig-away batok sa yawa, nga nag-ingon nga gilabay na ni Moises ang tanang mga sala ug dautan ug siya adunay mga katakos nga ilalin. Sa Mateo 17, atong mabasa nga si Moises ug Elias nanaog gikan sa langit aron makighinabi ni Hesus. Gikan niining mga katinuoran atong masabtan kon unsa ang nahitabo sa lawas ni Moises.

Kinahanglan ni Moises nga molayas gikan sa sa palasyo ni Paraon tungod sa pagpatay nga iyang gibuhat. Unya, siya nagpastol og mga karnero sa disyerto alang sa kap-atan ka tuig. Pinaagi sa pagsulay sa disyerto, giguba ni Moises ang tanang kahambog, mga paninguha, ug ang iyang kaugalingong pagkamatarung nga aduna siya isip nga usa ka prinsipe sa palasyo ni Paraon. Human lang ana nga gigahin sa Dios kaniya ang buluhaton nga dal-on ang mga Israelinhon gawas sa Egipto.

Karon si Moises, nga sa kausa gipatay ang usa ka tawo ug

nilayas, kinahanglan nga mobalik kang Paraon og usab ug dal-on pagawas sa Egipto ang mga Israelinhon nga nahimong mga ulipon alang sa 400 ka tuig. Kini morag imposible sa hunahuna sa tawo, apan nagmasinugtanon si Moises sa Dios ug niadto sa atubangan ni Paraon. Dili ang bisan kinsa lang ang mahimong pamuno aron dal-on ang milyon-milyon nga mga Israelinhon pagawas sa Egipto ug dal-on sila sa yuta sa Canaan. Mao kana nganong giuna og limpyo sa Dios si Moises sa disyerto alang sa kap-atan ka tuig ug gibuhat siya nga usa ka daku nga sudlanan nga mahimong gakson ug antuson ang tanang mga Israelinhon. Niining paagi, si Moises nahimong usa ka tawo nga masinugtanon bisan pa sa punto sa kamatayon ug makabuhat sa katungdanan nga mamuno sa Exodus. Atong makita kon unsa kadaku si Moises gikan sa Biblia.

Ug si Moises mibalik ngadto sa GINOO, ug miingon, "Oh, kining katawohan nakasala ug usa ka dakung sala, ug nagbuhat sila ug mga dios nga bulawan. Apan karon, kong pasayloon mo ang ilang sala ug dili ugaling, palaa ako, ginaampo ko kanimo, gikan sa imong libro nga gisulatan mo!" (Exodo 32:31-32)

Nakahibalo og pag-ayo si Moises nga kon palaon ang iyang pangalan gikan sa libro sa GINOO dili lang nagpasabot og pisikal nga kamatayon. Sa pagkahibalo og pag-ayo nga ang katong mga pangalan nga wala mahisulat sa Libro sa Kinabuhi igalabay ngadto sa kalayo sa impiyerno, ang kahangtoran nga kamatayon, ug mag-antos sa kahangtoran, si Moises nagsugot nga kuhaon ang kamatayon sa kahangtoran alang sa pagpasaylo sa mga sala sa mga tawo.

Unsa kaha ang gibati sa Dios nga nagtan-aw niining Moises? Ang Dios nahimuot niya og pag-ayo kay hingpit niyang nasabtan ang kasingkasing sa Dios nga nagdumot sa sala apan gustong maluwas ang mga makakasala; gitubag sa Dios ang iyang pag-ampo. Gihunahuna sa Dios si Moises nga usahanon nga labaw sa kamalahalon kaysa tibuok nga mga Israelinhon kay aduna siya'y kasingkasing nga tarong sa panan-aw sa Dios ug lunsay ug matinaw morag tubig sa kinabuhi nga naggikan sa Iyang trono.

Kon adunay usa ka abitsuylas-kadakuon nga diamante nga walay lama o hugaw, ug ginatus ka komo-kadakuon nga mga bato, asa man niini ang imong gihunahuna nga malahalon. Walay bisan kinsang magbaylo sa usa ka piraso nga diamante sa ordinaryo nga mga bato.

Busa, sa pagsabot sa katinuoran nga ang kamalahalon ni Moises nga usara, nga gituman ang kasingkasing sa Dios diha kaniya, mas daku kaysa katong tanang mga tawo sa Israel nga gihiusa, atong kinahanglan nga tumanon ang mga kasingkasing nga lunsay ug maanyag nga morag kristal.

Si Pablo, angapostol para sa mga Hentil

Ang ikalima sa langitnong ranggo mao ang apostol nga si Pablo nga gihalad ang iyang kinabuhi sa pagpasangyaw sa mga Hentil. Bisan pa nga siya nagmatinuohon alang sa gingharian sa Dios ngadto sa punto sa kamatayon kauban ang pagkamabination og pag-ayo, sa usa ka suok sa iyang hunahuna, siya kanunay nga nagbasol mahitungod sa kausa iyang gilutos ang mga tumuluo ni Hesukristo sa wala pa madawat ang Ginoo. Mao kana nganong iyang gikompisal sa 1 Mga Taga-Corinto 15:9, *"Kay ako mao man ugod ang iwit sa tanang mga apostoles, nga dili gani takus pagatawgon nga apostol tungod kay gilutos ko man ang iglesia sa Dios."*

Bisan pa niana, kay tungod siya usa ka maayo nga sudlanan, gipili siya sa Dios, gihinloan siya, ug gigagamit siya ingon nga usa ka apostol para sa mga Hentil. Ang 2 Mga Taga-Corinto 11:23 ug padayon nagpatin-aw sa detalye ang mga daghang kalisdanan nga iyang giantos samtang nagwali sa Maayong Balita, ug atong makita nga siya nag-antos og pag-ayo nga naglangiob bisan pa ana siya sa kinabuhi. Siya gibunalan ug gipriso sa kapila ka beses. Lima ka beses nakadawat siya og kulang na lang ug usa nga makap-atan ka lapdos gikan sa mga kamot sa mga Hudeo; sa tulo ka higayon siya giposposan gamit ang bara; makausa gibato; makatulo gilunod; usa ka gabii ug usa ka adlaw nag-utaw-utaw siya sa dagat; sa masubsob siya gitukaw sa kagabhion, natagamtaman niya ang kagutom ug kauhaw ug sa masubsob dili makakaon; siya gitugnawan ug gihuboan (2 Mga Taga-Corinto 11:23-27).

Si Pablo nag-antos og pag-ayo nga siya nagkompisal sa 1 Mga Taga-Corinto 4:9 nga, *"Kay sa akong paghunahuna ang Dios nagapasundayag kanamong mga apostoles diha sa kaulahian sa tanan, ingon nga mga tawo nga ginahin aron igapapatay; tungod kay kami nangahimo mang mga talan-awon sa kalibutan, sa mga manulonda ug sa mga tawo."*

Ngano man, unya, gitugotan sa Dios ang daghan kaayong mga kalisdanan ug mga paglutos kang Pablo nga nagmatinuohon ngadto sa punto sa kamatayon? Mapanalipdan sa Dios si Pablo gikan sa tanang mga kalisdanan apan gusto Kaniyang makaangkon si Pablo og kasingkasing nga lunsay ug maanyag morag kristal

241

pinaagi niadtong mga kalisdanan. Pagkahuman sa tanan, ang apostol nga si Pablo makaangkon man og kasulhay ug kalipay diha lang sa Dios, hingpit nga ilimod ang iyang kaugalingon, ug angkonon ang hingpit nga porma ni Kristo. Karon iyang makompisal sa 2 Mga Taga-Corinto 11:28, *"Ug gawas sa uban pang mga butang, anaa ang adlaw-adlaw nga pagpiit kanako tungod sa akong kabalaka alang sa tanang mga iglesia."*

Gikompisal sad kaniya sa Mga Taga-Roma 9:3 nga, *"Kay arang ko pa gani matinguha ang akong pagkatinunglo ug pagkasinalikway gikan kang Cristo alang sa kaayohan sa akong mga igsoon nga ako rang mga paryenti sa pagkatawo."* Si Pablo, nga adunay niining klase sa kasingkasing nga lunsay ug maanyag morag kristal, dili lang makasulod sa Bag-ong Herusalem apan usab magpabilin og duol sa trono sa Dios.

3. Maanyag nga mga Babaye sa Pagtan-aw sa Dios

Ato nang natan-aw ang unang piging sa Bag-ong Herusalem. Inig kasulod sa Dios nga Amahan sa hawanan, adunay usa ka babaye sa likod Kaniya. Siya nagsilbi sa Dios nga Amahan sa usa ka puti nga sinena nga hapit nang moabot sa salog ug gidekorasyonan sa daghang mga klase sa mga hamiling bato. Ang babaye mao si Maria Magdalena. Sa paghunahuna sa mga sirkumstanya kon hain ang mga publiko nga papel sa babaye limitado, dili niya unta mabuhat og pag-ayo ang pagtuman sa gingharian sa Dios, apan kay tungod siya maanyag kaayo nga babaye sa panan-aw sa Dios, siya makasulod sa pinakagitahod nga dapit sa langit.

Sama nga adunay pagranggo sa mga profeta sumala sa kon unsa kadaku kanilang nag-anggid sa kasingkasing sa Dios, ang mga babaye sa langit, sad, adunay usa ka han-ay kon hain sila giranggohan sumala sa aboton nga sila giila ug gihigugma sa Dios.

Unya, unsang klase sa mga kinabuhi ang may anaa kining mga babaye nga gikabuhi aron maila ug mahigugma sa Dios ug mahimong mga tawo sa kadungganan sa langit?

Si Maria Magdalena ang unang nakatagbo sa nabanhaw nga Ginoo

Ang babaye nga pinakahinigugma sa Dios mao si Maria Magdalena. Sa taas nga panahon, siya nahigot sa gahom sa kadulom ug nidawat og mga paglibak ug pagbaliwala gikan sa ubang mga tawo, ug niantos gikan sa nagkalainlain nga mga sakit. Sa usa sa katong mga lisud nga mga adlaw, iyang nadunggan ang balita mahitungod kang Hesus, nag-andam og usa ka mahal nga agwa ug niadto Kaniya. Nakadungog siya nga si Hesus niadto sa balay sa usa sa mga Pariseo ug niadto ngadto, apan dili siya makahagit nga moadto sa atubangan Kaniya bisan pa nga siya nahidlaw og pag-ayo sa pagtagbo Kaniya. Niadto siya sa likod Kaniya, gibasa ang Iyang mga tiil sa iyang mga luha, gipahiran kini sa iyang buhok, ug gibuak ang banga ug gibubo ang agwa Kaniya. Siya gibuy-an gikan sa mga kasakit sa sakit pinaagi niining paglihok sa pagtoo, ug siya daghan nga mapasalamaton. Gikan niadto, gihigugma niya si Hesus og pag-ayo gisundan Siya bisan asa Siya moadto, ug nahimong usa ka maanyag nga babaye nga gihalad ang iyang tibuok nga kinabuhi alang Kaniya (Lucas 8:1-3).

Iyang gisundan si Hesus bisan pa sa siya gilansang ug sa ulahi Niyang pagginhawa, bisan pa nga nakahibalo siya nga ang iyang presensya mahimong magkuha sa iyang kinabuhi. Si Maria niabot lapas sa lebel lang sa kalooy tungod sa pagbayad og balik sa grasya nga iyang gidawat, hinoon gisundan si Hesus, gihalad ang tanang butang, apil ang iyang kinabuhi.

Si Maria Magdalena, nga gihigugma og daku kaayo si Hesus, nahimong unang tawo nga nakatagbo sa Ginoo human Kaniyang mabanhaw. Siya nahimong pinakadaku nga babaye sa kasaysayan sa katawohan kay siya adunay usa ka maayo nga kasingkasing ug maanyag nga mga buhat nga makatandog bisan pa sa Dios.

Si Birheng Maria gipakabulahan nga samkon si Hesus

Ang ikaduha sa pinakamaanyag nga mga babaye sa panan-aw sa Dios mao si Birheng Maria, nga gipakabulahan nga samkon si Hesus, nga nahimong Manluluwas para sa tanang katawohan. Mga 2,000 ka tuig kaniadto, si Hesus kinahanglan nga moari sa unod aron malukat ang tanang tawo gikan sa ilang mga sala. Aron kini matuman, usa ka babaye nga angay sa panan-aw sa Dios ang gikinahanglan ug si Maria, sa atong panahona kaslonon kang Jose, ang gipili. Gipabahibalo siya og una sa Dios pinaagi sa arkanghel nga si Gabriel nga iyang pagasamkonon si Hesus pinaagi sa Espiritu Santo. Si Maria wala naglambigit sa bisan unsang hunahuna nga kinatawhon apan gikompisal ang iyang pagtoo, *"Tan-awa, ako ulipon sa Ginoo; matuman unta kanako kanang imong giingon"* (Lucas 1:26-38).

Kon ang usa ka birhen anang panahona magmabdos, dili lang siya pakaulawan sa publiko apan batohon hangtud mamatay sumala sa Balaod ni Moises. Bisan pa niana, siya nagtoo sa ilalom sa iyang kasingkasing nga walay imposible sa Dios ug gihangyo nga kini tumanon sumala sa giingon. Siya adunay igo nga kaayo sa kasingkasing nga magmasinugtanon sa Pulong sa Dios bisan pa kini mahimong magkuha sa iyang kinabuhi. Unsa kaha siya kamalipayon ug kamapasalamaton sa iyang unang pagsamkon kang Hesus o sa siya nagtan-aw Kaniya nga magtubo sa gahom sa Dios. Kini usa ka panalangin nga mahitabo kang Maria, nga usa lang ka linalang.

Mao kana nga malipayon kaayo siya nga yanong nga tanawon lang si Hesus, ug gisilbihan niya ug gihigugma Siya labaw pa kaysa iyang kaugalingong kianbuhi Niining paagi, ang Birheng Maria dagaya nga gipakabulahan sa Dios ug nidawat sa kahangtoran nga himaya tapad ni Maria Magdalena kauban ang tanang mga babaye sa langit.

Si Ester walay gihadlokan nga bisan unsang butang alang ka kabubut-on sa Dios

Si Ester, nga maisog nga giluwas ang daghang mga tawo kauban ang pagtoo ug gugma, nahimong usa ka maanyag nga babaye sa panan-aw sa Dios ug niabot sa pinakadungganon nga posisyon sa langit.

Human gikuha sa Hari sa Persia nga si Xerxes ang harianon nga posisyon sa reyna nga si Vashti, si Ester gipili sa daghang mga maanyag nga mga babaye ug nahimong reyna bisan pa nga siya usa ka Hudeo. Siya gihigugma sa hari ug sa daghang mga tawo kay siya wala nagsulay nga magpakita sa iyang kaugalingon ni nanghambog, apan gidayan-dayanan ang iyang kaugalingon kauban ang pagkalunsay ug pagkaelegante bisan pa nga siya maanyag na kaayo.

Mentras, samtang siya anaa sa harianon nga posisyon, ang mga Hudeo nangatubang sa usa ka daku nga krisis. Si Haman ang Agagite, nga gipaboran sa hari, nasuko sa katong ang usa ka Hudeo nga gihinganlan og Mordecai wala moluhod sa atubang kaniya o naghatag kaniya og respect ug pagtahod. Busa, giporma niya ang usa ka plano aron gub-on ang tanang mga Hudeo sa Persia, ug nidawat sa permiso gikan sa hari nga buhaton kini.

Si Ester nagpuasa alang sa tulo ka adlaw alang sa iyang mga tawo ug nagdesisyon nga moadto sa atubangan sa hari (Ester 4:16. Sumala sa Persiahanon nga balaod nianang panahona, kon adunay bisan kinsa nga moadto sa atubang sa hari nga wala siya motawag, siya pagapatyon, luwas lang kon ang hari magbutang sa bulawan nga setro sa kanang tawhana. Human ang iyang tulo-ka-adlaw nga puasa, si Ester nagsalig sa Dios ug niadto sa atubangan sa hari kauban ang iyang desisyon nga, *"Kon mamatay ko, mamatay ako."* Isip nga resulta sa pagbabag sa Dios, si Haman, nga nagdaot, mao ang gipatay. Wala lang giluwas ni Ester ang iyang mga tawo apan labing gihigugma sa iyang hari.

Sama niini, giila si Ester ingon sa usa ka maanyag nga babaye ug giabot ang mahimayaon nga posisyon sa langit kay siya baskug sa kamatuoran ug adunay kaisog nga ihatag ang iyang kinabuhi nga nagsunod sa kabubut-on sa Dios.

Si Ruth adunay usa ka maanyag ug maayo nga kasingkasing

Karon, atong utingkayon ang kinabuhi ni Ruth, kon kinsa

giila isip nga usa ka maanyag nga babaye sa panan-aw sa Dios ug nahimong usa sa mga pinakadaku nga mga babaye sa langit. Unsang klase sa kasingkasing ug mga binuhatan ang may anaa siya aron mapahimuot ang Dios ug mapabulahan?

Si Ruth nga Moabihanon namana sa usa ka Israelinhon kon kinsang pamilya nibalhin ngadto sa Moab tungod sa usa ka gutom, apan sa madali nawad-an og bana. Ang tanang mga lalaki sa iyang pamilya namatay og sayo, busa siya nagpuyo kauban ang iyang ugangan nga si Naomi ug bilas nga si Orpah. Si Naomi, nga nagkabalaka sa ilang kaugma-on, gisugyot ang iyang duha ka umagad nga magbalik sa ilang mga pamilya. Si Orpah nibiya ni Naomi nga naghilak apan si Ruth nagpabalin, nga nagbuhat og usa ka emosyonal nga kumpisal nga mao ang masunod:

> *Ayaw ako paghangyoa aron sa pagbiya kanimo, ug sa pagbalik gikan sa pagsunod kanimo; kay bisan asa ikaw moadto, ako moadto, ug bisan asa ikaw mopuyo, adto ako mopuyo. Ang imong katawohan mamahimo nga akong katawohan, ug ang imong Dios mamahimo nga akong Dios. Asa ikaw mamatay, adto ako magpakamatay, ug didto ako igalubong: si Jehova magahimo sa ingon niana kanako, ug labaw pa usab, kong may laing butang gawas sa kamatayon nga magapabulag kanimo ug kanako. Asa ikaw mamatay, adto ako magpakamatay, ug didto ako igalubong. Busa ang GINOO magahimo sa ingon niana kanako, ug labaw pa usab, kong may laing butang gawas sa kamatayon nga magapabulag kanimo ug kanako* (Ruth 1:16-17).

Kay si Ruth adunay niining klase sa maanyag nga kasingkasing, wala gayud siya naghunahuna sa iyang kaugalingong benepisyo apan gisunod lang ang kamaayohan bisan pa nga kini mahimong magdala kaniya og kadaotan, ug gibuhat ang iyang katungdanan nga matinumanon nga magsilbi sa iyang ugangan nga malipayon.

Ang binuhatan ni Ruth nga magsilbi sa iyang ugangan maanyag kaayo nga ang tibuok nga balangay nakahibalo sa kaligdong ni Ruth ug gihigugma siya. Sa katapusan, sa tabang sa iyang ugangan, nakapamana siya sa usa ka tawo nga gihinganlag Boaz, usa ka paryente-nga-manunubos. Siya nanganak sa usa ka lalaki ug nahimong lola sa tuhod ni David (Ruth 4:13-17). Dugang pa, si Ruth gipakabulahan nga maapil sa kaliwatan ni Hesus bisan pa nga siya usa ka Hentil nga babaye (Mateo 1:5-6), ug nahimong usa sa mga maanyag nga mga babaye sa langit sunod kang Ester.

4. Si Maria Magdalena Nagpuyo og Duol sa Trono sa Dios

Unsa man, unya, ang rason nganong gipahibalo kita sa Dios mahitungod sa unang piging sa Bag-ong Herusalem ug ang han-ay sa mga profeta ug mga babaye? Ang Dios sa gugma dili lang gusto nga ang tanang tawo makadawat sa kaluwasan ug maabot ang gingharian sa langit, apan usab mag-anggid sa Iyang kasingkasing aron nga sila mapabilin nga duol sa trono sa Dios sa Bag-ong Herusalem.

Aron kita makadawat sa kadungganan nga makapabilin nga duol sa trono sa Dios sa Bag-ong Herusalem, ang atong kasingkasing kinahanglan nga mag-anggid sa Iyang kasingkasing nga matin-aw ug maanyag morag kristal. Atong kinahanglan nga tumanon ang maanyag nga kasingkasing sama sa napulog-duha ka mga patukoranan sa mga paril sa Siyudad sa Bag-ong Herusalem.

Busa, gikan karon, atong utingkayon ang kinabuhi ni Maria Magdalena, nga nagsilbi sa Dios nga Amahan nga nagpabilin nga duol sa Iyang trono. Samtang ako nag-ampo para sa "Mga Pamulong sa Maayong Balita ni Juan," nahibaloan nako sa dakung detalye mahitungod sa kinabuhi ni Maria Magdalena pinaagi sa inspirasyon sa Espiritu Santo. Gipadayag kanako sa Dios ang klase sa pamilya kon hain si Maria Magdalena natawo, giunsa kaniya pagkabuhi, ug unsa ka malipayon ang kabuhi nga mahimo niyang makalipayan humang mailhan si Hesus ang atong Manluluwas. Akong gilaum nga mosunod ka sa iyang maanyag ug maayong kasingkasing nga ibutang kaniya ang tanang pagbasol sa tanang butang ug ang iyang gihatag-nga-kinabuhi nga gugma alang sa Ginoo aron ikaw usab makaangkon sa kadungganan nga makapabilin nga duol sa trono sa Dios.

Siya natawo sa usa ka nagsimbag-diosdios nga pamilya

Siya gihinganlan nga "Maria Magdalena" kay siya natawo sa usa ka balangay nga gitawag "Magdalena" kon hain puno sa mga magsisimbag-diosdios. Ang iyang pamilya wala mahilain; usa ka panunglo ang nabutang sa iyang pamilya alang sa daghang mga henerasyon tungod sa seryoso nga pagsimbag-diosdios ug adunay daghang mga problema.

Si Maria Magadalena, nga natawo sa kinadaotan nga espirituhanon nga sitwasyon, dili makakaon og tarong tungod sa usa ka sakit nga gastroenteric. Usab, kay tungod siya maluya sa pisikal sa kadaghanang panahon, ang iyang lawas dali lang matapotan og mga sakit. Dugang pa, bisan ang iyang regla naundang sa batan-on nga edad ug siya busa nawad-an sa usa ka importante nga pulos sa usa ka babaye. Mao kana nganong siya kanunay nga nagpabilin sa iyang balay ug gipaubos ang iyang kaugalingon nga morag wala siya nabuhi. Bisan pa niana, bisan pa nga siya gipakaulawan ug bugnaw nga gitagad bisan pa sa iyang mga miyembro sa pamilya, wala gayud siya og bisan unsang mga reklamo batok kanila. Hinoon, siya nakasabot kanila ug gisulayan nga mahimong kakuhaan sa kabaskog kanila, nga giangkon ang pagbasol diha kaniya. Sa iyang pagkasabot nga dili siya makahatag og kabaskog sa iyang mga miyembro sa pamilya apan nagpabiling usa ka palas-anon kanila, siya nibiya sa iyang pamilya. Kini dili tungod sa kadumot o kalagot sa ilang dili maayo nga pagtagad apan tungod dili siya gusto nga magpabug-at kanila.

Pagsulay sa iyang pinakamaayo, pag-angkon sa tanang pagbasol diha kaniya

Samtang, siya nakatagbo og usa ka tawo ug gisulayan nga magsalig kaniya, apan siya usa ka dautan-og-kasingkasing nga tawo. Wala siya nagsulay nga suportahan ang pamilya apan hinoon nagsugal. Iyang gisugo si Maria Magdalena nga dal-an siya og daghan pang kuwarta, nga sa makadaghan magsinggit kaniya ug magbukbok kaniya.

Gisugdan ni Maria Magdalena nga maggansilyo samtang siya nagpangita og mas maayo nga kakuhaan og kinitaan. Sa gihapon, tungod kay siya natural nga maluya ug nagtrabaho sa tibuok adlaw, siya nagkadugang og pagluya nga nagkinanglan siya og tabang bisan pa sa paglihok. Bisan pa niana, bisan nga ang tawo iyang gisuportahan, siya dili gani mapasalamaton hinoon gibaliwala siya ug gipaubos. Wala siya gikadumtan ni Maria Magdalena apan hinoon nagguol lang kay dili siya makatabang og daku anang tawhana tungod sa iyang maluya nga lawas, og gihunahuna ang tanan niyang pagmaltrato nga resonable.

Samtang siya anaa nianang desperado nga sitwasyon, nga gipasagdan sa iyang mga ginikanan, mga igsoon, ug sa tawo, nakadungog siya sa maayo kaayo nga balita. Nakadungog siya sa mga balita mahitungod kang Hesus, nga nagbuhat og mga makahingangha nga mga milagro sama sa pagpakita sa usa ka bulag ug pagpasulti sa amang. Sa pagkadungog ni Maria Magdalena mahitungod niining mga butang, wala siya'y bisan unsang pagduda mahitungod sa mga sinyales ug mga kahibulongan nga gibuhat ni Hesus kay ang iyang kasingkasing maayo kaayo. Hinoon, aduna siya og pagtoo nga ang iyang pagkaluya ug mga sakit maayo inig katagbo kaniya ni Hesus.

Gikahidlawan kaniyang makita si Hesus kauban ang pagtoo. Sa katapusan, iyang nadungog nga si Hesus anaa sa iyang balangay ug nagpuyo sa balay sa usa ka Pariseo nga gihinganlag Simon.

Pagbubo sa agwa kauban ang pagtoo

Malipayon kaayo si Maria Magdalena nga nipalit siya og agwa sa kuwarta nga iyang gitipigan gikan sa paggansilyo. Unsa kaha ang nag-agi sa iyang emosyon sa pagkakita ni Hesus dili igo nga malaragway.

Ang mga tawo nagsulay nga pugngan siya sa pagduol kang

Hesus tungod sa iyang nagkagidlay nga mga sinena, apan walay tinuod nga makapugong sa iyang pagkamaikagon. Sa pagbaliwala sa mga hait nga panan-aw sa mga tawo, si Maria Magdalena niadto sa atubangan ni Hesus ug walay katapusan nga naghilak sa iyang pagkakita sa Iyang maaghop nga pigura.

Dili siya makahagit nga motindog sa atubangan ni Hesus, busa siya niadto sa Iyang likod. Sa katong anaa na siya sa Iyang mga tiil, naghilak siya og daghan pa nga mga luha ug nabasa ang Iyang mga tiil. Iyang gipahidan ang Iyang mga tiil sa iyang buhok ug gibuak ang banga sa agwa aron ibubo kanila, kay para kaniya Siya bilihon kaayo.

Kay si Maria Magdalena niadto sa atubangan ni Hesus kauban ang daku nga pagkamaikagon, wala lang siya gipasaylo sa iyang mga sala aron maabot ang kaluwasan apan usab makahingangha nga pag-ayo ang nahitabo aron maayo ang tanan kaniyang mga sakit sa sulod sa lawas ug apil ang iyang sakit sa panit. Ang tanan kaniyang mga parte sa lawas nagtrabaho na og nahimong normal usab, ug nagsugod siya nga reglahon. Ang iyang nawong nga laksot kaayo tan-awon tungod sa daghang mga sakit napuno sa kamaya ug kalipay ug ang iyang lawas nga maluya kaayo nahimong himsog. Iyang nakagplagan ang iyang bili isip nga usa ka babaye, nga wala na nahigot sa gahom sa kadulom.

Pagsunod ni Hesus hangtud sa katapusan

Nasinatian ni Maria Magdalena ang usa ka butang kon asa siya labing mapasalamaton kaysa pagkaayo. Kini mao ang katinuoran nga iyang natagbo ang usa ka tawo nga naghatag kaniya og nag-awas nga gugma nga wala gayud niya madawat gikan kang kinsa sa una. Gikan niining panahona, iyang gihalad ang tanan niyang panahon ug pagbati kang Hesus kauban ang daghang kalipay ug pagpasalamat. Kay ang iyang kahimsog nahiuli, mahimo na niyang pinansyal nga masuportahan si Hesus pinaagi sa iyang paggansilyo o uban pang mga trabaho, ug nagsunod Kaniya sa tibuok niyang kasingkasing.

Wala lang gisunod ni Maria Magdalena si Hesus sa Iyang pagbuhat sa mga sinyales ug mga katingalahan ug gibag-o ang daghang mga kinabuhi kauban ang makagagahom nga mga mensahe, apan usab kuyog Kaniya sa Siya niantos gikan sa mga sundalo gikan sa Roma ug gikuha ang krus. Bisan pa samtang si Hesus nagbitay sa krus, anaa siya. Walay bali sa katinuoran nga ang iyang presensya mahimong magkuha sa iyang kinabuhi, si Maria Magdalena nisaka sa Golgotha, nga nagsunod ni Hesus nga nag-alsa sa krus.

Unsa kaha ang iyang gibati samtang si Hesus, nga iyang maikagon nga gihigugma, nag-antos og pag-ayo ug nagpatulo sa tanan kaniyang tubig ug dugo?

Ginoo, unsa ang akong buhaton,
unsa man ang akong buhaton?
Ginoo, unsaon nako pagkabuhi?
Unsaon nako pagkabuhi nga wala Ka, Ginoo?

...

Kon makuha lang nako ang dugo nga
Imong gipatulo,
Kon makuha lang nako ang kasakit

nga Imong giantos.

...

Ginoo,
Dili ako mabuhi nga wala Ka.
Dili ako mabuhi
luwas lang kon Ako kauban Kanimo.

Wala giliso ni Maria Magdalena ang iyang mga mata pahilayo kang Hesus hangtud sa Iyang ulahi nga ginhawa, ug gisulayan nga ikudlit ang gidlak sa Iyang mata ug Iyang nawong diha sa halawom sa iyang kasingkasing. Dugang pa, gibantanyan kaniya si Hesus hangtud sa Iyang ulahi nga panahon ug gisunod si Jose nga taga-Arimathea, nga nagbutang sa lawas ni Hesus sa lubnganan.

Pagsaksi sa pagkabanhaw sa Ginoo sa kadlawon

Gihulat ni Maria Magdalena ang pag-agi sa Adlaw nga igpapahulay, ug sa kadlawon sa unang adlaw human ang Adlaw nga igpapahulay, siya niadto sa lubnganan aron magbutang og agwa sa lawas ni Hesus. Bisan pa niana, dili kaniya makita ang Iyang lawas. Siya nangasubo og pag-ayo ug nihilak ngadto, ug ang nabanhaw nga Ginoo nagpakita kaniya. Mao kana nganong siya adunay kadungganan nga unang matagbo ang nabanhaw nga Ginoo sa bisan kang kinsa pa.

Bisan pagkahuman og pagkapatay ni Hesus sa krus, dili siya makatoo niining katinuoran. Si Hesus mao ang iyang tanang butang ug gihigugma niya Siya og pag-ayo. Unsa kaha siya kamalipayon sa iyang pagtagbo sa nabanhaw nga Ginoo sa usa ka tabangonon nga sitwasyon! Dili niya maundang ang paghilak sa baskog nga emosyon. Wala kaniya mailhan ang Ginoo sa una, apan sa Iyang pagtawag kaniya sa "Maria" sa usa ka maaghop nga tingog, nailhan na niya Siya. Sa Juan 20:17, ang nabanhaw nga Ginoo nag-ingon kaniya, *"Ayaw na Ako pagkupti, kay wala pa Ako makasaka ngadto sa Amahan; apan adtoa ang akong mga kaigsoonan ug suginli sila nga mosaka Ako ngadto sa akong Amahan ug inyong Amahan, sa Akong Dios ug inyong Dios."* Kay gihigugma sa Ginoo si Maria Magdalena og pag-ayo, Iyang gipakita ang Iyang kaugalingon kaniya sa wala pa niya matagbo ang Amahan human pagkabanhaw.

Paghatud sa balita sa pagkabanhaw ni Hesus

Imo ba kahang mahanduraw kon unsa ka dili mapugngan ang kalipayan ni Maria Magdalena sa iyang pagtagbo sa nabanhaw nga Ginoo, nga iyang gihigugma og pag-ayo? Siya nagkompisal nga gusto kaniyang magpabilin nga kauban ang Dios sa kahangtoran. Ang Ginoo nakahibalo sa iyang kasingkasing, apan gipatin-aw kaniya nga dili siya mahimong magpabilin kauban Kaniya atong panahona ug gihatagan siya og usa ka misyon. Siya kinahanglan nga maghatud sa balita mahitungod sa Iyang pagkabanhaw sa mga disipolo kay ang ilang mga hunahuna kinahanglan nga ipahamtang ug ibutang sa kaharuhay human ang pagkakugang sa paglansang ni Hesus.

Sa Juan 20:18 atong makita nga, *"Ug si Maria Magdalena miadto ug ang mga disipolo iyang gisuginlan nga nag-ingon, 'Nakita ko ang Ginoo.' Ug gisugilon niya nga kadtong mga butanga gisulti ni Jesus kaniya."* Ang katinuoran nga nasaksihan ni Maria Magdalena ang nabanhaw nga Ginoo og una sa bisan kang kinsa ug gihatud ang balita sa mga disipolo dili usa ka pag-atol. Kini mao ang resulta sa tanan kaniyang paghalad ug serbisyo sa Ginoo kauban ang iyang maikagon nga gugma ngadto Kaniya.

Kon si Pilato mosugo sa usa ka tawo nga ilansang baylo kang Hesus, siya mao ang mag-una sa pagsulti og "Oo" ug moadto; gihigugma ni Maria Magdalena og daku kaayo si Hesus mas labi kaysa iyang kinabuhi ug gisilbihan Siya kauban ang hingpit nga paghalad.

Ang kadungganan nga magsilbi sa Dios nga Amahan

Nahimuot og pag-ayo ang Dios ni Maria Magdalena, nga maayo kaayo sa iyang kasingkasing nga walay dautan, ug adunay hingpit nga espirituhanon nga gugma. Gihigugma ni Maria Magdalena si Hesus sa walay pagbaylo ug tinuod nga gugma sukad sa iyang pagkaila Kaniya. Ang Dios Amahan, nga nagdawat sa iyang maayo ug maanyag nga kasingkasing, gusto nga ibutang siya duol Kaniya ug panimahuan ang maayo ug kamaya nga kahumot sa iyang kasingkasing. Mao kana nganong, sa pag-abot sa panahon, Iyang gitugotan si Maria Magdalena nga maabot sa himaya nga magsilbi Kaniya, bisan pa sa pagtandog sa Iyang trono.

Ang unsang pinakagusto gayud sa Dios mao nga mag-angkon sa tinuod nga mga anak kon asa Siya makig-ambit sa Iyang tinuod nga gugma sa kahangtoran. Mao kana nganong Iyang giplano ang pagpaugmad sa tawo, giporma ang Iyang kaugalingon ngadto sa Trinidad, ug naghulat ug nag-antos sa taas kaayo nga panahon sa mga katawohan niining yuta.

Karon, inig kahanda na tanan sa mga puy-anan sa langit, ang Ginoo magpakita sa kahanginan, ug magpahigayon sa kasal nga piging kauban ang Iyang mga pangasaw-onon. Unya, motugot Siya nga sila magdumala uban Kaniya alang sa usa ka libo nga tuig ug dal-on sila ngadto sa langitnon nga mga puy-anan. Kita mabuhi kauban ang Dios ang Trinidad sa kinatas-an nga kalipay sa kahangtoran sa langit nga matin-aw, lunsay, ug maanyag morag kristal, nga napuno sa himaya sa Dios. Unsa kaha kamalipayon ang katong makasulod sa Bag-ong Herusalem kay sila makatagbo sa Dios nawong sa nawong ug magpabilin kauban Kaniya sa kahangtoran!

Duha ka libo ka tuig kaniadto, si Hesus nangutana, *"Ngani, inig-abut sa Anak sa Tawo, makakaplag ba kaha siyag pagtoo dinhi sa yuta?"* (Lucas 18:8) Lisud kaayo makaplagan ang tinuod nga pagtoo karong mga adlawa.

Ang apostol nga si Pablo, nga nagdala sa misyon nga pagwali sa Maayong Balita sa mga Hentil, nagsulat sa usa ka sulat huna siya mamatay ngadto kang Timoteo, ang iyang espirituhanon nga anak, kon kinsa nag-antos sad sa iyang kaugalingon nga mga irihis nga mga pagbahinbahin ug mga panglutos sa mga Kristohanon.

"Sa atubangan sa Dios ug ni Kristo Hesus nga mao ang magahukom sa mga buhi ug sa mga patay, ug pinaagi sa iyang pagpadayag ug sa iyang gingharian,

ako magatugon kanimo niini: iwali ang pulong; may kahigayonan ka o wala, magmadasigon ka niini; himoa ang pagpamadlong, ang pagsaway, ug ang pagpanambag diha sa tumang pagkamapailubon ug sa pagpanudlo. Kay nagasingabut ang panahon nga ang mga tawo magadumili sa pagpaminaw sa matarung pagtulon-an; hinonoa aron sa pagtagbaw sa ilang kaugalingong mga pangibog, sila magapaalirong ug mga magtutudlo nga magahapohap kanila sa ilang nanagkatol nga mga dalunggan, ug ang ilang mga dalunggan ilang ilingiw gikan sa kamatuoran ug ipaabong ngadto sa tinumotumo nga mga sugilanon. Apan sa imong bahin batoni kanunay ang pagkamalinawon sa hunahuna, antusa ang mga kasakitan, buhata ang imong katungdanan ingon nga ibanghilista, tumana ang imong mga bulohaton ingon nga ministro. Kay ako karon igaula na ingon nga halad; ang panahon sa akong paggikan nahiabut na. Gibugno ko na ang maayong pakigbugnoay, natapus ko na ang akong pagdalagan sa lumba, gikabantayan ko ang pagtoo. Sukad karon adunay ginatagana alang kanako nga purongpurong sa pagkamatarung nga niadto unyang adlawa iganti kanako sa Ginoo, ang matarung nga maghuhukom, ug dili lamang kanako ra kondili usab sa tanang mga nagahigugma sa iyang pagpadayag" (2 Timoteo 4:1-8).

Kon ikaw maglaum sa langit ug kahidlawan ang pagpadayag sa Ginoo, kinahanglan nimong magsulay nga mabuhi sumala sa

Pulong sa Dios ug makgibugno sa maayong pakigbugnoay. Ang apostol nga si Pablo kanunay ang nangalipay bisan pa nga nagantos sa kadaghan samtang nagkatag sa maayong balita.

Busa, kinahanglan natong ipabalaan ang atong mga kasingkasing ug buhaton ang atong mga katungdanan nga mas sobra sa unsang gikatakda nga atong buhaton aron mapahimuot ang Dios aron kita makig-ambit sa tinuod nga gugma sa kahangtoran nga magpabilin nga duol sa trono sa Dios.

"Akong Ginoo,
nga moari
sa mga panganod nga himaya,
Akong gikahidlawan kanang adlawa
nga Ako Imong pagagakson!
Diha sa Imong mahimayaong trono,
sa kahangtoran kita makig-ambit sa gugma
Nga dili nato mapaambit sa yuta,
ug kauban nga hinumdumon ang niagi.
Oh! Ako maga-adto sa langitnon nga gingharian
nga magsayaw
inig katawag sa Ginoo kanako!
Oh, ang langitnon nga gingharian!"

Ang Tagsulat:
Dr. Jaerock Lee

Si Dr. Jaerock Lee gipanganak sa Muan, Probinsiya sa Jeonnam, Republika sa Korea, kaniadtong 1943. Sa iyang kapin bayente nga pangedaron, si Dr. Lee nag-antos gikan sa nagkalainlain nga dili-matambalan nga mga sakit alang sa pito ka mga tuig ug naghuwat sa kamatayon uban sa walay paglaom ga maulian pa. Usa ka adlaw sa tingpamulak kaniadtong 1974, nan, gidala siya sa usa ka iglesia sa iyang igsoon nga babaye ug unya sa iyang pagluhod aron mag-ampo, ang Buhing Dios sa labing madali nagayo kaniya sa tanan niyang mga sakit.

Gikan sa takna nga si Dr. Lee nakaila sa Buhing Dios pinaagi sa katong makatingalahan nga kasinatian, gihigugma na kaniya ang Dios sa tanan niyang kasingkasing ug katangkod, ug kaniadtong 1978 gitawag siya aron mag-alagad sa Dios. Madilaabon siya nga nag-ampo aron tin-aw niyang masabtan ang pagbuot sa Dios, bug-os nga matuman niini ug magmasinugtanon sa tanan nga Pulong sa Dios. Sa kaniadtong 1982, gitukod kaniya ang Manmin Central Church sa Seoul, Korea, ug ang dilimaihap nga mga buhat sa Dios, lakip ang mga milagroso nga mga pagpang-ayo ug mga katingalahan, nahitabo sa iyang iglesia.

Sa kaniadtong 1986, si Dr. Lee giordinahan nga usa ka pastor sa Annual Assembly of Jesus' Sungkyul Church sa Korea, ug upat ka tuig sa ulahi kaniadtong 1990, ang iyang mga wali gisugdan og pagsibya sa Australia, Russia, ang Pilipinas ug daghan pa pinaagi sa Far East Broadcasting Company, ang Asia Broadcast Station, ug ang Washington Christian Radio System.

Tulo ka tuig sa ulahi kaniadtong 1993, napili ang Manmin Central Church nga usa sa mga 50 ka Pinakataas nga mga Iglesias sa *Christian World* magazine (US) ug siya nagdawat sa usa ka Honorary Doctorate of Divinity gikan sa Christian Faith College, Florida, USA, ug kaniadtong 1996 usa ka Ph. D. sa Ministry gikan sa Kingsway Theological Seminary, Iowa, USA.

Sukad kaniadtong 1993, si Dr. Lee nagpanguna sa kalibotan nga mga misyon sa daghang pangdayo nga mga krusada sa Tanzania, Argentina, L.A., Siudad sa Baltimore, Hawaii, ug Siudad sa New York sa USA, Uganda, Japan, Pakistan, Kenya, ang Pilipinas, Honduras, India, Russia, Germany, Peru, Demokratiko nga Republika sa Congo, Israel, ug Estonia. Sa kaniadtong 2002 gitawag siya nga "tibuok kalibotan nga pastor" sa mga mayor nga Kristiyano nga mga pamantalaan sa Korea alang sa iyang buhat sa nagkalainlain nga pangdayo nga Great United Crusades.

Kutob sa Nobyembre tuig sa 2017, ang Manmin Central Church adunay kongregasyon nga labi sa 130,000 nga mga miyembro. Adunay 11,000 nga pungsod ug sa pangdayo nga sanga sa mga iglesia sa tibuok nga globo, ug sa kalayuon labi sa 98 nga mga misyonaryo ang nakomisyon ngadto sa 26 ka mga pungsod, lakip ang Estados Unidos, Russia, Germany, Canada, Japan, China, France, India, Kenya, ug daghan pa.

Kutob sa petsa niining pagmantala, si Dr. Lee nakasulat na ug 110 ka mga libro, lakip ang mga pinakamabenta nga *Ang Pagtilaw sa Walay-Katapusan nga Kinabuhi Sa Wala Pa ang Kamatayon, Akong Kinabuhi Akong Pagtoo I & II, Ang Mensahe sa Krus, Ang Sukod sa Pagtoo, Langit I & II, Impiyerno,* ug *Ang Gahom sa Dios,* iyang mga binuhatan nga gihubad sa labi sa 76 nga mga lengguwahe.

Ang iyang Krisityano nga mga kolumna naggula sa *The Hankook Ilbo, The JoongAng Daily, The Dong-A Ilbo, The Seoul Shinmun, The Kyunghyang Shinmun, The Korea Economic Daily, The Hankyoreh Shinmun, The Shisa News,* ug *The Christian Press.*

Si Dr. Lee mao ang sa pagkakaron nagpanguna sa daghang misyonaryo nga mga organisasyon ug mga asosasyon: lakip ang Chairman, The United Holiness Church of Hesus Christ; Permanent President, The World Christianity Revival Mission Association; Founder & Board Chairman, Global Christian Network (GCN); Founder & Board Chairman, World Christian Doctors Network (WCDN); and Founder & Board Chairman, Manmin International Seminary (MIS).

Uban pang makagagahom nga mga libro sa samang tagsulat

Langit I

Usa ka detalyado nga paglaraw sa matahom nga palibot nga puy-anan nga ang mga langitnon nga mga mulupyo mangalipay ug maaanyag nga paghulagway sa lainlain nga mga lebel sa langitnon nga mga gingharian.

Ang Mensahe sa Krus

Usa ka makagagahom nga kahimungawong mensahe alang sa tanan nga tawo kon kinsa esprituwal nga nakatulog! Sa kining libro makita kanimo ang rason nga si Hesus ang bugtong nga Manluluwas ug ang tinuod nga hinigugma sa Dios.

Impiyerno

Usa ka maikagon nga mensahe sa tanan nga katawhan gikan sa Dios, kon kinsa nagpangandoy nga walay bisan usa ka kalag ang mahagbong ngadto sa kailauman nga mpiyerno! Imong makaplagan ang wala-pa-mapabutyag nga mga pag-asoy sa mapintas nga realidad sa Ubos nga Hades ug Impiyerno.

Espiritu, Kalag, ug Lawas I & II

Pinaagi sa espirituhanon nga pagsabot sa espiritu, kalag, ug lawas, kung hain mao ang mga bahin sa mga tawo, ang mga mambabasa makatan-aw sa ilang 'kaugalingon' ug mag-angkon og panabot sa kinabuhi mismo.

Ang Sukod sa Pagtoo

Unsa nga klase sa puluy-an nga duog, korona ug mga balos ang giandam alang kanimo sa langit? Kining libro naghatag uban ang kaalam ug ang pag-agak alang kanimo aron masukod ang imong pagtoo ug mapa-ugmad ang pinakamaayo ug pinakaguwang nga pagtoo.

Magmata Israel

Nganong gitutok man sa Dios ang Iyang mata sa Israel gikan pa sa sinugdan sa kalibotan hangtud niiining adlawa? Unsa man nga klase sa Iyang kabubut-on ang giandam alang sa Israel sa ulahing mga inadlaw, kon kinsa naghuwat sa Misiyas?

Akong Kinabuhi, Akong Pagtoo I & II

Usa ka pinakahumot nga espirituwal nga alimyon nga gipuga gikan sa kinabuhi nga namulak uban sa usa ka dili maparisan nga gugma alang sa Dios, taliwala sa ngitngit nga mga balod, bugnaw nga pas-anon ug ang pinakailalom nga kawalay.

Ang Gahom sa Dios

Usa ka kinahanglan-mabasa nga nagsilbi nga usa ka mahinungdanon nga giya kon asa ang usa makakupot sa tinuod nga pagtoo ug makasinati sa makahingangha nga gahom sa Dios.

www.urimbooks.com

www.ingramcontent.com/pod-product-compliance
Lightning Source LLC
LaVergne TN
LVHW041905070526
838199LV00051BA/2505